Regina B. und Rolf B. Baumeister (Hrsg.)

Multiplan 3.0

Anwender-Software

Word Software Training
hrsg. von R. B. und R. B. Baumeister

Windows Software Training
hrsg. von R. B. und R. B. Baumeister

Chart Software Training
hrsg. von R. B. und R. B. Baumeister

dBASE III Software Training
hrsg. von R. B. und R. B. Baumeister

dBASE III Plus Schritt für Schritt
von R. A. Byers

Lotus 1-2-3 Schritt für Schritt
von H.-P. Burgler und E. Hering

Unternehmensanalyse mit Javelin
von E. Hering

Springer Fachmedien Wiesbaden GmbH

Software Training

Regina B. und Rolf B. Baumeister (Hrsg.)

Multiplan 3.0

von Gisela Semrau

2., neubearbeitete Auflage

Bearbeitet von Volker Lombeck

Springer Fachmedien Wiesbaden GmbH

1. Auflage 1985
Nachdruck 1987
2., neubearbeitete Auflage 1988

Umschlaggestaltung: Peter Lenz, Wiesbaden

ISBN 978-3-528-14423-4   ISBN 978-3-663-14014-6 (eBook)
DOI 10.1007/978-3-663-14014-6

Inhaltsverzeichnis

1 Einleitung

Vor dem eigentlichen Arbeitsbeginn mit Multiplan sollten Sie einige Vorarbeiten durchführen. Das betrifft das Formatieren einer Diskette, das Laden des Software-Pakets Multiplan, das Verstehen des Bildschirmaufbaus und der Tastatur.

1.1   Formatieren einer leeren Diskette

Sie benötigen zum Arbeiten mit Multiplan mindestens die Programmdiskette und eine Diskette, auf der Ihre Daten (Datendiskette) abgespeichert werden können. Um Ihre Daten auf einer Diskette speichern zu können, muß diese vorher formatiert werden.

Sie können eine Diskette folgendermaßen formatieren:

1. Schalten Sie Ihr Gerät ein.
2. Legen Sie die Betriebssystemdiskette in Laufwerk A: ein.
3. Legen Sie die leere Diskette ins Laufwerk B: ein.
4. Wenn Sie auf dem Bildschirm die Anzeige A> sehen, ist Ihr Betriebssystem geladen und Sie können den Befehl zum Formatieren eingeben.
5. Schreiben Sie hinter die Anzeige A> die Anweisung *format b:* und drücken Sie die **Return**-Taste.

WICHTIG:
Bitte bedenken Sie bei der Eingabe: Jeder Befehl muß mit der **Return**-Taste bestätigt werden. Der Computer akzeptiert die Befehle nur, wenn diese mit der **Return**-Taste bestätigt worden sind.

6. Danach erhalten Sie die Auskunft, daß Sie die Diskette in Laufwerk B einlegen und eine beliebige Taste zur Durchführung des Befehls betätigen sollen.
7. Es erscheint auf dem Bildschirm die Anzeige, daß das System die Diskette formatiert.
8. Das System teilt Ihnen außerdem mit, wann die Formatierung abgeschlossen ist.
9. Die Abfrage, ob Sie eine neue Diskette formatieren wollen oder nicht, bestätigen Sie mit *J*, wenn Sie weitere Disketten formatieren wollen. Wenn Sie keine weiteren Disketten mehr formatieren wollen, geben Sie N ein.

1.2 Installation des Programms Multiplan auf Ihrer Festplatte.

Wenn Sie eine HDU (Hard Disk Unit = Festplatte) besitzen, also einen Computer mit einer Festplatte, müssen Sie das Programm Multiplan auf der Festplatte installieren, um es zu starten und um damit arbeiten zu können. Dazu müssen Sie ein Unterverzeichnis (engl. subdirectory) erstellen. Wenn Sie den Computer einschalten, erscheint auf dem Bildschirm die Anzeige C>. Direkt nach dieser Anzeige geben Sie ein, daß Sie ein Unterverzeichnis einrichten möchten, und bestätigen die Eingabe mit **Return**.

        C>*md mp*   **<Return>**

In diesem Fall ist "mp" der Name des Unterverzeichnisses.

Anschließend verzweigen Sie in dieses Unterverzeichnis mit dem Befehl:

        C>*cd mp*   **<Return>**

Nun aktivieren Sie Laufwerk A:

        C>*a:*   **<Return>**

Legen Sie die Multiplan-Programmdiskette in das Laufwerk A ein. Anschließend geben Sie folgenden Befehl ein, um das Programm zu installieren:

        A>*install*   **<Return>**

Die folgende Routine erklärt sich praktisch von selbst; Sie müssen den Anweisungen, die auf dem Bildschirm angezeigt werden, folgen.

Nach Beendigung dieser Routine erscheint die Anzeige

        A>

auf dem Bildschirm. Sie müssen nun auf die Festplatte umschalten. Geben Sie dazu ein:

        A>*c:*   **<Return>**

Um das Programm Multiplan zu laden, müssen Sie zuerst in das Unterverzeichnis mit dem Namen "mp" verzweigen. Geben Sie folgendes ein:

C>*cd mp*   **<Return>**

Um Multiplan zu laden, geben Sie ein:

C>*mp*   **<Return>**

Wenn Sie aus dem Unterverzeichnis *mp* in das Stammverzeichnis gelangen möchten, geben Sie ein:

C>*cd.. (oder cd)*   **<Return>**

Sie können nun im Stammverzeichniss andere Programme wie z.B. Word abrufen.

1.3   Laden des Anwenderprogramms Multiplan

Wenn Sie einen Personalcomputer mit zwei Laufwerken haben, legen Sie zum Starten des Computers die Betriebssystemdiskette in Laufwerk A ein. Sobald sich das Betriebssystem im Arbeitsspeicher befindet (das Bereitschaftszeichen A> erscheint am Bildschirm, entnehmen Sie die Betriebssystemdiskette und legen die Programmdiskette Multiplan in Laufwerk A ein. Geben Sie das Kürzel *mp* ein, und bestätigen Sie Ihre Eingaben mit der **Return**-Taste. Mit diesem Befehl laden Sie das Multiplan-Programm in den Arbeitsspeicher. Wenn Sie mit einem Computer arbeiten, der mit einer Festplatte ausgestattet ist, so laden Sie das Programm nach Erscheinen der Anzeige C> ebenfalls mit *mp*. Diese Eingabe ist erforderlich, wenn kein Menü auf dem Bildschirm erscheint.

1.4   Bildschirmaufbau beim Anwenderprogramm Multiplan

Nach dem Laden von Multiplan stellt sich der Bildschirm wie folgt dar: Der Cursor(Lichtbalken) befindet sich in der oberen Ecke des Bildschirms. Der Cursor deckt jeweils ein Feld ab. Die Standardlänge des Feldes beträgt 10 Zeichen. Es kann also ein Text, der 10 Zeichen lang ist, in ein Feld eingegeben werden. Sollte der einzugebende Text oder eine Zahl länger als 10 Zeichen sein, so besteht die Möglichkeit, mit

Hilfe von Multiplan das Feld bis zu 64 Zeichen zu erweitern. Der Cursor kann mit Hilfe der Cursorsteuertasten nach links, rechts, oben und unten bewegt werden. Der Bildschirm erfaßt 20 Zeilen und 7 Spalten. Das gesamte Multiplan-Arbeitsblatt hat eine Länge von 4095 Zeilen und 255 Spalten. Es können innerhalb dieses Bereiches Eintragungen vorgenommen werden. Die Kreuzungspunkte der Zeilen und Spalten werden Felder genannt.

Um das Feld aus Zeile 10 und Spalte 15 (Z10S15) zu bilden, gehen Sie bitte folgendermaßen vor:

1. Drücken Sie die Cursorsteuertaste nach unten (Pfeil unterhalb der Zahl 2), bis der Cursor in Zeile 10 Spalte 1 steht,

2. Bestätigen Sie dann die Cursorsteuertaste nach rechts (Pfeil unterhalb der 6). Der Cursor wandert nun in Zeile 10 nach rechts.

3. Drücken Sie die Cursorsteuertaste nach rechts, bis Sie die Spaltennummer 15 erreicht haben.

4. Wenn Sie den Cursor richtig postiert haben, nämlich in Zeile 10 Spalte 15, muß in der linken unteren Bildschirmecke die Anzeige Z10S15 erscheinen.

Die beiden anderen Cursorsteuertasten unterhalb der Zahl 8 und unterhalb der 4 bewegen den Cursor ebenfalls in die angegebene Pfeilrichtung. Probieren Sie aus, wie die Tasten funktionieren.
Setzen Sie den Cursor von Z10S15 auf Feld Z7S8.

Sie haben nun verschiedene Cursorbewegungen durchgeführt. Mit Hilfe der Anzeige in der linken unteren Bildschirmecke können Sie überprüfen, in welche Feld sich der Cursor befindet. Wenn Sie die Home-Taste unterhalb der 7 betätigen, springt der Cursor zurück in Zeile 1 Spalte 1. Bitte setzen Sie nun den Cursor auf Feld Z1S1. Durch diesen Befehl können Sie immer zu dem ersten Feld zurückspringen.
Am unteren Rand des Bildschirms sehen Sie das Befehlsmenü (vgl. Bild 1.1). Das Befehlsmenü ist während des gesamten Arbeitsvorganges sichtbar, und Befehle können ständig angewählt werden. Dies geschieht, indem man entweder den Anfangsbuchstaben des Befehls eingibt oder so lange die Leertaste betätigt, bis der entsprechend angewählte Befehl aufleuchtet. Der erste Befehl, den Sie jeweils vor Arbeitsbeginn anwählen müssen, wenn Sie einen PC mit 2 Laufwerken haben, ist der Befehl **Übertragen**. Gehen Sie folgendermaßen vor:

1. Betätigen Sie die Leertaste, bis der Cursor auf dem Befehl
   Übertragen postiert ist.
2. Betätigen Sie die **Return**-Taste, um den Befehl zu bestätigen.
3. Betätigen Sie die Leertaste, bis der Befehl **Option** erleuchtet wird
   und bestätigen Sie den Befehl mit der **Return**-Taste
4. Nun befinden Sie sich im Unterbefehlsmenü **Übertragen Optionen**
   Format: Normal Symbolisch Fremd
   Laufwerk Inhaltsverzeichnis:
5. Die Optionen müssen während der gesamten Bearbeitung mit Multiplan auf NORMAL stehen.
   Hinter "Laufwerk/Inhaltsverzeichnis:" geben Sie bitte *b*: ein. Die
   Eingabe b: bedeutet, daß sämtliche Dateien, die Sie im Laufe der
   Bearbeitung abspeichern , auf die Diskette in Laufwerk B
   geschrieben werden, und nicht auf die Programmdiskette, die sich
   während des gesamten Arbeitsvorganges im Laufwerk A befindet.

Sollten Sie mit einer Festplatte arbeiten, geben Sie unter der
Laufwerkseingabe *a*: ein. Das Programm befindet sich auf Festplatte, und
die Datendiskette in Laufwerk A. Die eingegebenen Daten werden auf
dieser Diskette gespeichert. In der unteren linken Ecke des Bildschirms
befindet sich die Anzeige für die aktuelle Cursor-Position (s. Bild 1.1).
Wenn Sie die Home-Taste betätigen, steht in der Anzeige Z1S1.

Bild 1.1

Bewegen Sie nun mit Hilfe der Cursorsteuertasten den Cursor, und
achten Sie auf die Veränderungen der Anzeige. Die Prozentangabe in der
Mitte des unteren Bildschirmrandes gibt an, wieviel Speicherplatz im

Arbeitsspeicher noch für die Eingabe zur Verfügung steht. Es wird von einem 100 % verfügbaren Arbeitsspeicher ausgegangen. Sobald Sie Eingaben gemacht haben, verändert sich die Zahl der noch zur Verfügung stehenden Speicherkapazität. In der rechten unteren Ecke erscheint der Dateiname. Beim Laden des Programms erscheint standardmäßig der Dateiname "TEMP". TEMP steht für temporäre Datei und kann ebenfalls als Dateiname verwendet werden. Für Ihre Arbeit mit Multiplan bietet es sich an, sinnvolle Dateinamen für Ihre Daten zu verwenden. So können Sie die Dateien besser erkennen und zuordnen.

1.5   Die Tastatur

Die Anweisungen dieses Buches richten sich nach der IBM-Tastatur. Sollte es vorkommen, daß eine Anweisung nicht mit Ihrer Tastatur übereinstimmt, so können Sie jederzeit die Hilfsfunktion (die ein durch das Programm vorgegebener Ratgeber ist) und daraus den Unterbefehl **Tastatur** aufrufen.

Die Bezeichnungen der einzelnen Tasten entnehmen Sie bitte Bild 1.2.

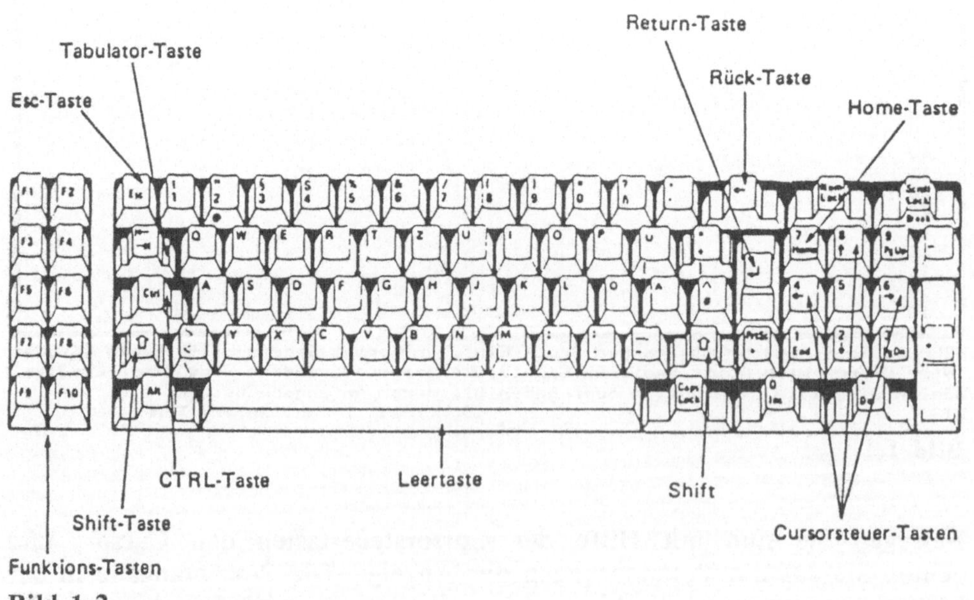

Bild 1.2.

1.6 Der Befehl Hilfe

Sollten Sie bei einigen Befehlen auf Schwierigkeiten stoßen, so besteht
die Möglichkeit, den Befehl Hilfe mit der Taste H aufzurufen. Rufen Sie
den Befehl Hilfe auf, und sehen Sie sich die einzelnen Seiten, die auf
dem Bildschirm abgebildet werden, an. Anschließend gehen Sie wieder in
die Multiplantabelle mit dem Befehl **Wiederaufnahme**.

```
Sie haben drei Möglichkeiten, HILFE in Anspruch zu nehmen:

1. Während Sie arbeiten, können Sie jederzeit die "?" Taste drücken.
   Der gerade benutzte Befehl wird erläutert. Drücken der Taste "W"
   bringt Sie wieder in Ihre Tabelle zurück.

2. Informationen zu einem der unten angegebenen Themen erhalten Sie
   durch Drücken des entsprechenden Anfangsbuchstabens.

3. Durch "Blättern" machen Sie sich mit allen zur Verfügung stehenden In-
   formationen vertraut. Drücken Sie auf "N" um die nächste Seite, auf "V"
   um die vorhergehende Seite oder auf "E" um die Anfangsseite zu sehen.

   Hilfe zu einem bestimmten Befehl erhalten Sie durch Markieren dieses
   Befehls mit der Leertaste und Eingabe des "?".




HILFE: Wiederaufnahme Erklärung_Hilfe Nächste_Seite Vorhergehende_Seite
       Lösungen Befehle Ändern_Vorschläge Formeln Tastatur Makros
Wählen Sie bitte eine Option oder geben Sie deren Anfangsbuchstaben ein!
Z1S1                                100% frei      Multiplan: TEMP
```

Bild 1.3

2 Das Arbeitsblatt Maschinenstundensatz

Bei der Erarbeitung des Arbeitsblattes Maschinenstundensatz lernen Sie die wichtigsten Multiplan-Befehle kennen.

Es handelt sich um ein sehr umfangreiches Arbeitsblatt, mit dem der Anfänger sicher einige Probleme haben wird. Sollten Sie an einigen Stellen nicht weiterwissen, kehren Sie an die Stelle zurück, an der Sie keine Schwierigkeiten hatten. Dann arbeiten Sie sich wieder weiter vor. Verfolgen Sie aufmerksam jeden Arbeitsschritt. Nach einigen Versuchen werden Sie die Zusammenhänge verstehen. Die Arbeit mit dem Maschinenstundensatz wird Ihnen dabei helfen.

Mit der an der praxisorientierten Arbeit, der Kalkulation eines Maschinenstundensatzes, werden die folgenden Befehle und die Eingabe von Formeln für die vier Grundrechenarten geübt:

Text

Wert

Format

Kopie

Schutz von Feldern

Radieren

Auschnitt

Name

Bewegen

Funktion SUMME (Liste)

In Kapitel 1 wird ein Arbeitsblatt für den Verrechnungssatz von Maschinenstunden dargestellt. Für die Berechnung müssen die folgenden Faktoren dargestellt werden:

Ausfallzeiten/Urlaub
Während dieser Zeit befindet sich der an der Maschine arbeitende Mitarbeiter im Urlaub, oder er fällt wegen Krankheit aus. Dadurch kann die Maschine nicht voll genutzt werden und steht während dieser Zeit still. Es wird hier von der Voraussetzung ausgegangen, daß kein Springer die Maschine besetzt.

Wochenarbeitszeit
Je nach Tarifvertrag oder auch auf der Basis einer außertariflichen
Regelung können hier unterschiedliche wöchentliche Arbeitsstunden
eingesetzt werden, an denen die Maschine besetzt ist.

Kalkulatorische Abschreibung
Es ist bei der Kalkulation des Maschinenstundensatzes von einer
durchschnittlichen Nutzung von 4 Jahren auszugehen. Dies entspricht
einem linearen Abschreibungssatz von 25 %. Da der
Wiederbeschaffungswert der Maschine in 4 Jahren höher ist, als der
Anschaffungswert liegen wird, ist von einer kalkulatorischen
Abschreibung von 25% des Wiederbeschaffungswertes auszugehen. Dies
ist u.a. auf die Inflationsrate zurückzuführen.

Kalkulatorische Zinsen
Die kalkulatorischen Zinsen beziehen sich auf den durchschnittlichen
Wiederbeschaffungswert und errechnen sich aus einem durch
Erfahrungswerte kalkulierten Zinsfuß.

Unter der Annahme, daß 1987 die Maschine einen Anschaffungswert von
16.500.--DM hat, würde sich bei der linearen Abschreibung bei einem
Abschreibungssatz von 25% eine jährliche Abschreibung von 4.125.--DM
ergeben, sodaß die Maschine im Jahre 1990 vollkommen abgeschrieben
sein wird.

Abschreibung

1987	4.125.--DM
1988	4.125.--DM
1989	4.125.--DM
1990	4.125.--DM

Afa gesamt   16.500.--DM

Sollte nun im Jahre 1990 eine gleichwertige neue Maschine gekauft
werden, so müssen wir einen wesentlich höheren Wiederbeschaffungswert
bezahlen, da eine Preissteigerung stattgefunden haben wird.
Bei der Berechnung des Wiederbeschaffungswertes gehen wir nach dem
Indexverfahren vor, d.h. wir setzen den jeweils gültigen Preisindex für
das Anschaffungsjahr fest. In diesem Falle 126 Punkte für das Jahr 1987
und 165 Punkte für das Jahr 1990. Der Wiederbeschaffungspreis ergibt
sich aus der Formel:

Anschaffungspreis * Preisindex nach Abschreibung
Preisindex Anschaffungsjahr

Dies bedeutet für unser Beispiel:

$$\frac{16.500 \ DM \ * \ 165}{126}$$

Daraus ergibt sich ein Wiederbeschaffungswert von 21.607,14 DM.

Es muß eine kalkulatorische lineare Abschreibung von jährlich 5.401,79 DM durchgeführt werden.

2.1　Textbearbeitung mit Multiplan

Im ersten Beispiel müssen wir einen Namen für das Arbeitsblatt suchen. Das Arbeitsblatt soll den Namen Maschinenstundensatz haben. Die Abkürzung hierfür ist **Maschh**. Bevor Sie mit der Kalkulation beginnen, müssen Sie die Datei Maschh vorbereiten, wobei Sie Befehle zur Texteingabe und Textformatierung verwenden werden. Sie müssen Texte formatieren, wenn diese länger als das vorhandene Feld sind. Die Standardgröße der Felder beträgt 10 Zeichen. Sollten Ihre Texte oder Wertangaben größer sein, so bestehen zwei Möglichkeiten, diesen Text zu formatieren und somit komplett auf dem Bildschirm darzustellen. Das geschieht mit den folgenden Befehlen:

Format Felder Formatcode: (Zusammen);

oder mit

Format Breite_der_Spalten

Zusätzlich lernen Sie den Befehl **Kopie** und das Abspeichern der Datei auf Diskette mit Hilfe der Befehlsfolge **Übertragen Speichern Dateiname:** einzusetzen.

2.1.1　Das Multiplan-Lernziel:
Texteingabe und Textformatierung

Aufgabe:
Es sollen Texte über mehrere Spalten hinweggeschrieben werden.

10

Ausführung:
1. Positionieren Sie den Cursor mit Hilfe der Cursorsteuertasten auf das Feld , das Zeile 1 und Spalte 1 bilden.
2. Drücken Sie die Taste T für den Befehl **Text.**
3. Geben Sie das Wort *Maschinenstundensatz* ein, und bestätigen Sie den Befehl mit der **Return**-Taste.

Wie Sie auf dem Bildschirm erkennen können, erscheint das eingegebene Wort nicht vollständig. Es ist aber nicht verlorengegangen, sondern befindet sich im Arbeitsspeicher. Um es vollständig auf dem Bildschirm erscheinen zu lassen, benötigen wir die Spalten 2 und 3 zusätzlich. Drücken Sie den Befehl F für **Format.** Nun befinden Sie sich im Unterbefehlsmenü Format. Hier wählen Sie den Befehl F für **Felder** aus. Sie befinden Sich jetzt in dem Bereich, in dem sämtliche Formatierungen durchgeführt werden können.
Das eingegebene Wort "Maschinenstundensatz" soll auf dem Bildschirm zusammenhängend erscheinen. Geben Sie bei **Format Felder** *Z3S1:2* ein. Benutzen Sie die **Tabulator**-Taste, um in den Bereich **Formatcode** zu gelangen. Wählen Sie hier den Befehl **Zusammen** aus. Wenn Sie die Eingabe mit der **Return**-Taste bestätigen, sehen Sie, daß das Wort Maschinenstundensatz vollständig auf dem Bildschirm erscheint, und zwar von Spalte 1 bis Spalte 3.

4. Positionieren Sie den Cursor auf Feld Zeile 3 Spalte 1
5. Wählen Sie den Befehl Text, und schreiben Sie das Wort *Gerätespezifikation.*
6. Verfahren Sie nun genauso wie bei dem Wort *Maschinenstundensatz,* damit das Wort *Gerätespezifikation* vollständig auf dem Bildschirm erscheint.

Anmerkung zur Escape-Taste:

Sollten Sie während Ihrer Bearbeitung aus Versehen einen falschen Unterbefehl angewählt haben, können Sie mit Betätigen der **Escape**-Taste in das Hauptbefehlsmenü gelangen.

Wenn Sie die Eingaben richtig vorgenommen haben, sieht Ihr Bildschirm wie folgt aus:

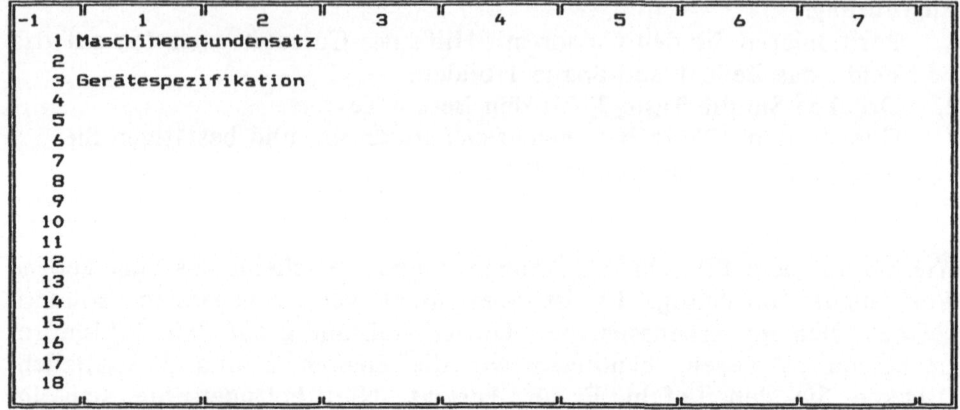

Bild 2.1

2.1.2 Das Multiplan-Lernziel: Kopieren von Feldinhalten

Aufgabe:

In Zeile 2 soll eine Unterstreichungslinie nach rechts bis in Spalte 5 gezogen werden. Um die Unterstreichung nicht spaltenweise eingeben zu müssen, können Sie den Befehl **Kopie** benutzen.

Ausführung:

1. Positionieren Sie den Cursor auf das Feld Z2S1.
2. Wählen Sie den Befehl **Text** an, geben Sie zehnmal = (Gleichheitszeichen) ein und bestätigen Sie mit der **Return**-Taste.

Denken Sie bitte daran, daß das Feld Z2S1 zur Zeit nur 10 Zeichen faßt!

3. Wählen Sie den Befehl **Kopie** an.
4. Bewegen Sie den Cursor, bis Sie den Unterbefehl **Rechts** erreicht haben.
   Es bestehen 2 Möglichkeiten, den Unterbefehl anzuwählen:
   1) mit der **Tabulator**-Taste
   2) mit dem Anfangsbuchstaben des Unterbefehls.
5. Im Unterbefehlsmenü bestätigen Sie den Befehl **Rechts**.
6. Dann geben Sie **Anzahl der Kopien** ein, in diesem Fall sind es *4*, und bestätigen Sie die Eingabe mit der **Return**-Taste (vgl. Bild 2.2).

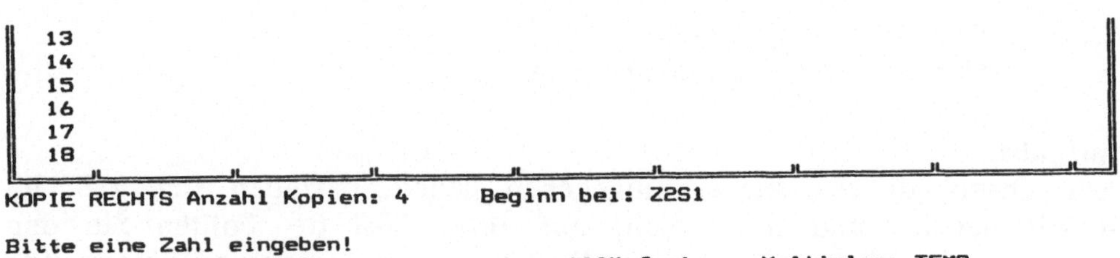

Bild 2.2

7. Positionieren Sie den Cursor auf Feld Z5S1.
8. Verfahren Sie nun genauso, wie Sie es unter Punkt 2 bis Punkt 5 der
    Anweisungsliste getan haben. Anstelle des Gleichheitszeichens
    benutzen Sie bitte den Bindestrich.

Wenn Sie alle Eingaben richtig vorgenommen haben, sehen Sie auf dem
Bildschirm:

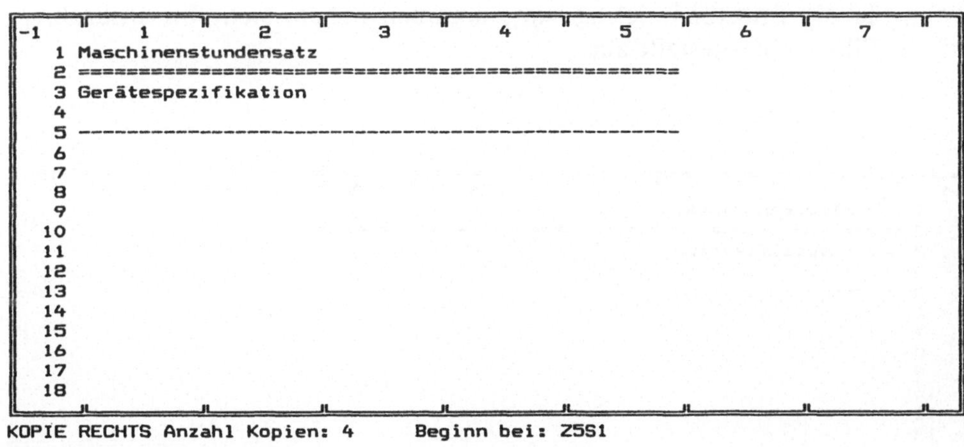

Bild 2.3

2.1.3   Das Multiplan-Lernziel
Datenspeicherung auf Diskette

Aufgabe:
Alle Daten, die Sie bisher eingegeben haben, befinden sich z.Z. im
Arbeitsspeicher und noch nicht auf Ihrer Diskette. Sollten Sie den
Computer ausschalten, so wären Ihre bereits eingegebenen Daten un-
widerruflich gelöscht.
Um Ihre Daten abzuspeichern, müssen Sie das entsprechende Laufwerk
angeben, auf das Sie speichern wollen.

Ausführung:
1.   Zum Anwählen Ihres Laufwerkes drücken Sie die Tasten *Ü* für
     Übertragen,
2.   *O* für **Optionen**,
3.   die **Tabulator-Taste**, um hinter **"Laufwerk/Inhaltsverzeichnis"**: die
     Laufwerksbezeichnung eingeben zu können.

Sollten Sie mit einer Festplatte arbeiten, können Sie das von Multiplan
vorgegebene Laufwerk A bestätigen. Arbeiten Sie mit 2 Laufwerken, so
müssen sie die Laufwerksbezeichnung *b*: eingeben.

Wenn Sie die Eingaben richtig vorgenommen haben, sieht Ihr Bildschirm
wie in Bild 2.4 dargestellt aus:

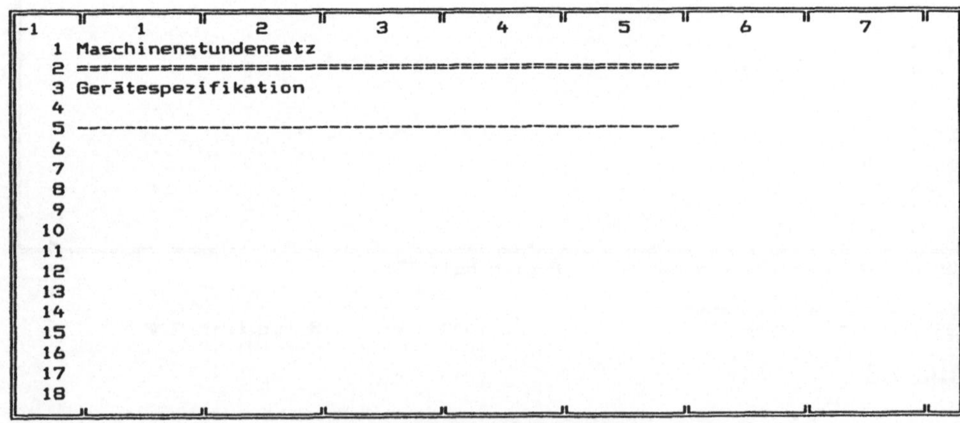

Bild 2.4

4. Zum Speichern Ihrer Daten drücken Sie die Taste *Ü* für **Übertragen**,
5. die Taste *S* für **Speichern**; schreiben Sie dann den Dateinamen
    Maschh.

Wenn Sie das Programm *Maschh* wieder in Ihren Computer laden wollen
(vorausgesetzt, Sie haben ihn inzwischen ausgeschaltet), müssen Sie
folgende Befehle eingeben:

1. Zum Laden drücken Sie die Taste *Ü* für **Übertragen**.
2. Drücken Sie die Taste *L* für **Laden**; schreiben Sie dann den
    Dateinamen *Maschh*

Eine Anmerkung zum Laden:

Sollten Sie zu einem späteren Zeitpunkt einige Dateinamen vergessen
haben, geben Sie nach dem Drücken der Tasten Ü und L ein *a:* (bei zwei
Laufwerken *b:*) ein. Betätigen Sie die Cursorsteuer-Taste (nach oben) .
Sie sehen nun alle Dateinamen, die sich auf der Diskette befinden. Nun
können Sie den Cursor auf den gewünschten Dateinamen setzen und mit
der **Return**-Taste bestätigen. Sie haben nun die gewünschte Datei von der
Diskette in den Computer-Speicher geladen. Das Abbild der Datei sehen
Sie auf Ihrem Bildschirm.

Eine Anmerkung zur Dateiverwaltung:

Wenn Sie eine Datei abspeichern, sollten Sie den Dateinamen nicht länger
als 8 Zeichen wählen, da später im Inhaltsverzeichnis die Dateinamen nur
bis zu einer Länge von 8 Zeichen angezeigt werden. Sie können
Kombinationen von Zeichen und Buchstaben wie auch einige
Sonderzeichen als Dateinamen eingeben. Sollten Sie Sonderzeichen
benutzen, die für die Dateinamen ungültig sind, meldet sich das System
mit einem akustischem Signal und der Anzeige:

    " Diese Datei kann nicht geschrieben werden."

Bestätigen Sie das Speichern Ihrer Datei mit der **Return**-Taste. Wenn Sie
die Eingaben richtig vorgenommen haben, zeigt Ihr Bildschirm:

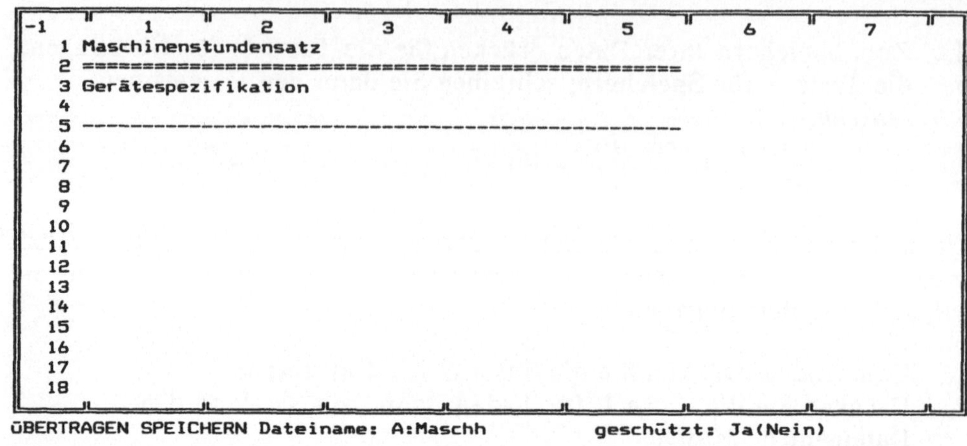

Bild 2.5

2.1.4   Das Multiplan-Lernziel:
Spaltenerweiterung

Aufgabe:
soll eine Spalte über eine große Anzahl von Zeilen hinweg mit Texten belegt werden. Dazu brauchen wir nicht den Befehl **Format Felder**, sondern wir erweitern die Spaltenbreite mit der Befehlsfolge Format Breite_der_Spalten und können dann problemlos Texte bis zu maximal 64 Zeichen eingeben.

Ausführung:
1. Positionieren Sie den Cursor in Spalte 1
2. Wählen Sie den Befehl **Format** an.
3. Im Unterbefehlsmenü drücken Sie die Taste *B* für **Breite_der Spalten**.
4. Geben Sie dann die Zahl *30* ein, und bestätigen Sie den Befehl mit der **Return**-Taste.

Sie sehen nun, daß Ihre Kennzeichnungslinien auseinandergerissen sind. Da Sie vorher den Inhalt der Felder Z2S1 und Z5S1 mit 10 Zeichen belegt haben, ist diese Lücke entstanden.

5. Setzen Sie den Cursor in die Zeile 2 Spalte 1.
6. Drücken Sie T für **Text**, und geben Sie die entsprechende Anzahl von *Gleichheitszeichen* ein, um die Lücke zu schließen.
7. Verfahren Sie mit den Angaben der Zeile 5 ebenso; geben Sie hier *Bindestriche* ein.

16

Als alternative Vorgehensweise für die Eingabe der 30 Gleichheitszeichen oder der 30 Bindestriche können Sie auch einen Befehl verwenden, der Ihre Eingabe vereinfacht. Es ist die Funktion **Wiederholen**.
Die Ausführung zum Ausfüllen der Lücke in Spalte 1 läßt sich wie folgt darstellen:

1. Der Cursor befindet sich in Zeile 2 und Spalte 1.
2. Geben Sie W für **Wert** ein.
3. Ihre Eingaben sollen lauten: Wiederholen("=";30).
4. Bestätigen Sie mit der **Return**-Taste
5. Nun gehen Sie mit dem Cursor in Zeile 5.
6. Nehmen Sie folgende Eingabe vor: Wiederholen("-";30).
7. Bestätigen Sie mit der **Return**-Taste.

Sie können auch mehrere Spalten gleichzeitig erweitern.

Anmerkung zum Speichern:
Zum Speichern Ihrer Daten drücken Sie die Taste Ü für **Übertragen**,sowie die Taste S für **Speichern**. Bestätigen Sie den Dateinamen *Maschh*, indem Sie die **Return**-Taste drücken. Geben Sie ein "*J*" zum Überschreiben der bestehenden Datei ein.

Wenn Sie die Eingaben richtig vorgenommen haben, steht auf dem Bildschirm:

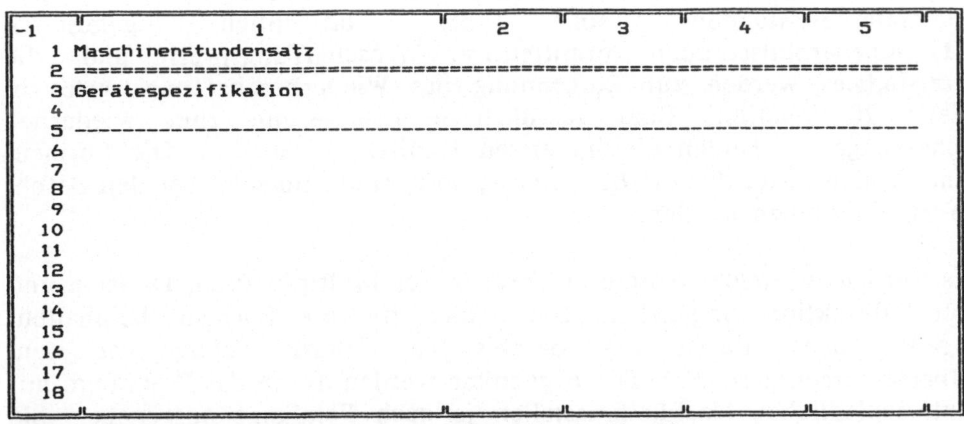

Bild 2.6

2.1.5 Was Sie bisher erreicht haben, ist schon eine ganze Menge:

Sie sind nun in der Lage:

- Parameter beim Speichern zu verändern, so, daß die fertigen Dateien auf der Diskette im Laufwerk A bzw. B abgespeichert werden;

- Texte einzugeben und diese so zu formatieren, daß sie über mehrere Spalten hinweggeschrieben werden können;

- Unterstreichungen nach rechts zu kopieren, um die Eingabe sich wiederholender Zeichen zu vermeiden;

- die Breite der Spalte zu verändern, um Eingaben vornehmen zu können, die länger als 10 Zeichen sind.

Zur eigentlichen Kalkulation haben Sie noch keine Eingaben vorgenommen.

2.2 Vorbereitung zur Tabellenkalkulation

Nun werden Sie einen Teil der Formeln, die für die Berechnungen notwendig sind, eingeben.Zuerst werden in Zeile 8 die gesamten Arbeitsstunden für ein Jahr berechnet. Die Ausfallzeiten für die Maschine beruhen auf Erfahrungswerten und sind in dieser Kalkulation mit 20 % angesetzt. Durch die Subtraktion der Ausfallzeiten von den Gesamtarbeitsstunden sind die tatsächlich geleisteten Maschinenarbeitsstunden ermittelt.Der Anschaffungspreis und die Preisindices werden zur Berechnung des Wiederbeschaffungswertes in Zeile 20 benötigt. Eine ausführliche Erläuterung zum Wiederbeschaffungswert finden Sie im ersten Kapitel des Buches. Die Formeln und Zahlenwerte, die zur Berechnung nötig sind, müssen über den Befehl **Wert:** eingegeben werden.

Es werden in diesem Abschnitt Formeln zur Multiplikation, Division und zur Subtraktion eingegeben. Die Felder, die die Formeln beinhalten, werden dann durch die Befehlsfolge **Schutz Felder** vor dem Überschreiben geschützt. Die Ergebnisse werden durch das Programm mit unterschiedlichen Nachkommastellen je nach Feldlänge ausgegeben. Sie können jedoch die Nachkommastellen individuell festlegen, und zwar durch die Befehlsfolge **Format Felder Dez-Stellen:**. Eine weitere Formatierung erleichtert die Eingabe von Formeln bei der Prozentrechnung.

Sie können durch die Befehlsfolge **Format Felder Formatcode: %** ein Feld als Prozentfeld festlegen.

Anmerkung bei der Eingabe und der Berechnung von Zahlenwerten

Sollten Sie bei der Eingabe oder bei der Berechnung von Zahlen feststellen, daß sich in Ihrem Feld 10 Ausrufezeichen befinden, so ist die Spaltenbreite zu gering gewählt. Die Situation ergibt sich häufig nach dem Formatieren von Zahlen, z.B. als DM-Beträge. Verbreitern Sie die Spalte mit dem Befehl Format Breite der Spalten. Nach der Bestätigumg mit der Return-Taste sehen Sie den exakten Wert.

Wenn Sie die Eingabe richtig vorgenommen haben, erscheint auf Ihrem Bildschirm:

Bild 2.7

2.2.1 Das Multiplan-Lernziel: Eingabe von Zahlenwerten

Aufgabe:
Zahlenwerte auf zwei verschiedene Arten eingeben.

Ausführung:
1. Positionieren Sie den Cursor auf Feld Z6S2.
2. Wählen Sie den Befehl **Wert** an.
3. Geben Sie die Zahl *40* ein, und drücken Sie die **Return-Taste**.

Sie brauchen bei der Eingabe von Zahlen nicht unbedingt den Befehl
Wert anzuwählen, Sie können eine Zahl über die Tastatur eingeben. Das
Programm springt automatisch in den Wert-Modus.

4. Positionieren Sie den Cursor auf Feld Z7S2.
5. Geben Sie die Zahl *52* ein, ohne den Befehl **Wert** anzuwählen.
6. Positionieren Sie den Cursor auf Feld Z6S3 und geben Sie in die
   Felder Z6S3, Z7S3 und Z8S3 die entsprechenden Texte aus Bild 2.8.
   ein.
7. Geben Sie die Texteingaben in Spalte 1 ein.

Anmerkungen zu den Text/und Zahleneingaben

Sie können Text-und Zahleneingaben vornehmen, ohne nach jeder
Eingabe die **Return**-Taste zu drücken. Betätigen Sie nach der Text- oder
Zahleneingabe die Cursorsteuer-Tasten, ohne die **Return**-Taste zu
benutzen. Sie befinden sich in dem Text/Wert-Modus. Der
einzutragende Feldinhalt wird durch das erste Zeichen bestimmt. Wenn
Sie eine Zahl eingeben, so befinden Sie sich im Wert-Modus. Ist die erste
Eingabe ein Buchstabe, so sind Sie im Text-Modus.

Wenn Sie die Eingaben richtig vorgenommen haben, erscheint der in Bild
2.8 dargestellte Bildschirm:

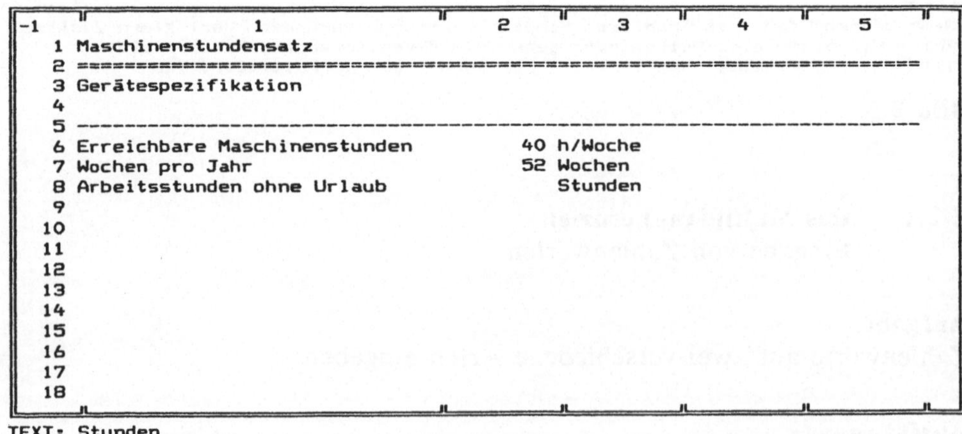

Bild 2.8

2.2.2 Das Multiplan-Lernziel
Eingabe einer Formel zur Multiplikation

Aufgabe:
Damit Sie die Gesamtarbeitsstunden ohne Berücksichtigung der Ausfallzeiten berechnen können, müssen Sie eine Multiplikation durchführen. Dazu ist die Eingabe einer Formel erforderlich.

Ausführung:
1. Positionieren Sie den Cursor in Feld Z8S2.
2. Wählen Sie den Befehl **Wert** an.
3. Bewegen Sie den Cursor mit Hilfe der Cursor-Steuertasten auf die Zahl *40* nach oben.
4. Geben Sie das Zeichen für Multiplikation (*) ein.
5. Bewegen Sie den Cursor auf Z7S2, und drücken Sie die **Return-Taste.**

Eine Anmerkung zur Formeleingabe:
Sie sehen, daß das Multiplanprogramm die Multiplikation ohne Schwierigkeiten durchgeführt hat. Wenn Sie nun den Cursor auf Feld Z8S2 positioniert halten, sehen Sie in der linken unteren Ecke des Bildschirms die gerade eingegebene Formel Z(-2)S*Z(-1)S. Diese Formel gibt an, daß die Zahl, die im zweithöheren Feld über Z8S2 mit der Zahl, die in einem Feld über Z8S2 steht, multipliziert werden soll. Wenn Sie nun die wöchentliche Stundenzahl von *40* auf *35* verändern, sehen Sie, daß sich auch die Arbeitsstunden ohne Urlaub auf 1820 verändert haben. Geben Sie nun wieder die Zahl *40* ein, und fahren Sie mit dem nächsten Lernziel fort.

Wenn Sie die Eingaben richtig vorgenommen haben, entspricht Ihr Bildschirm Bild 2.9.

```
 -1                      1                      2        3        4        5
  1 Maschinenstundensatz
  2 ==================================================================================
  3 Gerätespezifikation
  4
  5 ------------------------------------------------------------------------------
  6 Erreichbare Maschinenstunden          40 h/Woche
  7 Wochen pro Jahr                       52 Wochen
  8 Arbeitsstunden ohne Urlaub          2080 Stunden
  9
 10
 11
 12
 13
 14
 15
 16
 17
 18

WERT: Z(-2)S*Z(-1)S

Bitte eine Formel eingeben!
Z7S2      52                              100% frei      Multiplan: MASCHH
```

Bild 2.9

2.2.3 Das Multiplan-Lernziel: Formatieren von Feldern als Prozentwerte

Aufgabe:
Felder können als %-Felder formatiert werden, um spätere Berechnungen mit Prozentwerten zu erleichtern.

Ausführung:
1. Geben Sie den Text in Z9S1 ein: *Ausfallzeiten, (Url/Service)*.
2. Positionieren Sie den Cursor auf Feld Z9S2.
3. Wählen Sie den Befehl **Format Felder** aus.
4. Drücken Sie die **Tabulator**-Taste, bis Sie im Bereich **Formatcode** ankommen.
5. Wählen Sie mit Hilfe der **Leertaste** das %-Zeichen aus.
6. Drücken Sie einmal die **Tabulator**-Taste, und geben Sie bei **Dez-Stellen:***1* ein.
7. Bestätigen Sie die Eingaben mit der **Return**-Taste.
8. Wählen Sie den Befehl **Wert** aus, und geben Sie die Zahl *0,20* ein.

Anmerkung zu Feldern mit Prozentwerten:
Sie müssen hier die Zahl 0,20 eingeben, weil das Feld als Prozentwert formatiert wurde. Diese Felder werden von Multiplan automatisch mit 100 multipliziert.

Bei richtiger Eingabe hat Ihr Bild das in Bild 2.10 dargestellte Aussehen.

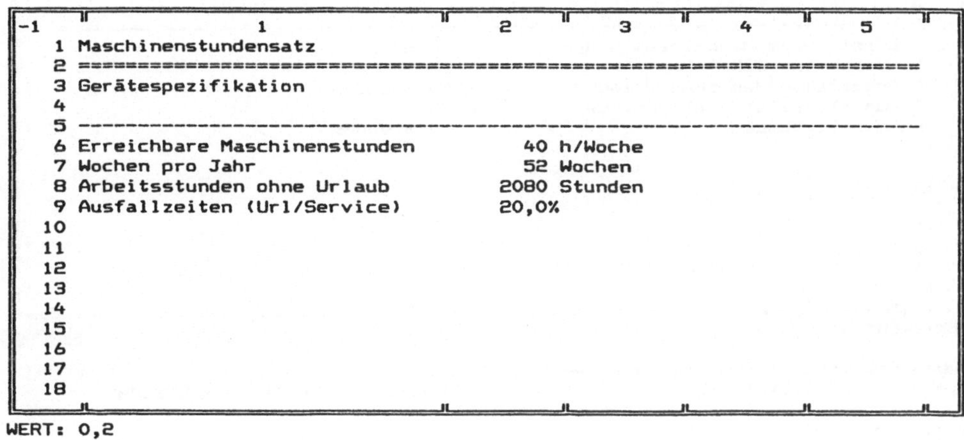

Bild 2.10

2.2.4   Das Multiplan-Lernziel
Multiplizieren von Feldern

Aufgabe:
Eingegebene Formeln sollen vor dem Überschreiben geschützt werden, da sonst die Struktur eines Arbeitsblattes zerstört würde.

Ausführung:
1. Geben Sie die Texte, die in Bild 2.11 zu sehen sind, in Z10S1 und Z10S3 ein.
2. Positionieren Sie den Cursor auf Feld Z10S2.
3. Wählen Sie den Befehl **Wert** an.
4. Bewegen Sie den Cursor auf die Zahl 2080 (Z8S2).
5. Geben Sie das Multiplikationszeichen (*) ein.
6. Bewegen Sie den Cursor auf die 20 % in Feld Z9S2, und drücken Sie die **Return**-Taste.

Wenn Sie alle Eingaben richtig vorgenommen haben, sollte der Ausdruck ihres Bildschirms wie Bild 2.11 aussehen.

```
 -1                      1                2        3        4        5
   1 Maschinenstundensatz
   2 ==================================================================
   3 Gerätespezifikation
   4
   5 ----------------------------------------------------------------
   6 Erreichbare Maschinenstunden              40 h/Woche
   7 Wochen pro Jahr                           52 Wochen
   8 Arbeitsstunden ohne Urlaub              2080 Stunden
   9 Ausfallzeiten (Url/Service)             20,0%
  10 Ausfallstunden                           416 Stunden
  11
  12
  13
  14
  15
  16
  17
  18

TEXT/WERT:

Geben Sie bitte einen Text oder Wert ein!
Z10S2     Z(-2)S*Z(-1)S                   100% frei      Multiplan: MASCHH
```

Bild 2.11

2.2.5 Das Multiplan-Lernziel:
Schutz eines Feldes mit Formeleintrag

Aufgabe:
Wenn Sie den Cursor auf Z10S2 positionieren, sehen Sie in der linken
unteren Ecke die Formel, die Sie dort eingegeben haben. Würden Sie in
dieses Feld etwas anderes eingeben, wäre Ihre Formel verloren, da Sie
den Feldinhalt z.B. durch eine Zahl geändert haben.
Um das zu vermeiden, gibt es den Befehl **Schutz**.

Ausführung:
1. Lassen Sie den Cursor auf Feld Z10S2.
2. Geben Sie **Schutz** ein.
3. Sie haben nun zwei Unterbefehle zur Auswahl, aus denen Sie den
   Befehl **Felder** anwählen.
4. Wenn Sie sich in dem Unterbefehlsmenü **Schutz Felder** befinden,
   sehen Sie, daß Sie eine Bereichsangabe tätigen können.
5. Da der Cursor bereits auf Z10S2 positioniert ist, können Sie mit der
   Tabulator-Taste in den **Status:** hinüberspringen. Der Cursor befindet
   sich nun auf dem Feld **Ungeschützt**.
6. Drücken Sie die **Leertaste**. Nun befindet sich der Cursor auf dem
   Feld **Geschützt** (vgl Bild 2.12).
7. Bestätigen Sie den Befehl mit der **Return-Taste**.

Auf dem Bildschirm ist keine Änderung zu sehen, doch wenn Sie versuchen, in dieses geschützte Feld einen Text einzugeben, (drücken Sie die Taste T für Text), macht sich das System mit einem Pieps-Ton bemerkbar, und unten links unter dem Befehlsmenü erscheint die Anzeige:

"Geschützte Felder dürfen nicht verändert werden."

Ihre Formel kann also nicht überschrieben werden. Das geschützte Feld kann mit Neueintragungen geändert werden, wenn Sie den Status geschützt in ungeschützt ändern.

8. Positionieren Sie nun den Cursor auf die "2080" Stunden in Z8S2, und schützen Sie auch dieses Feld.

Anmerkung zum Befehl Schutz:
Sie können sämtliche Felder schützen, nicht nur solche mit Formeleintrag, sondern auch die mit Texten oder Zahlenwerten.

Bitte beachten Sie!
Sollten Sie den Befehl **Schutz Rechenfelder** auswählen, so werden die Rechenformeln und die eingegebenen Texte geschützt. Es können keine Eintragungen mehr in diesen Feldern vorgenommen werden.

```
 -1           1                    2        3        4        5
  1 Maschinenstundensatz
  2 ================================================================
  3 Gerätespezifikation
  4
  5 ----------------------------------------------------------------
  6 Erreichbare Maschinenstunden        40 h/Woche
  7 Wochen pro Jahr                     52 Wochen
  8 Arbeitsstunden ohne Urlaub        2080 Stunden
  9 Ausfallzeiten (Url/Service)       20,0%
 10 Ausfallstunden                     416 Stunden
 11
 12
 13
 14
 15
 16
 17
 18

SCHUTZ Felder: Z10S2                    Status:(Geschützt)Ungeschützt

Geben Sie bitte die Position eines Felds oder Tabellenbereichs ein!
Z10S2      Z(-2)S*Z(-1)S               100% frei     Multiplan: MASCHH
```

Bild 2.12

2.2.6   Das Multiplan-Lernziel:
           Eingeben einer Formel zur Subtraktion und Schützen von
Feldern
           mit Formeleingabe.

Aufgabe:
Es soll eine Subtraktion durchgeführt werden.

Ausführung:
1.   Geben Sie die Texte, die in Bild 2.13 vorhanden sind, in
      Z4S1,Z12S1 ,Z12S3, Z14:20S1 und Z14:20S3 ein.
2.   Positionieren Sie den Cursor auf Feld Z12S2.
3.   Wählen Sie den Befehl Wert an.
4.   Fahren Sie mit dem Cursor auf Feld Z8S2, drücken Sie die Taste
      für die Subtraktion (Bindestrich oder Minuszeichen).
5.   Fahren Sie mit dem Cursor auf das Feld Z10S2, und drücken Sie
      die Return-Taste.
6.   Positionieren Sie den Cursor auf Feld Z11S2.
7.   Geben Sie den Befehl T für Text ein und schreiben Sie 10 Bin-
      destriche.
8.   Bestätigen Sie mit der Return-Taste.
9.   Unterstreichen Sie das Feld Z11S2.
10.   Schützen Sie das Feld Z12S2.

Wenn Sie die Eingaben richtig vorgenommen haben, entspricht Ihr
Bildschirm Bild 2.13

```
 -1          1                    2      3      4      5
    3 Gerätespezifikation
    4
    5 ------------------------------------------------------------
    6 Erreichbare Maschinenstunden        40 h/Woche
    7 Wochen pro Jahr                     52 Wochen
    8 Arbeitsstunden ohne Urlaub        2080 Stunden
    9 Ausfallzeiten (Url/Service)      20,0%
   10 Ausfallstunden                     416 Stunden
   11                                 ----------
   12 Erreichbare Arb.stdn./Jahr        1664 Stunden
   13
   14 kalkulatorische Abschreibungen
   15 Anschaffungspreis                     DM
   16 Laufzeit                              Jahre
   17 Anschaffungsjahr
   18 Preisindex Anschaffungsjahr           Punkte
   19 Preisindex nach Abschreibung          Punkte
   20 Wiederbeschaffungswert                DM

WERT: Z(-4)S-Z(-2)S

Bitte eine Formel eingeben!
Z10S2      Z(-2)S*Z(-1)S              100% frei      Multiplan: MASCHH
```

Bild 2.13

Eine Anmerkung zu der Speicherung mit einem PASSWORT.

Sie haben die Möglichkeit, Ihre Eingabe durch ein Passwort schützen zu lassen.Bei einer Dateiabspeicherung mit einem Passwort können Sie das Arbeitsblatt nur laden, wenn das Passwort eingegeben wird.

WICHTIG
Sollten Sie das Passwort vergessen, so können Sie die Datei nicht mehr aufrufen. Machen Sie sich deshalb eine Notiz von Ihrem Passwort. Sie können Ihr Passwort folgendermaßen eingeben:

1. Wählen Sie den Befehl **Übertragen** .
2. Wählen Sie das Untermenü **Speichern** an.
3. Bestätigen Sie **Geschützt:** *Ja* mit der **Return**-Taste.
4. Sie müssen nun ein Passwort eingeben.
5. Bestätigen Sie die Eingabe nach der Aufforderung des Programms.

Der Befehl: Übertragen Option

Sie haben verschiedene Möglichkeiten, Ihr Arbeitsblatt zu übertragen. Gehen Sie mit dem Cursor zu dem Befehl **Übertragen Option**. Sie sehen, daß Sie in dem Bereich **Übertragen Option Format:** drei verschiedene Möglichkeiten der Abspeicherung haben.

1. **Normal**
    Wenn Sie Multiplan-Dateien haben, die Sie nur in Multiplan verwenden wollen, so speichern Sie diese unter **Übertragen Option Format:** *Normal* ab. Dies hat den Vorteil, daß die Übertragungszeit der Daten relativ kurz ist.

2. **Symbolisch**
    Wenn Sie mit alten Multiplanprogrammen Dateien erstellt haben oder einen Datenaustausch mit anderen Programmen vornehmen wollen, so müssen Sie die Datei mit **Übertragen Option Format:** *Symbolisch* speichern.

3. **Fremd**
    Sollten Sie mit anderen Kalkulationsprogrammen arbeiten, so können Sie die in ASCII abgespeicherten Daten mit dem Befehl **Übertragen Option Format:** *Fremd* speichern oder laden.

2.2.7. Das Multiplan-Lernziel:
Eingabe von Texten, Werten und die Formatierung mit zwei
Nachkommastellen

Aufgabe:
Zahlenwerte sollen mit unterschiedlichen Nachkommastellen formatiert
werden.

Ausführung:
1. Geben Sie die Zahlenwerte in Z15:19S2 ein; die Werte entnehmen Sie
   Bild 2.14.
2. Positionieren Sie den Cursor auf Feld Z15S2.
3. Wählen Sie den Befehl **Format Felder** aus.
4. Betätigen Sie die **Tabulator**-Taste, bis sich der Cursor im
   Formatcode befindet.
5. Wählen Sie den Befehl **Fest** an (entweder mit der Leertaste oder mit
   dem Anfangsbuchstaben *F*).
6. Drücken Sie erneut die **Tabulator**-Taste, bis sich der Cursor im
   Befehl **Dez-Stellen** befindet.
7. Geben Sie dort eine *2* ein, bestätigen Sie den Befehl mit der **Return**-
   Taste.

Wenn sie alle Eingaben richtig vorgenommen haben, sollte der Ausdruck
Ihres Bildschirms Bild 2.14 entsprechen.

```
 -1        II         1          II      2    II    3    II    4    II    5     II
    3 Gerätespezifikation
    4
    5 ---------------------------------------------------------------------------
    6 Erreichbare Maschinenstunden              40 h/Woche
    7 Wochen pro Jahr                           52 Wochen
    8 Arbeitsstunden ohne Urlaub              2080 Stunden
    9 Ausfallzeiten (Url/Service)            20,0%
   10 Ausfallstunden                          416 Stunden
   11                                     ----------
   12 Erreichbare Arb.stdn./Jahr             1664 Stunden
   13
   14 kalkulatorische Abschreibungen
   15 Anschaffungspreis                  16500,00 DM
   16 Laufzeit                                  4 Jahre
   17 Anschaffungsjahr                       1987
   18 Preisindex Anschaffungsjahr             126 Punkte
   19 Preisindex nach Abschreibung            165 Punkte
   20 Wiederbeschaffungswert                      DM

FORMAT Felder: Z15S2                     Ausrichtung:(Stnd)Mitte Norm Links Rechts -
 Formatcode: Stnd Zusammen E_Form(Fest)Norm Ganz Währung * % -  Dez_Stellen: 2
Geben Sie bitte die Position eines Felds oder Tabellenbereichs ein!
Z15S2      16500                         100% frei      Multiplan: MASCHH
```

Bild 2.14

2.2.8   Das Multiplan-Lernziel:
Die Eingabe einer Formel mit Multiplikation (*) und
Division (/), das Formatieren eines Feldes mit zwei
Kommastellen.

Aufgabe:
Es soll eine Formel mit Multiplikation und Division durchgeführt werden.

Ausführung:
1. Positionieren Sie den Cursor auf Feld Z20S2.
2. Wählen Sie den Befehl **Wert** an.
3. Fahren Sie mit Hilfe der Cursorsteuertasten auf die "16500,00DM",
    und drücken Sie auf das Multiplikationszeichen (*).
4. Fahren Sie mit dem Cursor eine Zeile nach oben auf die "165
    Punkte", und drücken Sie das Divisionszeichen (der Schrägstrich über
    der 7(/).
5. Fahren Sie nun den Cursor zwei Zeilen nach oben auf die "126
    Punkte", und drücken Sie die **Return**-Taste.
6. Wählen Sie den Befehl **Format Felder** aus, sowie den **Formatcode**
    Fest, und geben Sie bei **Dez.Stellen:** *2* ein.
7. Bestätigen Sie mit der **Return**-Taste.
8. Schützen Sie das Feld Z20S2 mit dem Befehl **Schutz Felder**: die
    Status-Angabe soll auf "Geschützt" stehen.

Im Bild 2.15 sehen Sie die Bildschirmausgabe.

```
-1       ||         1          ||    2    ||   3    ||   4    ||   5    ||
   3 Gerätespezifikation
   4
   5 -------------------------------------------------------------------
   6 Erreichbare Maschinenstunden          40 h/Woche
   7 Wochen pro Jahr                        52 Wochen
   8 Arbeitsstunden ohne Urlaub          2080 Stunden
   9 Ausfallzeiten (Url/Service)         20,0%
  10 Ausfallstunden                       416 Stunden
  11                                   ----------
  12 Erreichbare Arb.stdn./Jahr          1664 Stunden
  13
  14 kalkulatorische Abschreibungen
  15 Anschaffungspreis               16500,00 DM
  16 Laufzeit                               4 Jahre
  17 Anschaffungsjahr                    1987
  18 Preisindex Anschaffungsjahr          126 Punkte
  19 Preisindex nach Abschreibung         165 Punkte
  20 Wiederbeschaffungswert          21607,14 DM

FORMAT Felder: Z20S2              Ausrichtung:(Stnd)Mitte Norm Links Rechts -
 Formatcode: Stnd Zusammen E_Form(Fest)Norm Ganz Währung * % -  Dez_Stellen: 2
Geben Sie bitte die Position eines Felds oder Tabellenbereichs ein!
Z20S2      Z(-5)S*Z(-1)S/Z(-2)S            100% frei      Multiplan: MASCHH
```

Bild 2.15

Sie sind nun in der Lage:

. Zahlenwerte einzugeben und mit zwei Nachkommastellen zu
  formatieren;
. Felder als Prozentfelder zu formatieren;
. mit Hilfe des Befehls Wert: Formeln zur Multiplikation, Division, .
  Addition und Subtraktion einzugeben;
. die eingegebene Formel gegen Überschreiben zu schützen.

Zur Kalkulation des Stundensatzes der Maschine haben Sie die ersten
beiden Schritte abgeschlossen, indem Sie die erreichbaren Arbeitsstunden
pro Jahr und den Wiederbeschaffungswert berechnet haben.

2.3   Ausbau der Tabelle

Dem nächsten Schritt wird eine 25%-ige lineare Abschreibung zu-
grundegelegt, da die Maschine über 4 Jahre abgeschrieben werden soll.
Um die inflationäre Preissteigerung zu berücksichtigen, werden die
kalkulatorischen Abschreibungssätze in Zeilen 22 und 23 mit in die
Kalkulation einbezogen. Zur kalkulatorischen Abschreibung addieren sich
die kalkulatorischen Zinsen, die in den Zeilen 27 und 28 ermittelt
werden. Im nächsten Schritt, in den Zeilen 30 bis 32, werden die
Instandhaltungskosten,   die   die   Maschine   verursacht   hat,
berechnet.Natürlich müssen ebenfalls die Raumkosten, die durch die
Maschine verursacht werden, mit bei der Kalkulation berücksichtigt
werden. Diese Berechnungen werden in den Zeilen 34 bis 38
durchgeführt. In den Zeilen 40 bis 45 werden die Energiekosten, die für
die Maschine entstanden sind, ermittelt.Nachdem Sie die einzelnen
Berechnungen angestellt haben und in Zeile 54 der Stundensatz ermittelt
worden ist, haben Sie Ihr erstes Arbeitsblatt erstellt.

2.3.1 Das Multiplan-Lernziel:
Formatieren eines Feldes als Prozentwert.

Aufgabe:
Ein Feld soll als Prozentwert formatiert werden.

Ausführung:
1. Geben Sie den Text in Spalte 1 Zeile 21 ein (vgl. Bild 2.16).
2. Positionieren Sie den Cursor auf das Feld Z21S2.
3. Wählen Sie den Befehl **Format Felder Formatcode: %** aus.
4. Bestätigen Sie den Befehl mit der **Return-Taste**.
5. Wählen Sie für das Feld Z21S2 den Befehl **Wert** an.
6. Geben Sie eine *1* und danach sofort das *Divisionszeichen* (/) ein.
7. Fahren Sie mit dem Cursor fünf Zeilen nach oben (Z16S2) auf die 4, und bestätigen Sie mit der **Return-Taste**.
8. Wählen Sie den Befehl **Schutz-Felder** an, und schützen Sie das Feld Z21S2.

Wenn Sie die Eingaben richtig vorgenommen haben, entspricht Ihre Bildschirmabbildung Bild 2.16.

```
 -1    ‖          1          ‖       2   ‖    3    ‖    4    ‖    5    ‖
   4
   5  ----------------------------------------------------------------
   6  Erreichbare Maschinenstunden      40 h/Woche
   7  Wochen pro Jahr                   52 Wochen
   8  Arbeitsstunden ohne Urlaub      2080 Stunden
   9  Ausfallzeiten (Url/Service)     20,0%
  10  Ausfallstunden                   416 Stunden
  11                              ----------
  12  Erreichbare Arb.stdn./Jahr      1664 Stunden
  13
  14  kalkulatorische Abschreibungen
  15  Anschaffungspreis           16500,00 DM
  16  Laufzeit                           4 Jahre
  17  Anschaffungsjahr                1987
  18  Preisindex Anschaffungsjahr      126 Punkte
  19  Preisindex nach Abschreibung     165 Punkte
  20  Wiederbeschaffungswert      21607,14 DM
  21  Afa linear                       25%
FORMAT Felder: Z21S2              Ausrichtung:(Stnd)Mitte Norm Links Rechts -
 Formatcode: Stnd Zusammen E_Form Fest Norm Ganz Währung *(%)- Dez_Stellen: 0
Geben Sie bitte die Position eines Felds oder Tabellenbereichs ein!
Z21S2      1/Z(-5)S                  100% frei       Multiplan: MASCHH
```

Bild 2.16

2.3.2 Das Multiplan-Lernziel:
Eingabe und Schutz einer Formeleingabe mit
Kommastellenformatierung.

Aufgabe:
Es soll eine Division durchgeführt werden, deren Ergebnis mit zwei
Nachkommastellen formatiert wird.

Ausführung
1. Geben Sie den Text in die Spalten 1 und 3 der Zeile 22 ein (vgl Bild 2.17).
2. Positionieren Sie den Cursor auf Feld Z22S2
3. Wählen Sie den Befehl **Wert** an.
4. Fahren Sie mit dem Cursor auf die 25%.
5. Geben Sie das Multiplikationszeichen (*) ein.
6. Fahren Sie mit dem Cursor auf Feld Z20S2, und bestätigen Sie die Eingabe mit der **Return**-Taste.
7. Wählen Sie den Befehl **Format Felder** an.
8. Formatieren Sie das Feld als **Fest** und mit **Dez.Stellen:** *2*.
9. Wählen Sie den Befehl **Schutz Felder** an, und schützen Sie das Feld Z22S2.

Wenn Sie die Eingaben richtig vorgenommen haben, hat Ihr Bildschirm
die im Bild 2.17 dargestellte Form.

```
 -1              1                      2       3        4          5
    6 Erreichbare Maschinenstunden        40 h/Woche
    7 Wochen pro Jahr                     52 Wochen
    8 Arbeitsstunden ohne Urlaub        2080 Stunden
    9 Ausfallzeiten (Url/Service)       20,0%
   10 Ausfallstunden                     416 Stunden
   11                                  -----------
   12 Erreichbare Arb.stdn./Jahr        1664 Stunden
   13
   14 kalkulatorische Abschreibungen
   15 Anschaffungspreis               16500,00 DM
   16 Laufzeit                            4 Jahre
   17 Anschaffungsjahr                 1987
   18 Preisindex Anschaffungsjahr       126 Punkte
   19 Preisindex nach Abschreibung      165 Punkte
   20 Wiederbeschaffungswert          21607,14 DM
   21 Afa linear                        25%
   22 kal. Afa / Jahr                  5401,79 DM
   23

FORMAT Felder: Z22S2                 Ausrichtung:(Stnd)Mitte Norm Links Rechts -
 Formatcode: Stnd Zusammen E_Form(Fest)Norm Ganz Währung * % -  Dez_Stellen: 2
Geben Sie bitte die Position eines Felds oder Tabellenbereichs ein!
Z22S2      Z(-1)S*Z(-2)S                 100% frei      Multiplan: MASCHH
```

Bild 2.17

2.3.3 Das Multiplan-Lernziel:
Formeleingabe für die Division und Schutz des Feldes.

Aufgabe:
Es soll eine Division durchgeführt werden. Das Ergebnis soll mit drei Nachkommastellen formatiert und der Formelinhalt geschützt werden.

Ausführung:
1. Entnehmen Sie Bild 2.18 den Text für die Spalten 1 und 3 der Zeilen 23.
2. Positionieren Sie den Cursor auf Feld Z23S2.
3. Wählen Sie den Befehl **Wert** an.
4. Fahren Sie mit dem Cursor auf Feld Z22S2.
5. Geben Sie das (/) ein, und fahren Sie mit dem Cursor auf Feld Z12S2.
6. Bestätigen Sie die Formeleingabe mit der **Return-Taste**.
7. Formatieren Sie das Feld Z23S2 als **Fest** mit *3* **Dez-Stellen**.
8. Bestätigen Sie Ihre Eingaben mit der **Return-Taste**.
9. Schützen Sie das Feld Z23S2: *S, F, Tabulator-Taste; Leertaste und Return-Taste.*

Bild 2.18 zeigt Ihren Bildschirmaufbau.

```
-1          1                        2        3          4        5
    6 Erreichbare Maschinenstunden        40 h/Woche
    7 Wochen pro Jahr                      52 Wochen
    8 Arbeitsstunden ohne Urlaub         2080 Stunden
    9 Ausfallzeiten (Url/Service)       20,0%
   10 Ausfallstunden                     416 Stunden
   11                                 ----------
   12 Erreichbare Arb.stdn./Jahr       1664 Stunden
   13
   14 kalkulatorische Abschreibungen
   15 Anschaffungspreis             16500,00 DM
   16 Laufzeit                             4 Jahre
   17 Anschaffungsjahr                  1987
   18 Preisindex Anschaffungsjahr        126 Punkte
   19 Preisindex nach Abschreibung       165 Punkte
   20 Wiederbeschaffungswert        21607,14 DM
   21 Afa linear                         25%
   22 kal. Afa / Jahr                5401,79 DM
   23 kal. Afa / Maschh                3,246 DM

WERT: Z(-1)S/Z(-11)S

Bitte eine Formel eingeben!
Z12S2      Z(-4)S-Z(-2)S                    100% frei       Multiplan: MASCHH
```

Bild 2.18

2.3.4 Das Multiplan-Lernziel:
Formatieren eines Feldes als Prozentfeld.

Aufgabe:
In einer Formel wird eine Division und eine Multiplikation durchgeführt, die Formel wird geschützt und das Ergebnis mit zwei Nachkommastellen formatiert.

Ausführung:
1. Entnehmen Sie den Text für die Felder Z25:27 der Spalten 1 und 3 dem Bild 2.19.
2. Nach der Texteingabe positionieren Sie den Cursor auf Z26S2.
3. Wählen Sie den Befehl **Format Felder** an.
4. Geben Sie im Unterbefehlsmenü beim **Formatcode:** % an.
5. Bei **Dez-Stellen** geben Sie bitte *2* ein.
6. Bestätigen Sie den Befehl mit der **Return**-Taste.

Da Sie das Feld Z26S2 als Prozentwert formatiert haben, müssen Sie den Wert *0,075* eingeben, um 7,5 % zu erhalten, da das Multiplan automatisch die eingegebene Zahl mit 100 multipliziert.

7. Fahren Sie mit dem Cursor auf Feld Z27S2.
8. Geben Sie *W* für **Wert** ein. Addieren Sie den *Wiederbeschaffungswert* mit dem Anschaffungspreis und dividieren Sie die den Wert durch 2. Den errechneten Durchschnittswert multiplizieren Sie mit dem *kalkulatorischen Zinsfuß*. (vgl Bild 2.19). Setzen Sie den Wiederbeschaffungswert und den Anschaffungswert innerhalb der Formel in Klammern. Das Multiplan-Programm führt die Punkt- vor der Strichrechnung durch.
9. Formatieren Sie das Feld Z27S2 mit 2 **Dez-Stellen:** *F,F, Tabulatortaste, Tabulatortaste, F, Tabulatortaste, 2.*
10. Bestätigen Sie mit der **Return**-Taste.

Die Bildschirmausgabe ist wie in Bild 2.19 dargestellt.

```
-1           1                      2    3      4      5
 11                         ----------
 12 Erreichbare Arb.stdn./Jahr        1664 Stunden
 13
 14 kalkulatorische Abschreibungen
 15 Anschaffungspreis              16500,00 DM
 16 Laufzeit                              4 Jahre
 17 Anschaffungsjahr                   1987
 18 Preisindex Anschaffungsjahr         126 Punkte
 19 Preisindex nach Abschreibung        165 Punkte
 20 Wiederbeschaffungswert         21607,14 DM
 21 Afa linear                          25%
 22 kal. Afa / Jahr                 5401,79 DM
 23 kal. Afa / Maschh                3,246 DM
 24
 25 Kalkulatorische Zinsen
 26 kal. Zinsfuß                       7,50%
 27 kal. Zinsen / Jahr              1429,02 DM
 28

WERT: ZS(Z(-12)S+Z(-7)S)/2*Z(-1)S

Bitte eine Formel eingeben!
Z26S2      0,075                      100% frei      Multiplan: MASCHH
```

Bild 2.19

2.3.5 Das Multiplan-Lernziel:
Durchführung einer Division und Formatieren des Ergebnisses
mit 3 Kommastellen.

Aufgabe:
Es soll eine Division durchgeführt werden, die Formel soll geschützt und
das Ergebnis mit drei Nachkommastellen formatiert werden.

Ausführung:
1. Entnehmen Sie Bild 2.20 die Texte für die Spalten 1 und 3 der Zeile
   28.
2. Positionieren Sie den Cursor auf Feld Z28S2.
3. Geben Sie die Formel zur Berechnung der *kalk. Zinsen/Maschh.* ein:
   (Z(-1)S/Z(-16)S.
4. Hierfür wählen Sie den Befehl **Wert** an, fahren mit dem Cursor in
   Z27S2 und dividieren den Wert dieses Feld durch die Angaben in
   Feld Z12S2.
5. Wählen Sie den Befehl **Format Felder** und geben Sie den **Formatcode**
   Fest und **Dez-Stellen:** *3* an.
6. Schützen Sie das Feld mit dem Formelinhalt.

Der Bildschirm zeigt bei der richtigen Bearbeitung die Darstellung des
Bildes 2.20.

```
-1           1                      2       3       4       5
   11                               ----------
   12 Erreichbare Arb.stdn./Jahr        1664 Stunden
   13
   14 kalkulatorische Abschreibungen
   15 Anschaffungspreis           16500,00 DM
   16 Laufzeit                           4 Jahre
   17 Anschaffungsjahr                1987
   18 Preisindex Anschaffungsjahr      126 Punkte
   19 Preisindex nach Abschreibung     165 Punkte
   20 Wiederbeschaffungswert       21607,14 DM
   21 Afa linear                        25%
   22 kal. Afa / Jahr               5401,79 DM
   23 kal. Afa / Maschh             3,246 DM
   24
   25 Kalkulatorische Zinsen
   26 kal. Zinsfuß                     7,50%
   27 kal. Zinsen / Jahr            1429,02 DM
   28 kal. Zinsen / Maschh          0,859 DM

FORMAT Felder: Z28S2                Ausrichtung:(Stnd)Mitte Norm Links Rechts -
 Formatcode: Stnd Zusammen E_Form(Fest)Norm Ganz Währung * % -   Dez_Stellen: 3
Geben Sie bitte die Position eines Felds oder Tabellenbereichs ein!
Z28S2      Z(-1)S/Z(-16)S                100% frei      Multiplan: MASCHH
```

Bild 2.20

2.3.6 Das Multiplan-Lernziel:
Durchführung einer Division und Schutz des Feldes mit Formeleintrag.

Aufgabe:

Es wird eine Division durchgeführt, deren Formelinhalt geschützt werden muß.

Ausführung:

1. Entnehmen Sie die Texte für die Spalten 1 und 3 der Zeilen 30 bis 32 dem Bild 2.21.
2. Nach der Texteingabe geben Sie in Z31S2 den Wert 1400 ein.
3. Formatieren Sie den Zahlenwert als **Fest** mit zwei *Dez-Stellen*.
4. Positionieren Sie den Cursor auf Feld Z32S2.
5. Geben Sie die Formel zur Berechnung der *Servicekosten/Maschinenkosten pro Stunde* ein.
6. Gehen Sie dazu in den Befehl **Wert**, fahren Sie mit dem Cursor auf Z31S2, drücken Sie das Zeichen (/).
7. Fahren Sie mit dem Cursor auf das Feld Z12S2, und betätigen Sie die **Return**-Taste.
8. Formatieren Sie das Ergebnis: *F,F*, 2 mal *Tabulator-Taste, F, Tabulatortaste,3* und <**Return**>
9. Schützen Sie das Feld mit dem Formelinhalt.

Wenn Sie die Eingaben richtig vorgenommen haben, sollte Ihr Bildschirm wie in Bild 2.21 dargestellt aussehen.

```
 -1              1                 2        3       4       5
   15 Anschaffungspreis        16500,00 DM
   16 Laufzeit                        4 Jahre
   17 Anschaffungsjahr             1987
   18 Preisindex Anschaffungsjahr   126 Punkte
   19 Preisindex nach Abschreibung  165 Punkte
   20 Wiederbeschaffungswert    21607,14 DM
   21 Afa linear                     25%
   22 kal. Afa / Jahr            5401,79 DM
   23 kal. Afa / Maschh            3,246 DM
   24
   25 Kalkulatorische Zinsen
   26 kal. Zinsfuß                  7,50%
   27 kal. Zinsen / Jahr         1429,02 DM
   28 kal. Zinsen / Maschh         0,859 DM
   29
   30 Instandhaltungskosten
   31 Servicekosten / Jahr       1400,00 DM
   32 Service / Maschh             0,841 DM

WERT: Z(-1)S/Z(-20)S

Bitte eine Formel eingeben!
Z32S2      Z(-1)S/Z(-20)S                100% frei      Multiplan: MASCHH
```

Bild 2.21

2.3.7 Das Multiplan-Lernziel:
Eingabe einer Formel zur Multiplikation und Ergebnisformatierung

Aufgabe:
Es sollen Texte und Zahlenwerte eingegeben werden. Außerdem eine Formel zur Multiplikation, die auch geschützt werden muß.

Ausführung:
1. Entnehmen Sie die Texte für die Zeilen 34 bis 37 in den Spalten 1 und 3 dem Bild 2.22.
2. Geben Sie die Zahlenwerte in Z35:36S2 ein (vgl. Bild 2.22).
3. Positionieren Sie den Cursor auf Feld Z37S2
4. Geben Sie den Befehl **Wert** ein.
5. Fahren Sie mit dem Cursor in Z36S2, drücken Sie das Zeichen (*).
6. Bringen Sie den Cursor in Feld Z35S2, drücken Sie das *Multiplikationszeichen*.
7. Geben Sie danach die Zahl *12* ein, und drücken Sie die **Return**-Taste.

8. Gehen Sie in das Unterbefehlsmenü **Format Felder**, und geben Sie in der Bereichseingabe Z36:37S2 ein.
9. Springen Sie mit der **Tabulator**-Taste in den **Formatcode**.
10. Wählen Sie unter **Formatcode:** *Fest.*
11. Springen Sie mit der **Tabulator**-Taste zum Unterbefehl **Dez-Stellen**, geben Sie dort eine *2* ein und drücken Sie die **Return**-Taste.
12. Schützen Sie das Feld mit der Formel.

Anmerkung zur Bereichsangabe:
Sie haben hierbei für einen bestimmten **Bereich**, und nicht wie vorher nur für ein **Feld** das Format festgelegt. Es bestehen zwei Möglichkeiten, eine Bereichsangabe vorzunehmen:

1. Nachdem Sie den Befehl **Format Felder** gedrückt haben, können Sie hinter Z36S2: zusätzlich die Zahl Z37S2 eingeben. Bestätigen Sie mit der **Return**-Taste.
2. Wenn sich der Cursor auf dem Feld Z36S2 befindet, gehen Sie nach dem Befehl **Format Felder** mit dem Cursor auf das Feld Z37S2.

Sie sehen, daß der Bereich, den Sie formatieren wollen, aufleuchtet. Bestätigen Sie mit der **Return**-Taste.

Wenn Sie alle Eingaben richtig vorgenommen haben, sieht Ihr Bildschirm wie Bild 2.22 zeigt aus.

```
-1               1                          2              3        4         5
 20 Wiederbeschaffungswert          21607,14 DM
 21 Afa linear                           25%
 22 kal. Afa / Jahr                 5401,79 DM
 23 kal. Afa / Maschh                 3,246 DM
 24
 25 Kalkulatorische Zinsen
 26 kal. Zinsfuß                        7,50%
 27 kal. Zinsen / Jahr              1429,02 DM
 28 kal. Zinsen / Maschh              0,859 DM
 29
 30 Instandhaltungskosten
 31 Servicekosten / Jahr            1400,00 DM
 32 Service / Maschh                  0,841 DM
 33
 34 Raumkosten
 35 beanspruchter Raum                    6 qm
 36 Verrechnungssatz / Monat          12,00 DM
 37 Raumkosten / Jahr                864,00 DM

FORMAT Felder: Z36:37S2              Ausrichtung:(Stnd)Mitte Norm Links Rechts -
 Formatcode: Stnd Zusammen E_Form(Fest)Norm Ganz Währung * % -  Dez_Stellen: 2
Geben Sie bitte die Position eines Felds oder Tabellenbereichs ein!
Z37S2      Z(-1)S*Z(-2)S*12              100% frei    Multiplan: MASCHH
```

Bild 2.22

2.3.8 Das Multiplan-Lernziel:
Formeleingabe zur Division und Formatierung des Ergebnisses.

Aufgabe:
Die eingegebenen Zahlenwerte sollen formatiert werden. Das Feld mit
dem Formelinhalt ist zu schützen.

Ausführung:
1. Geben Sie in die Spalten 1 und 3 die entsprechenden Texte von
   Bild 2.23 für die Zeile 38 ein.
2. Positionieren Sie den Cursor auf Feld Z38S2.
3. Geben Sie die Formel zur Berechnung der *Raumkosten* ein.
4. Wählen Sie den Befehl **Wert** an.
5. Fahren Sie mit dem Cursor auf Feld Z37S2.
6. Geben Sie das *Divisionszeichen* ein.
7. Fahren Sie mit dem Cursor auf Feld Z12S2.
8. Bestätigen Sie die Formeleingabe mit der **Return**-Taste.
9. Formatieren Sie das Feld mit Hilfe des Befehls **Format Felder** auf
   Formatcode: *Fest* und die Anzahl der **Dez-Stellen auf** *3*.
10. Bestätigen Sie die Eingabe mit der **Return**-Taste.

Wenn Sie die Eingaben richtig vorgenommen haben, sollte Ihr Bildschirm
Bild 2.23 entsprechen.


```
-1                      1                    2       3       4       5
 21 Afa linear                              25%
 22 kal. Afa / Jahr                   5401,79 DM
 23 kal. Afa / Maschh                   3,246 DM
 24
 25 Kalkulatorische Zinsen
 26 kal. Zinsfuß                          7,50%
 27 kal. Zinsen / Jahr                1429,02 DM
 28 kal. Zinsen / Maschh                 0,859 DM
 29
 30 Instandhaltungskosten
 31 Servicekosten / Jahr              1400,00 DM
 32 Service / Maschh                    0,841 DM
 33
 34 Raumkosten
 35 beanspruchter Raum                     6 qm
 36 Verrechnungssatz / Monat          12,00 DM
 37 Raumkosten / Jahr                 864,00 DM
 38 Raumkosten / Maschh.               0,519 DM

FORMAT Felder: Z38S2                   Ausrichtung:(Stnd)Mitte Norm Links Rechts -
 Formatcode: Stnd Zusammen E_Form(Fest)Norm Ganz Währung * % -   Dez_Stellen: 3
Geben Sie bitte die Position eines Felds oder Tabellenbereichs ein!
Z38S2      Z(-1)S/Z(-26)S                 100% frei        Multiplan: MASCHH
```

Bild 2.23

2.3.9   Das Multiplan-Lernziel:
Formatieren eines Feldes als Prozentfeld

Aufgabe:
Es sollen Texte und Zahlenwerte eingegeben werden, wobei die Zahlenwerte formatiert werden müssen.

Ausführung:
1. Geben Sie die Texte der Felder Z40 bis Z44 in die Spalten 1 und in Spalte 3 die Texte der Felder Z40 und Z42 bis 44 ein (siehe Bild 2.24).
2. Setzen Sie den Cursor auf Feld Z41S2, und wählen Sie den Befehl **Wert** an.
3. Geben sie die Zahl 2,80 in Z41S2 ein.
4. Formatieren Sie das Feld mit zwei Dezimalstellen.
5. Positionieren Sie den Cursor auf Feld Z42S2.
6. Formatieren Sie das Feld als %-Feld.
7. Geben Sie den Wert 0,8 ein.
8. Geben Sie den Zahlenwert in Feld Z43S2 ein: *0,37*.
9. Positionieren Sie den Cursor auf Feld Z44S2.
10. Geben Sie die Formel zur Berechnung der mittleren Inanspruchnahme ein.
11. Wählen Sie den Befehl **Wert** an.
12. Multiplizieren Sie die Felder Z41S2 und Z42S2 miteinander: *Z(-3)S*Z(-2)S*.
13. Bestätigen Sie mit der **Return**-Taste.
14. Formatieren Sie das Feld als **Fest** mit *2* Dezimalstellen.
15. Schützen Sie das Feld Z44S2 mit dem Formeleintrag.

Ihr Arbeitsblatt sollte Bild 2.24 entsprechen.

```
  -1            1                   2        3        4        5
   29
   30 Instandhaltungskosten
   31 Servicekosten / Jahr        1400,00 DM
   32 Service / Maschh              0,841 DM
   33
   34 Raumkosten
   35 beanspruchter Raum                6 qm
   36 Verrechnungssatz / Monat      12,00 DM
   37 Raumkosten / Jahr            864,00 DM
   38 Raumkosten / Maschh.          0,519 DM
   39
   40 Energiekosten
   41 installierte Leitung          2,80 kw/h
   42 Ausnutzung der Mittel          80%
   43 Stromkosten                   0,37 DM/kwh
   44 mittlere Inanspruchnahme      2,24 kw/h
   45
   46

WERT: Z(-3)S*Z(-2)S

Bitte eine Formel eingeben!
Z44S2      Z(-3)S*Z(-2)S                   100% frei      Multiplan: MASCHH
```

Bild 2.24

2.3.10 Das Multiplan-Lernziel:
Eingabe einer Formel zur Multiplikation

Aufgabe:
Es soll eine Multiplikation durchgeführt werden, das Ergebnis soll
formatiert werden soll.

Ausführung:
1. Geben Sie die Texte in die Spalten 1 und 3 der Zeile 45
    entsprechend Bild 2.25 ein.
2. Positionieren Sie den Cursor auf Feld Z45S2.
3. Führen Sie die Berechnung der *Energiekosten/Maschinenstunde*
    durch.
4. Wählen Sie den Befehl **Wert** an.
5. Multiplizieren Sie das Feld Z44S2 mit dem Feld Z43S2
6. Bestätigen Sie Ihre Eingaben mit der **Return**-Taste.
7. Formatieren Sie das Feld als **Fest-Wert** mit *3-Dez-Stellen*.
8. Schützen Sie das Feld mit dem Formeleintrag.

Den neuen Bildschirmausdruck sehen Sie in Bild 2.25.

```
-1        ||        1           ||        2    ||    3    ||    4    ||    5    ||
     29
     30  Instandhaltungskosten
     31  Servicekosten / Jahr               1400,00 DM
     32  Service / Maschh                      0,841 DM
     33
     34  Raumkosten
     35  beanspruchter Raum                       6 qm
     36  Verrechnungssatz / Monat            12,00 DM
     37  Raumkosten / Jahr                  864,00 DM
     38  Raumkosten / Maschh.                 0,519 DM
     39
     40  Energiekosten
     41  installierte Leitung                 2,80 kw/h
     42  Ausnutzung der Mittel                 80%
     43  Stromkosten                          0,37 DM/kwh
     44  mittlere Inanspruchnahme             2,24 kw/h
     45  Energiekosten / Maschh.              0,829 DM
     46

WERT: Z(-2)S*Z(-1)S

Bitte eine Formel eingeben!
Z45S2      Z(-1)S*Z(-2)S                100% frei      Multiplan: MASCHH
```

Bild 2.25

2.3.11 Das Multiplan-Lernziel
Datensicherung

Bitte speichern Sie das bisher eingegebene Arbeitsblatt. Drücken Sie dazu
die Taste Ü für **Übertragen**, danach S für **Speichern**. Sie werden dann
aufgefordert, entweder den voreingestellten Dateinamen zu bestätigen
<Return> oder eine Neueingabe vorzunehmen.Da Sie vorher schon die
Datei Maschh gespeichert haben, geben Sie **<Return>** an und
überschreiben die auf Laufwerk B vorhandene Datei mit der neuen
Version (*J*).

2.3.12 Was Sie bisher erreicht haben!

Sie sind nun in der Lage, die wichtigsten Befehle zur Erstellung eines
Multiplan-Arbeitsblattes auszuführen, Sie können ohne weiteres eine
eigene Datei erstellen, in der

>   -die vier Grundrechenarten,
>   -Texteingaben,
>   -Formatieren von Zahlenwerten und
>   -das Kopieren von Feldern

vorkommen.

2.4 Effektive Weiterentwicklung der Tabelle

Bisher haben Sie alle Formeln eingegeben, die zur Kalkulation eines Maschinenstundensatzes benötigt werden. Sie müssen nun noch die einzelnen Kosten addieren, um den eigentlichen Maschinenstundensatz, den die Maschine verursacht, als Ergebnis zu erhalten. Zu diesem Zweck wird der Befehl **Kopie von** eingesetzt. Mit diesem Befehl können Sie beim Kopieren beliebig viele Felder überspringen, im Gegensatz zur Befehlsfolge **Kopie rechts**, bei der die jeweils folgenden Felder mit Kopien belegt werden. Bisher haben Sie die Formeln zur Multiplikation, Division und Subtraktion eingegeben. Im folgenden lernen Sie die einfache Addition kennen. Zur Addition gehört die Funktion **SUMME(Liste)**, mit der Sie ganze Bereiche problemlos summieren können.

2.4.1 Das Multiplan-Lernziel:
Kopieren von Feldern mit dem **Kopie Von**-Befehl

Aufgabe:
Der Befehl **Kopie Von** kann zum Kopieren von Formeln oder Texten benutzt werden.

Ausführung:
1. Positionieren Sie den Cursor auf Feld Z47S1.
2. Drücken Sie die Taste **K** für **Kopie**.
3. Wählen Sie den Unterbefehl **Von** aus.

```
38 Raumkosten / Maschh.            0,519 DM
39
40 Energiekosten
41 installierte Leitung            2,80 kw/h
42 Ausnutzung der Mittel           80%
43 Stromkosten                     0,37 DM/kwh
44 mittlere Inanspruchnahme        2,24 kw/h
45 Energiekosten / Maschh.         0,829 DM
46
47

KOPIE VON Feld: Z1S1        in Feld: Z47S1

Geben Sie bitte eine Positions- oder Bereichsangabe ein!
Z47S1                       100% frei      Multiplan: MASCHH
```

Bild 2.26

4. Bewegen Sie den Cursor auf Z1S1, und drücken Sie die **Return**-Taste. Sie haben nun den Text von Z1S1 in Z47S1 übernommen.
5. Verfahren Sie nun mit den Feldern Z48:52 ebenso.
6. Es sind dabei folgende Kopien durchzuführen:

KOPIE VON Feld:	**in Feld:**
Z23S1	Z48S1
Z28S1	Z49S1
Z32S1	Z50S1
Z38S1	Z51S1
Z45S1	Z52S1

Anmerkung zum Befehl Kopie Von:

Wie Sie sehen, können Sie aus Ihrem Arbeitsblatt Feldinhalte von beliebigen Feldern in auserwählte andere Felder an einer beliebigen Stelle kopieren. Sie können nicht nur Texte, sondern auch Formeln oder Zahlenwerte von einem Feld in ein bestimmtes Feld kopieren.

Wenn Sie alle Kopien durchgeführt haben, haben Sie eine Bildschirmanzeige wie Bild 2.27 zeigt.

```
-1            1                        2        3        4        5
 36 Verrechnungssatz / Monat        12,00 DM
 37 Raumkosten / Jahr              864,00 DM
 38 Raumkosten / Maschh.            0,519 DM
 39
 40 Energiekosten
 41 installierte Leitung            2,80 kw/h
 42 Ausnutzung der Mittel            80%
 43 Stromkosten                     0,37 DM/kwh
 44 mittlere Inanspruchnahme        2,24 kw/h
 45 Energiekosten / Maschh.         0,829 DM
 46
 47 Maschinenstundensatz
 48 kal. Zinsen / Maschh
 49 kal. Afa / Maschh
 50 Service / Maschh
 51 Raumkosten / Maschh.
 52 Energiekosten / Maschh.
 53

KOPIE VON Feld: Z45S1        in Feld: Z52S1

Geben Sie bitte eine Positions- oder Bereichsangabe ein!
Z52S1      "Energiekosten / Maschh."      100% frei      Multiplan: MASCHH
```

Bild 2.27

2.4.2 Das Multiplan-Lernziel:
Kopieren von Zahlenwerten mit dem Befehl **Wert**

Aufgabe:

Wenn Sie den Text in Spalte 1 mit den dazugehörigen Zahlenwerten der Spalte 2 vergleichen, können Sie sehen, daß die notwendigen Berechnungen direkt beim Arbeitsblattaufbau durchgeführt wurden. Nun wollen Sie die Formeln aus den Feldern Z23S2, Z28S2, Z32S2, Z38S2 und Z45S2 nicht in die Feldern Z48S2 bis Z52S2 kopieren, wohl aber die Zahlenwerte.

In diesem Fall können Sie den Befehl **Kopie von** nicht anwenden. Hier findet eine Kopie mit dem Befehl **Wert** Verwendung.

Ausführung:

1. Positionieren Sie den Cursor auf Feld Z48S2.
2. Wählen Sie den Befehl **Wert** an und fahren Sie mit dem Cursor in Feld Z23S2.


```
 45 Energiekosten / Maschh.          0,829 DM
 46
 47 Maschinenstundensatz
 48 kal. Zinsen / Maschh         3,2462655
 49 kal. Afa / Maschh
 50 Service / Maschh
 51 Raumkosten / Maschh.
 52 Energiekosten / Maschh.
 53

WERT: Z(-25)S

Bitte eine Formel eingeben!
Z48S2      Z(-25)S                    100% frei     Multiplan: MASCHH
```

Bild 2.28

3. Bestätigen Sie die Eingabe mit der **Return**-Taste.
4. Verfahren Sie mit den Feldern Z49:52S2 ebenso.

Wie Sie sehen, werden die Zahlenwerte in ihrer unformatierten Form in das entsprechende Feld gebracht. In der unteren linken Bildschirmecke erscheint die jeweilige Formel für diesen Kopiervorgang.

Wenn Sie die Eingaben richtig vorgenommen haben, sieht Ihr Bildschirm wie in Bild 2.29 dargestellt aus.

```
┌─1    ‖              1              ‖      2   ‖    3   ‖    4   ‖    5   ‖
│  36 Verrechnungssatz / Monat           12,00 DM
│  37 Raumkosten / Jahr                 864,00 DM
│  38 Raumkosten / Maschh.                0,519 DM
│  39
│  40 Energiekosten
│  41 installierte Leitung                2,80 kw/h
│  42 Ausnutzung der Mittel                 80%
│  43 Stromkosten                          0,37 DM/kwh
│  44 mittlere Inanspruchnahme             2,24 kw/h
│  45 Energiekosten / Maschh.             0,829 DM
│  46
│  47 Maschinenstundensatz
│  48 kal. Zinsen / Maschh         3,2462655
│  49 kal. Afa / Maschh            0,8587848
│  50 Service / Maschh             0,8413462
│  51 Raumkosten / Maschh.         0,5192308
│  52 Energiekosten / Maschh.         0,8288
│  53
└───────────────────────────────────────────────────────────────────────
WERT: Z(-7)S

Bitte eine Formel eingeben!
Z52S2      Z(-7)S                       100% frei      Multiplan: MASCHH
```

Bild 2.29

2.4.3 Das Multiplan-Lernziel:
Formatierung eines Bereiches mit einem Befehl

Aufgabe:
Sie können nicht nur ein einzelnes Feld, sondern mit Hilfe der Bereichsangabe auch ganze Spalten oder Zeilen oder Spalten- und Zahlenbereiche formatieren.

Ausführung:
1. Positionieren Sie den Cursor auf Feld Z48S2.
2. Wählen Sie das Unterbefehlsmenü **Format Felder** an.
3. Geben Sie hinter Z48S2 einen *Doppelpunkt* ein.
4. Fahren Sie mit dem Cursor auf Feld Z52S2.
5. Springen Sie mit der **Tabulator**-Taste bis in den Befehlsbereich **Formatcode**, und wählen Sie **Fest** an.
6. Springen Sie von dort aus in den Unterbefehl **Dez-Stellen**, und geben Sie eine *3* ein.

```
║ 43 Stromkosten                        0,37 DM/kwh
║ 44 mittlere Inanspruchnahme           2,24 kw/h
║ 45 Energiekosten / Maschh.            0,829 DM
║ 46
║ 47 Maschinenstundensatz
║ 48 kal. Zinsen / Maschh               3,246
║ 49 kal. Afa / Maschh                  0,859
║ 50 Service / Maschh                   0,841
║ 51 Raumkosten / Maschh.               0,519
║ 52 Energiekosten / Maschh.            0,829
║ 53
FORMAT Felder: Z48S2:Z52S2        Ausrichtung:(Stnd)Mitte Norm Links Rechts -
 Formatcode: Stnd Zusammen E_Form(Fest)Norm Ganz Währung * % -  Dez_Stellen: 3
Geben Sie bitte die Position eines Felds oder Tabellenbereichs ein!
Z52S2      Z(-7)S                     100% frei     Multiplan: MASCHH
```

Bild 2.30

7. Bestätigen Sie die Formeleingabe mit der **Return**-Taste.
8. Positionieren Sie den Cursor auf Feld Z48S3.
9. Wählen Sie den Befehl **Text** an, und geben Sie in dieses Feld *DM* ein.
10. Wählen Sie das Untermenü **Kopie Nach_unten**.
11. Geben Sie bei der **Anzahl Kopien:** *4* ein.
12. Bestätigen Sie die Formeleingabe mit der **Return**-Taste.

Ihre Bildschirmanzeige sollte Bild 2.31 entsprechen.

```
 -1              1                2       3       4       5
║ 36 Verrechnungssatz / Monat    12,00 DM
║ 37 Raumkosten / Jahr          864,00 DM
║ 38 Raumkosten / Maschh.         0,519 DM
║ 39
║ 40 Energiekosten
║ 41 installierte Leitung          2,80 kw/h
║ 42 Ausnutzung der Mittel          80%
║ 43 Stromkosten                   0,37 DM/kwh
║ 44 mittlere Inanspruchnahme      2,24 kw/h
║ 45 Energiekosten / Maschh.       0,829 DM
║ 46
║ 47 Maschinenstundensatz
║ 48 kal. Zinsen / Maschh          3,246 DM
║ 49 kal. Afa / Maschh             0,859 DM
║ 50 Service / Maschh              0,841 DM
║ 51 Raumkosten / Maschh.          0,519 DM
║ 52 Energiekosten / Maschh.       0,829 DM
║ 53
KOPIE NACH_UNTEN Anzahl Kopien: 4      Beginn bei: Z48S3

Bitte eine Zahl eingeben!
Z48S3      "DM"                    100% frei     Multiplan: MASCHH
```

Bild 2.31

2.4.4 Das Multiplan-Lernziel:
Addition und **Funktion SUMME(Liste)**

Aufgabe:
Es soll eine einfache Addition einer Zahlenkolonne und anschließend eine Addition mit Hilfe der Funktion **SUMME (Liste)** durchgeführt werden.

Ausführung:
1. Geben Sie die Unterstreichung in Feld Z53S2 ein (_______________).
2. Positionieren Sie den Cursor auf Feld Z54S2.
3. Wählen Sie den Befehl **Wert** an.
4. Fahren Sie mit dem Cursor auf:

Feld **Z48S2**, geben Sie + ein;
Feld **Z49S2**, geben Sie + ein;
Feld **Z50S2**, geben Sie + ein;
Feld **Z51S2**, geben Sie + ein;
Feld **Z52S2**, geben Sie + ein.

5. Bestätigen Sie die Formeleingabe mit der **Return**-Taste (vgl. Bild 2.32).

```
47 Maschinenstundensatz
48 kal. Zinsen / Maschh              3,246 DM
49 kal. Afa / Maschh                0,859 DM
50 Service / Maschh                 0,841 DM
51 Raumkosten / Maschh.             0,519 DM
52 Energiekosten / Maschh.          0,829 DM
53                                 ----------
54                                  6,294 DM
55
56

WERT: Z(-6)S+Z(-5)S+Z(-4)S+Z(-3)S+Z(-2)S

Bitte eine Formel eingeben!
Z54S2      Z(-6)S+Z(-5)S+Z(-4)S+Z(-3)S      100% frei      Multiplan: MASCHH
```

Bild 2.32

6. Formatieren Sie das Feld Z54S2 mit 3 Dezimalstellen.

Eine weitere Möglichkeit eine Addition durchzuführen, haben Sie mit der Formel SUMME (). Der Vorgang sieht folgendermaßen aus:

1. Positionieren Sie den Cursor auf Feld Z54S2
2. Wählen Sie den Befehl **Wert** an.
3. Schreiben Sie das Wort *Summe*.
4. Drücken Sie das Zeichen Klammer (und fahren Sie mit dem Cursor auf Feld Z48S2.
5. Geben Sie einen *Doppelpunkt* ein, und fahren Sie mit dem Cursor auf Feld Z52S2 und schließen Sie die Klammer).
   Ihre Formel muß folgendermaßen aussehen:

   SUMME(Z(-7)S:Z(-3)S)

6. Bestätigen Sie die Formeleingabe mit der **Return**-Taste.
   Formatieren Sie die Felder Z54:55S2 als **Fest** mit *3* **Dez-Stellen**.
7. Geben Sie die Texte aus Bild 2.33 in Z54S1 und Z54S3 ein.

```
-1     ‖            1            ‖     2    ‖   3    ‖   4    ‖    5     ‖
 39
 40 Energiekosten
 41 installierte Leitung              2,80 kw/h
 42 Ausnutzung der Mittel              80%
 43 Stromkosten                       0,37 DM/kwh
 44 mittlere Inanspruchnahme          2,24 kw/h
 45 Energiekosten / Maschh.          0,829 DM
 46
 47 Maschinenstundensatz
 48 kal. Zinsen / Maschh             3,246 DM
 49 kal. Afa / Maschh                0,859 DM
 50 Service / Maschh                 0,841 DM
 51 Raumkosten / Maschh.             0,519 DM
 52 Energiekosten / Maschh.          0,829 DM
 53                                  ----------
 54                                  6,294 DM
 55
 56

WERT: Summe(Z(-6)S:Z(-2)S)

Bitte eine Formel eingeben!
Z54S2       SUMME(Z(-6)S:Z(-2)S)            100% frei      Multiplan: MASCHH
```

Bild 2.33

2.4.5 Das Multiplan-Lernziel:
Kopieren von Spalten

Aufgabe:
Es sollen ganze Bereiche kopiert werden, in diesem Fall ganze Spalten bis
zu einer bestimmten Zeilenzahl.

Ausführung:
1. Positionieren Sie den Cursor auf Feld Z6S2.
2. Wählen Sie den Befehl **Kopie Von** an.
3. Geben Sie die Bereichsangabe ein, die kopiert werden soll:
   Z6:54S2:3 (Zeile 6 bis 54, Spalte 2 und 3).
4. Springen Sie mit dem Cursor in den Unterbefehl **in Feld**.
5. Sie müssen nun den Cursor in Feld Z6S4 fahren.

```
    8 Arbeitsstunden ohne Urlaub          2080 Stunden
    9 Ausfallzeiten (Url/Service)         20,0%
   10 Ausfallstunden                       416 Stunden
   11                                    ----------
   12 Erreichbare Arb.stdn./Jahr          1664 Stunden
   13
   14 kalkulatorische Abschreibungen
   15 Anschaffungspreis                16500,00 DM
   16 Laufzeit                              4 Jahre
   17 Anschaffungsjahr                   1987
   18 Preisindex Anschaffungsjahr         126 Punkte

KOPIE VON Feld: Z6:54S2:3  in Feld: Z6S4

Geben Sie bitte eine Positions- oder Bereichsangabe ein!
Z6S2       40                          100% frei     Multiplan: MASCHH
```

Bild 2.34

6. Bestätigen Sie mit der **Return**-Taste; der Inhalt der Zeilen 6 bis 54
   der Spalten 2 und 3 ist in den Zeilen der Spalten 4 und 5 kopiert
   worden.

7. Vergeben Sie für die Spalte 2 und 3 in Zeile 4 die Überschrift
   Maschine 1 und für die Spalte 4 und 5 in Zeile 4 die Überschrift
   Maschine 2.

Sie haben in den Spalten 2 und 4 identische Zahlenwerte. Ebenso sind
alle Ihre Berechnungsformeln kopiert worden. Sie können die Werte der
"Maschine 2" verändern und diese neue Zahlenkolonne als
Vergleichsgrundlage mit den Zahlen der ersten Kolonne (Maschine 1)
benutzen.

Wenn Sie die Eingaben richtig vorgenommen haben, sieht Ihr Bildschirm
wie in Bild 2.35 angezeigt aus.

```
-1             1                        2      3       4       5
   1 Maschinenstundensatz
   2 =========================================================================
   3 Gerätespezifikation
   4                                Maschine 1        Maschine 2
   5 ---------------------------------------------------------------------
   6 Erreichbare Maschinenstunden       40 h/Woche        40 h/Woche
   7 Wochen pro Jahr                    52 Wochen         52 Wochen
   8 Arbeitsstunden ohne Urlaub       2080 Stunden      2080 Stunden
   9 Ausfallzeiten (Url/Service)      20,0%             20,0%
  10 Ausfallstunden                    416 Stunden       416 Stunden
  11                                 ----------        ----------
  12 Erreichbare Arb.stdn./Jahr       1664 Stunden      1664 Stunden
  13
  14 kalkulatorische Abschreibungen
  15 Anschaffungspreis             16500,00 DM       16500,00 DM
  16 Laufzeit                          4 Jahre           4 Jahre
  17 Anschaffungsjahr               1987              1987
  18 Preisindex Anschaffungsjahr     126 Punkte        126 Punkte

TEXT: Maschine 2

Bitte Text eingeben!
Z4S4        "Maschine 2"                 98% frei      Multiplan: MASCHH
```

Bild 2.35

2.4.6   Das Multiplan-Lernziel:
Kopieren ganzer Bereiche

Aufgabe:
Es sollen mehrere Spalten mit Hilfe der Bereichsangaben durch einen
Befehl auf einmal kopiert werden.

Ausführung:
1.   Positionieren Sie den Cursor auf Feld Z6S6.
2.   Wählen Sie den **Kopie Von** Befehl an.
3.   Geben Sie die Bereichsangabe ein:
     Z6:54S2:5 (Zeile 6 bis 54, Spalte 2 bis 5).
4.   Springen Sie mit dem Cursor auf den Unterbefehl **in Feld**.
5.   Geben Sie die Bereichsangabe ein:
     Z6:54S6:9 (Zeile 6 bis 54, Spalte 6 bis 9).

```
  9          20,0%                  20,0%
 10           416 Stunden           416 Stunden
 11      ----------            ----------
 12          1664 Stunden          1664 Stunden
 13
 14
 15      16500,00 DM           16500,00 DM
 16             4 Jahre               4 Jahre
 17          1987                  1987
 18           126 Punkte            126 Punkte

KOPIE VON Feld: Z6:54S2:5  in Feld: Z6S6

Geben Sie bitte eine Positions- oder Bereichsangabe ein!
Z6S6                                      98% frei      Multiplan: MASCHH
```

Bild 2.36

6. Bestätigen Sie die Formeleingabe mit der **Return**-Taste.
7. Positionieren Sie den Cursor auf Feld Z2S5.
8. Wählen Sie den Befehl **Kopie Rechts** an, und geben Sie bei **Anzahl Kopien** eine *4* ein.
9. Bestätigen Sie die Formeleingabe mit der **Return**-Taste.
10. Kopieren Sie die Spalte 5 der Zeile 5 ebenfalls in die nächsten vier Felder.
11. Vergeben Sie für diese beiden Spalten die Überschriften *Maschine 3* und *Maschine 4* in Zeile 4 (Z4S6 und Z4S8).

Anmerkung zur Bereichsangabe:
Sie können mit den Cursorsteuertasten den Bereich, der kopiert werden soll, mit Hilfe der Bereichseingabe festlegen. Durch den aufleuchtenden Bereich können Sie sehen, welche Felder kopiert werden. Mit dem Befehl **Kopie in Feld** legen Sie das erste Feld fest, in dem die Kopie erfolgen soll. Dieses Feld ist immer das erste obere linke Feld des zu kopierenden Bereiches.

Wenn Sie die Eingaben richtig vorgenommen haben, sollte Ihr Bildschirmbereich wie in Bild 2.37 angegeben aussehen.

```
 -1       3        4         5         6         7         8         9
  1
  2  =======================================================================
  3
  4           Maschine 2          Maschine 3          Maschine 4
  5  ---------------------------------------------------------------------
  6  h/Woche         40 h/Woche         40 h/Woche         40 h/Woche
  7  Wochen          52 Wochen          52 Wochen          52 Wochen
  8  Stunden       2080 Stunden       2080 Stunden       2080 Stunden
  9               20,0%              20,0%              20,0%
 10  Stunden        416 Stunden        416 Stunden        416 Stunden
 11              ----------         ----------         ----------
 12  Stunden       1664 Stunden       1664 Stunden       1664 Stunden
 13
 14
 15  DM        16500,00 DM     16500,00 DM     16500,00 DM
 16  Jahre            4 Jahre            4 Jahre            4 Jahre
 17            1987               1987               1987
 18  Punkte         126 Punkte         126 Punkte         126 Punkte

KOPIE RECHTS Anzahl Kopien: 4      Beginn bei: Z5S5

Bitte eine Zahl eingeben!
Z5S5        "----------"                  98% frei      Multiplan: MASCHH
```

Bild 2.37

2.4.7 Was Sie bisher erreicht haben!

Wie Sie gesehen haben, können Sie den **Kopie Von** Befehl nicht nur
einsetzen, um Zahlenwerte von einem Feld in ein anderes zu kopieren,
sondern Sie können auch ganze Blöcke mit Zahlen, Formeln und Texten
kopieren. Denken Sie daran, daß mit dem Befehl **Kopie** immer der
Feldinhalt kopiert wird (der nicht notwendigerweise mit der Anzeige auf
dem Bildschirm übereinstimmen muß). Selbst wenn auf dem Bildschirm
eine Zahl erscheint, müssen Sie in die linke untere Ecke schauen, um zu
sehen, ob hinter dieser Zahl nicht eine Formel steckt. Sollte dies so sein,
so wird nicht die Zahl, sondern die Formel kopiert. Alle Felder, die
keinen Formelinhalt besitzen, können individuell mit anderen
Zahlenwerten belegt werden.
Sollte das Feld aber eine Formel beinhalten, so würde diese bei einer
Eingabeänderung gelöscht werden. Aus diesem Grunde ist es erforderlich,
daß diese Felder, die einen Formelinhalt haben, geschützt werden. Durch
eine Kopie sparen Sie natürlich auch die erneute Eingabe sämtlicher
Formeln.

2.5 Ausschnitte zur besseren Übersichtlichkeit

Das Arbeitsblatt ist mit den dazugehörigen vollständigen Berechnungen
beendet. Die Befehle, die durchgeführt werden sollen, dienen der
Vereinfachung bei der Bearbeitung und zur besseren Übersicht eines
größeren Arbeitsblattes.

Um ein Arbeitsblatt übersichtlich zu gestalten, können waagerechte oder senkrechte Ausschnitte eingerichtet werden. Sie benötigen dazu die Befehlsfolge **Ausschnitt Teilen**. Sie können eingerichtete Ausschnitte löschen, indem Sie die Befehlsfolge **Ausschnitt Löschen** eingeben.Angelegte Ausschnitte können mit abgespeichert werden. Sie erscheinen bei dem Laden der Datei wieder an der entsprechenden Stelle.

Das Einrichten von Ausschnitten ist vor allem bei größeren Arbeitsblättern erforderlich, um sofort bei einer Änderung das neue Ergebnis im Vergleich zu sehen.
Der Befehl **Gehezu**, dessen Einsatz erst bei einem größeren Umfang des Arbeitsblattes erforderlich wird, erleichtert die Bearbeitung einzelner Arbeitsbereiche, die nicht aneinandergrenzen. Durch die Eingabe

        Gehezu Zeile: *120* Spalte *60*

springt der Cursor zu der angegebenen Koordinate (Z120S60).

Bevor Sie im Buch weiterarbeiten, ändern Sie zur Überprüfung der Richtigkeit der Kopiervorgänge einige Zahlen z.B. 40 Wochenstunden in 35 Stunden oder den Anschaffungspreis auf 30000.--DM um und lesen Sie in Zeile 54 den veränderten Maschinenstundensatz. So können Sie erkennen, ob Sie die Formeln richtig eingegeben haben. Ändern Sie die Zahlen wieder in die Beispielzahlen um und fahren Sie mit der Bearbeitung im Buch fort.

2.5.1   Das Multiplan-Lernziel:
           Der Befehl **Gehezu**

Aufgabe:
Es werden an dem erstellten Arbeitsblatt einige weitere Multiplan-Befehle erläutert. Der Befehl **Gehezu** wird verwendet, um schnell zu bestimmten Feldern zu gelangen.

Ausführung:
1. Positionieren Sie den Cursor auf Feld Z6S8.
2. Geben Sie bei "erreichbaren Maschinenstunden" in Zeile 6 Spalte 8 statt der Zahl *40* die Zahl *35* ein.
3. Drücken Sie die Taste G für den Befehl **Gehezu**, wählen Sie den Unterbefehl **Zeile Spalte** an.
4. Geben Sie bei **Gehezu Zeile:** *54* Spalte: *8*

```
  9                    20,0%                  20,0%                  20,0%
 10 Stunden           416 Stunden            416 Stunden            364 Stunden
 11                   ----------             ----------             ----------
 12 Stunden          1664 Stunden           1664 Stunden           1456 Stunden
 13
 14
 15 DM          16500,00 DM            16500,00 DM            16500,00 DM
 16 Jahre              4 Jahre                4 Jahre                4 Jahre
 17                 1987                   1987                   1987
 18 Punkte           126 Punkte             126 Punkte             126 Punkte

GEHEZU Zeile: 54           Spalte: 8

Bitte eine Zahl eingeben!
Z6S8        35                              98% frei      Multiplan: MASCHH
```

Bild 2.38

5.   Bestätigen Sie die Eingabe mit der **Return**-Taste.

Wenn Sie die Eingaben richtig vorgenommen haben, sieht Ihr Bildschirm
wie folgt aus:


```
 -1        2          3          4          5          6          7          8
 41     2,80 kw/h        2,80 kw/h        2,80 kw/h        2,80
 42      80%              80%              80%              80%
 43     0,37 DM/kwh      0,37 DM/kwh      0,37 DM/kwh      0,37
 44     2,24 kw/h        2,24 kw/h        2,24 kw/h        2,24
 45     0,829 DM         0,829 DM         0,829 DM         0,829
 46
 47
 48     3,246 DM         3,246 DM         3,246 DM         3,710
 49     0,859 DM         0,859 DM         0,859 DM         0,981
 50     0,841 DM         0,841 DM         0,841 DM         0,962
 51     0,519 DM         0,519 DM         0,519 DM         0,593
 52     0,829 DM         0,829 DM         0,829 DM         0,829
 53     ----------       ----------       ----------       ----------
 54     6,294 DM         6,294 DM         6,294 DM         7,075
 55
 56
 57
 58

BEFEHL: Text Ausschnitt Bewegen Druck Einfügen Format Gehezu Hilfe Kopie Löschen
  Name Ordnen Pfad Quitt Radieren Schutz übertragen Verändern Wert Xtern Zusätze
Wählen Sie bitte eine Option oder geben Sie deren Anfangsbuchstaben ein!
Z54S8      SUMME(Z(-6)S:Z(-2)S)             98% frei      Multiplan: MASCHH
```

Bild 2.39

2.5.2   Das Multiplan-Lernziel:
Spaltenbewegungen

Aufgabe:
Sie wollen die Reihenfolge der Spalten verändern, d.h. Sie wollen hier die
Maschine 4 mit der Maschine 3 vertauschen.

Ausführung:

1. Positionieren Sie den Cursor in Zeile 4 Spalte 8.
2. Wählen Sie den Befehl **Bewegen** an.
3. Wählen Sie im Unterbefehlsmenü die Taste *S* für **Spalten**.
4. Nehmen Sie folgende Eingaben vor:
   von Spalte: 8 bis vor Spalte: *6* **Spaltenzahl:***2*. In die Befehlsfelder gelangen Sie mit der Tabulator-Taste.

```
  8 Stunden        2080 Stunden         2080 Stunden         1820 Stunden
  9                  20,0%                20,0%                20,0%
 10 Stunden         416 Stunden          416 Stunden          364 Stunden
 11                ----------           ----------           ----------
 12 Stunden        1664 Stunden         1664 Stunden         1456 Stunden
 13
 14
 15 DM          16500,00 DM          16500,00 DM          16500,00 DM
 16 Jahre              4 Jahre              4 Jahre              4 Jahre
 17                 1987                 1987                 1987
 18 Punkte           126 Punkte           126 Punkte           126 Punkte

BEWEGEN SPALTEN von Spalte: 8  bis vor Spalte: 6        Spaltenanzahl: 2

Bitte eine Zahl eingeben!
Z4S8        "Maschine 4"                    98% frei      Multiplan: MASCHH
```

Bild 2.40

5. Bestätigen Sie die Bewegung mit der **Return**-Taste.

Bei richtiger Eingabe erhalten Sie folgenden Bildschirmausdruck:

```
-1      3        4        5        6        7        8        9
  1
  2 ===============================================================================
  3
  4         Maschine 2          Maschine 4          Maschine 3
  5 ------------------------------------------------------------------------------
  6 h/Woche          40 h/Woche          35 h/Woche          40 h/Woche
  7 Wochen           52 Wochen           52 Wochen           52 Wochen
  8 Stunden        2080 Stunden        1820 Stunden        2080 Stunden
  9                  20,0%               20,0%               20,0%
 10 Stunden         416 Stunden         364 Stunden          416 Stunden
 11                ----------          ----------          ----------
 12 Stunden        1664 Stunden        1456 Stunden         1664 Stunden
 13
 14
 15 DM          16500,00 DM         16500,00 DM          16500,00 DM
 16 Jahre              4 Jahre             4 Jahre              4 Jahre
 17                 1987                1987                1987
 18 Punkte           126 Punkte          126 Punkte           126 Punkte

BEFEHL: Text Ausschnitt Bewegen Druck Einfügen Format Gehezu Hilfe Kopie Löschen
 Name Ordnen Pfad Quitt Radieren Schutz Übertragen Verändern Wert Xtern Zusätze
Wählen Sie bitte eine Option oder geben Sie deren Anfangsbuchstaben ein!
Z4S8        "Maschine 3"                    98% frei      Multiplan: MASCHH
```

Bild 2.41

2.5.3 Das Multiplan-Lernziel:
Das Einrichten von Ausschnitten.

Aufgabe:
Ihr Arbeitsblatt besitzt 4095 Zeilen und 255 Spalten. Um verschiedene Felder des Arbeitsblattes einsehen zu können, gibt es die Möglichkeit, Ausschnitte zu bilden.

Ausführung:

1. Positionieren Sie den Cursor auf Feld Z1S2.
2. Drücken Sie die Taste

   A für Ausschnitt
   T für Teilen
   S für Senkrecht bei **Spalte:**2
   und wählen Sie bei
   verbunden: (Ja)Nein.

```
   8 Arbeitsstunden ohne Urlaub          2080 Stunden          2080 Stunden
   9 Ausfallzeiten (Url/Service)         20,0%                 20,0%
  10 Ausfallstunden                       416 Stunden           416 Stunden
  11                                 ------------
  12 Erreichbare Arb.stdn./Jahr          1664 Stunden          1664 Stunden
  13
  14 kalkulatorische Abschreibungen
  15 Anschaffungspreis               16500,00 DM           16500,00 DM
  16 Laufzeit                               4 Jahre               4 Jahre
  17 Anschaffungsjahr                    1987                  1987
  18 Preisindex Anschaffungsjahr          126 Punkte            126 Punkte

AUSSCHNITT TEILEN SENKRECHT bei Spalte: 2        verbunden:(Ja)Nein

Bitte eine Zahl eingeben!
Z1S2                               98% frei       Multiplan: MASCHH
```

Bild 2.42

3. Bestätigen Sie die Formeleingabe mit der **Return**-Taste.

Sie haben einen neuen Ausschnitt auf Ihrem Bildschirm eingerichtet. Sie können die Ausschnitte verbinden. Es bedeutet, daß bei Bewegen des Cursors nach unten beide Ausschnitte parallel bewegt werden. Sie können die Zeilennummern im ersten Ausschnitt erkennen. Wenn Sie die Ausschnitte nicht verbinden, so können Sie diese einzeln bewegen. Es sind im Ausschnitt 2 die Zeilennummern erkennbar.

Wenn Sie die Ausschnitte umrahmen wollen, so erreichen Sie dies mit
Hilfe der Befehlsfolge:

A für **Ausschnitt**
U für **Umrahmen**
Ausschnitt Nummer *1*.

5. Bestätigen Sie die Eingabe mit der **Return**-Taste.
6. Umrahmen Sie Ausschnitt Nummer 2.

Wenn Sie die Eingaben richtig vorgenommen haben, sieht Ihr Bildschirm
wie in Bild 2.43 dargestellt aus.

```
-1                      1           -2      2        3        4
      1 Maschinenstundensatz
      2 ==============================      ==============================
      3 Gerätespezifikation
      4                                     Maschine 1           Maschine 2
      5 ------------------------------      ------------------------------
      6 Erreichbare Maschinenstunden              40 h/Woche           40
      7 Wochen pro Jahr                           52 Wochen            52
      8 Arbeitsstunden ohne Urlaub              2080 Stunden         2080
      9 Ausfallzeiten (Url/Service)             20,0%                20,0%
     10 Ausfallstunden                           416 Stunden          416
     11                                     ----------           ----------
     12 Erreichbare Arb.stdn./Jahr              1664 Stunden         1664
     13
     14 kalkulatorische Abschreibungen
     15 Anschaffungspreis                     16500,00 DM        16500,00
     16 Laufzeit                                   4 Jahre            4
     17 Anschaffungsjahr                        1987               1987
     18 Preisindex Anschaffungsjahr              126 Punkte          126

AUSSCHNITT UMRAHMEN ändern in Ausschnitt Nummer: 1
                    Dateinamen anzeigen: Ja(Nein)
Bitte eine Zahl eingeben!
Z2S2          "=========="              98% frei     Multiplan: MASCHH
```

Bild 2.43

Wenn Sie nun den Cursor über die Zeile 20 hinausbewegen, sehen Sie,
daß sich beide Fenster gleichzeitig bewegen. Von Zeile 26 aus bringen
Sie den Cursor in die Spalte 8, der Text bleibt in Spalte 1 sichtbar, und
Sie können jederzeit den dazugehörigen Wert einsehen. Wenn Sie den
Befehl **Gehezu Ausschnitt** benutzen, können Sie von einem Ausschnitt
zum anderen springen.

6. Drücken Sie die Taste **G** für den Befehl **Gehezu** und die Taste **A** für
   den Befehl **Ausschnitt**.
7. Geben Sie bei **Nummer** eine *1*, **Zeile** *52* **Spalte** *1*.

```
  9 Ausfallzeiten (Url/Service)           20,0%              20,0%
 10 Ausfallstunden                     416 Stunden          416
 11                                   -----------          ----------
 12 Erreichbare Arb.stdn./Jahr        1664 Stunden         1664
 13
 14 kalkulatorische Abschreibungen
 15 Anschaffungspreis              16500,00 DM           16500,00
 16 Laufzeit                           4 Jahre              4
 17 Anschaffungsjahr                1987                 1987
 18 Preisindex Anschaffungsjahr      126 Punkte           126

GEHEZU AUSSCHNITT Ausschnitt Nummer: 1        Zeile: 52    Spalte: 1

Bitte eine Zahl eingeben!
Z1S2                              98% frei       Multiplan: MASCHH
```

Bild 2.44

8.   Bestätigen Sie die Eingabe mit der **Return**-Taste.

Sie können mit der Funktionstaste **F1** von einem Ausschnitt zum anderen
springen. Wenn Sie die Eingaben richtig vorgenommen haben, sieht Ihr
Bildschirm wie folgt aus:

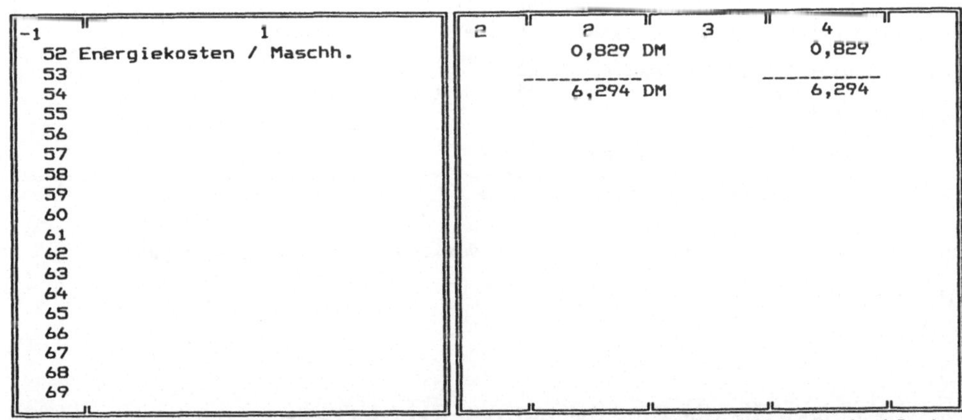

Bild 2.45

 Das Multiplan-Lernziel:
Löschen und Einrichten von Ausschnitten

Aufgabe:
Wenn Sie die *40 h/Woche* der Maschine 1 in *35 h/Woche* ändern, könn-
ten Sie den Stundensatz in Z54S2 nicht sofort einsehen, es sei denn, Sie
richten eigens einen Ausschnitt für den unteren Tabellenbereich ein.

Ausführung:
1.   Positionieren Sie den Cursor auf Feld Z15S3, Ausschnitt 2.
2.   Drücken Sie die Taste

A für Ausschnitt
T für Teilen
W für Waagerecht
und wählen Sie bei: **Zeile:** *15*   **verbunden: ja**


```
    9 Ausfallzeiten (Url/Service)       20,0%              20,0%
   10 Ausfallstunden                     416 Stunden         416
   11                                  ----------          ----------
   12 Erreichbare Arb.stdn./Jahr        1664 Stunden        1664
   13
   14 kalkulatorische Abschreibungen
   15 Anschaffungspreis               16500,00 DM        16500,00
   16 Laufzeit                            4 Jahre             4
   17 Anschaffungsjahr                  1987               1987
   18 Preisindex Anschaffungsjahr        126 Punkte          126

AUSSCHNITT TEILEN WAAGRECHT bei Zeile: 15      verbunden:(Ja)Nein

Bitte eine Zahl eingeben!
Z15S2      16500                    98% frei     Multiplan: MASCHH
```

Bild 2.46

3.   Bestätigen Sie die Eingabe mit der **Return**-Taste.
4.   Wählen Sie den Befehl **Gehezu: Zeile Spalte** an.
5.   Geben Sie bei **Gehezu Zeile:** *54* **Spalte** *2* ein.
6   Bestätigen Sie die Eingabe mit der **Return**-Taste.
7.   Drücken Sie so lange die **F1**-Taste, bis der Cursor in Ausschnitt 2
     steht, oder wählen Sie den Befehl **Gehezu Ausschnitt Nummer:** *2*.
8.   Ändern Sie das Feld Z6S2 in *35* um, und beachten Sie die Ände-
     rung in Ausschnitt 3.

Sie erhalten folgenden Bildschirmausdruck:

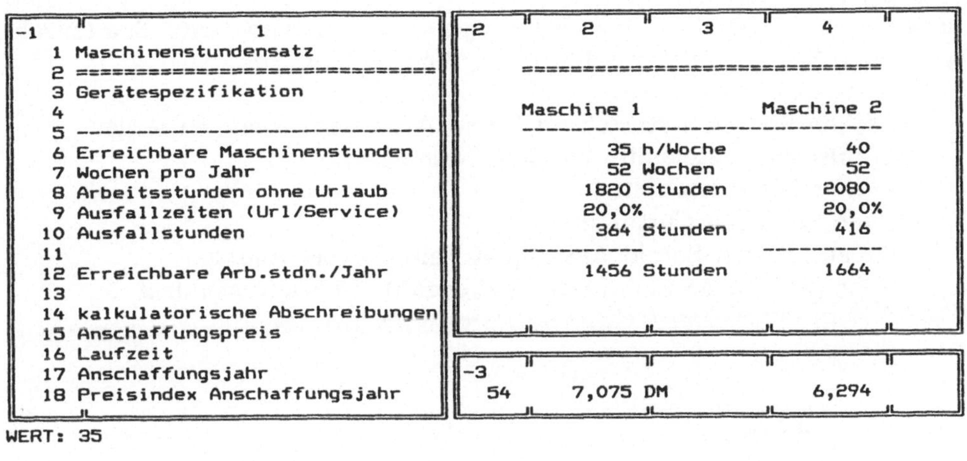

```
-1         1                    1      -2    2         3          4
   1 Maschinenstundensatz
   2 ==============================       ==============================
   3 Gerätespezifikation
   4                                      Maschine 1        Maschine 2
   5 ----------------------------         ------------------------------
   6 Erreichbare Maschinenstunden              35 h/Woche         40
   7 Wochen pro Jahr                           52 Wochen          52
   8 Arbeitsstunden ohne Urlaub              1820 Stunden       2080
   9 Ausfallzeiten (Url/Service)             20,0%             20,0%
  10 Ausfallstunden                           364 Stunden       416
  11                                          ----------        ----------
  12 Erreichbare Arb.stdn./Jahr              1456 Stunden      1664
  13
  14 kalkulatorische Abschreibungen
  15 Anschaffungspreis
  16 Laufzeit                          ---------------------------------
  17 Anschaffungsjahr                  -3
  18 Preisindex Anschaffungsjahr       54    7,075 DM          6,294

WERT: 35

Bitte eine Formel eingeben!
Z6S2        35                        98% frei     Multiplan: MASCHH
```

Bild 2.47

9.   Ändern Sie den Anschaffungspreis in Z15S2 in *30000* um.

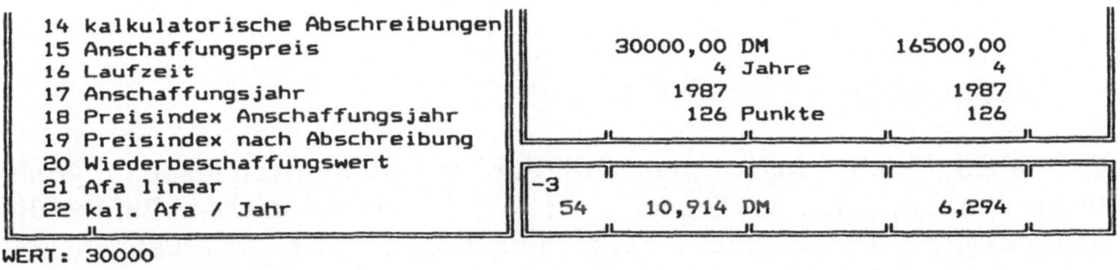

```
  14 kalkulatorische Abschreibungen
  15 Anschaffungspreis                30000,00 DM       16500,00
  16 Laufzeit                                4 Jahre           4
  17 Anschaffungsjahr                     1987           1987
  18 Preisindex Anschaffungsjahr           126 Punkte      126
  19 Preisindex nach Abschreibung
  20 Wiederbeschaffungswert
  21 Afa linear                       ----------------------------------
  22 kal. Afa / Jahr                  -3
                                      54   10,914 DM        6,294

WERT: 30000

Bitte eine Formel eingeben!
Z15S2       30000                     98% frei     Multiplan: MASCHH
```

Bild 2.48

10. Bestätigen Sie mit der **Return**-Taste.
11. Speichern Sie Ihr Arbeitsablatt Maschh.

Anmerkung zu den Ausschnitten:
Sie können maximal 8 verschiedene Ausschnitte bilden.

Der Befehl Ausschnitt Teilen Bezeichnung

Mit dem Befehl **Ausschnitt Teilen Bezeichung** können Sie Ihren
Bildschirm in vier verschiedene Ausschnitte teilen. Diese Ausschnitte sind
automatisch verbunden. Mit der eingegebenen Zeilen- und Spaltenzahl
bestimmen Sie, wo die Ausschnitte beginnen sollen.

1. Löschen Sie Ihren Ausschnitt 2 und Ausschnitt 3 mit Hilfe der
    Befehlsfolge **Ausschnitt Löschen Nummer** *2*.
2. Löschen Sie Ausschnitt 3.
3. Setzen Sie Ihren Cursor in Z1S1.
4. Wählen Sie den Befehl **Ausschnitt Teilen Bezeichnung**.
5. Teilen Sie den Ausschnitt bei **Zeilenzahl:** *10* **Spaltenzahl:** *3* .

```
      9 Ausfallzeiten (Url/Service)        20,0%                 20,0%
     10 Ausfallstunden                      416 Stunden           416 Stunden
     11                                 ----------            ----------
     12 Erreichbare Arb.stdn./Jahr         1664 Stunden          1664 Stunden
     13
     14 kalkulatorische Abschreibungen
     15 Anschaffungspreis              16500,00 DM           16500,00 DM
     16 Laufzeit                             4 Jahre               4 Jahre
     17 Anschaffungsjahr                   1987                  1987
     18 Preisindex Anschaffungsjahr         126 Punkte            126 Punkte

AUSSCHNITT TEILEN BEZEICHNUNG: Zeilenanzahl: 10      Spaltenanzahl: 3

Bitte eine Zahl eingeben!
Z1S1        "Maschinenstundensatz"         98% frei     Multiplan: MASCHH
```

Bild 2.49

6. Bestätigen Sie mit der **Return**-Taste.

Sie sehen, daß auf Ihrem Bildschirm vier verschieden große
Bildschirmausschnitte vorhanden sind. Sie haben mit diesem Befehl die
Möglichkeit, unterschiedliche Teile Ihres Arbeitsblattes zu erkennen und
zu bearbeiten.

Wenn Sie eine Datei abspeichern, werden die Ausschnitte mit
abgespeichert.

```
-1 ‖         1              ‖    2    ‖    3    ‖ -2 ‖    4
 1 Maschinenstundensatz
 2 ====================================================        ==========
 3 Gerätespezifikation
 4                           Maschine 1                        Maschine 2
 5 -------------------------------------------------------     ----------
 6 Erreichbare Maschinenstunden        40 h/Woche                     40
 7 Wochen pro Jahr                     52 Wochen                      52
 8 Arbeitsstunden ohne Urlaub        2080 Stunden                   2080
 9 Ausfallzeiten (Url/Service)       20,0%                          20,0%
10 Ausfallstunden                     416 Stunden                    416

-4 ‖                          ‖         ‖         ‖ -3 ‖
11                                 ----------                    ----------
12 Erreichbare Arb.stdn./Jahr       1664 Stunden                   1664
13
14 kalkulatorische Abschreibungen
15 Anschaffungspreis            16500,00 DM                    16500,00

BEFEHL: Text Ausschnitt Bewegen Druck Einfügen Format Gehezu Hilfe Kopie Löschen
 Name Ordnen Pfad Quitt Radieren Schutz Übertragen Verändern Wert Xtern Zusätze
Wählen Sie bitte eine Option oder geben Sie deren Anfangsbuchstaben ein!
Z11S4       "----------"                    98% frei       Multiplan: MASCHH
```

Bild 2.50

2.5.5 Der Befehl Format Felder: Ausrichtung.

Wenn Sie die Angaben einzelner Zeilen und Spalten Ihres Arbeitsblatts
ausrichten, d.h. die Texte und die Zahlen untereinander setzen wollen,
können Sie dies mit dem Befehl: **Format Felder Ausrichtung.**
In diesem Untermenü gibt es folgende Unterbefehle:

1. **Standard**
   Die Ausrichtung des Feldes geschieht mit dem Standardwert.

2. **Mitte**
   Sie können den Inhalt des Feldes oder der Spalte in der Mitte
   zentrieren. Dies bedeutet, daß die Text- und Werteingaben
   untereinander stehen.

3. **Norm**
   Bei der Ausrichtung Norm wird der Text linksbündig und die
   Zahlen rechtsbündig geschrieben.

4. **Links**
   Der Inhalt der Felder wird linksbündig angezeigt. Die Text- und die
   Zahleneingaben werden auf der linken Seite des Feldes zentriert.

5. **Rechts**
   Der Inhalt der Felder wird rechtsbündig angezeigt.

6.   **Strich (-)**
      Wenn Sie den (-) bestätigen, so findet keine Änderung der
      Ausrichtung statt.

2.5.6   Der Befehl Format Felder: Formatcode

Bei dem Befehl **Format Felder Formatcode** können Sie Felder
unterschiedlich formatieren. Sie verfügen über folgende Unterbefehle:

1.   **Standard**
      Das Feld wird im Standardformat auf dem Bildschirm gezeigt.

2.   **Zusammen**
      Ist der Text, den Sie eingeben, breiter als die Spalte, in der dieser
      Text stehen soll, so wird der Rest des eingegebenen Textes am
      Ende der Spalte abgeschnitten. Soll das Feld nicht über den Befehl
      Format Breite_der_Spalten verändert werden, da sich bei diesem
      Befehl die gesamte Feldbreite ändern würde, so können Sie im
      Bereich **Formatcode: Zusammen** den eingegebenen Text
      zusammenhängend auf dem Bildschirm anzeigen.
      Die Bereichsangabe muß ebenfalls eingegeben werden, da die
      nachfolgenden Felder bestimmt werden müssen, in denen der Text
      zusammenhängend geschrieben werden soll.

3.   **Exponentenschreibweise E-Form**
      Wenn Sie große Zahlen eingegeben haben, so können Sie mit Hilfe
      der Exponentenschreibweise diesen Wert als Exponent von 10 auf
      dem Bildschirm anzeigen lassen.

Übung:

1.   Löschen Sie den Bildschirm
2.   Geben Sie in Z1S1 den Wert 600000000000 ein.
3.   Wählen Sie den Befehl **Format Felder** und gehen Sie in den Un-
      terbefehl Formatcode.
4.   Wählen Sie dort **E-Form** an.
5.   Bestätigen Sie die Eingabe mit der **Return-Taste**.

Sie sehen, daß sich der von Ihnen eingegebene Wert als Exponentenzahl
verändert hat.

Löschen Sie Ihren Bildschirm mit dem Befehl **Übertragen Bildschirmlöschen Gesamt**.

4. **Fest**
   Wenn Sie den **Formatcode Fest** bestätigen, werden die Zahlen mit den von Ihnen festgelegten Nachkommastellen gerundet.

5. **Norm**
   Die eingegebene Zahl wird so genau wie möglich in die Spalte eingetragen. Die Genauigkeit ist von der Spaltenbreite abhängig.

6. **Ganz**
   Bei dem **Formatcode Ganz** werden die Nachkommastellen kaufmännisch gerundet.

7. **Währung**
   Es wird hier die Währung übernommen, die mit dem Befehl Format Währung eingegeben wurde.

8. **Balkendiagramm**
   Bei dem Formatcode Balkendiagramm (*) werden Ihre eingegebene Daten als ein Balkendiagramm mit Hilfe von Sternen auf dem Bildschirm angezeigt.

9. **Prozent**
   Die von Ihnen eingegebenen Zahlen werden in Prozentsätzen angezeigt.

10. **Bindestrich**
    Der Formatcode Bindestrich (-) wird verwendet, wenn sich die Ausrichtungscodes verändern.

2.5.7   Anmerkung zur Belegung der Funktionstasten

Sie haben mit den Funktionstasten die Möglichkeit, einige Befehle zu vereinfachen. Sie müssen bei der Eingabe von Befehlen einige Befehlsfolgen durchführen. Die möglichen Befehle, die durch die Funktionstasten abgerufen werden können, sehen Sie unten.
Wie schon besprochen, können Sie mit der Funktionstaste **F1** den Cursor von einem Ausschnitt in den anderen springen lassen.

Wie die restlichen Funktionstasten in Multiplan belegt sind, können Sie
der unten aufgeführten Liste entnehmen.

Funktionstaste	Auswirkung
F1	Nächster Aussschnitt
F2	Nächstes ungeschütztes Feld
F3	Pos
F4	Neuberechen
F5	Makro verändern
F6	Erweiterung
F7	Linkes Wort
F8	Rechtes Wort
F9	Linkes Zeichen
F10	Rechtes Zeichen

Folgende Funktionstasten haben in Verbindung mit der Umschalttaste
folgende Auswirkung:

F1	Vorhergehender Ausschnitt
F2	Vorhergehend ungeschützte Feld
F5	Einzelschritt
F6	Aktualisieren
F7	Makro-Recorder

2.6 Ausdruck der Tabelle

Der Befehl **Druck** wird im folgenden ausführlich behandelt, um
vollständige Arbeitsblätter oder Teile daraus ausdrucken zu können. Im
Multiplan-Programm können Sie individuelle Bereichsangaben für den
Ausdruck eingeben. Sie können praktisch von einem Feld bis zu einem
ganzen Arbeitsblatt jede beliebige Zwischenstufe ausdrucken lassen.
Außerdem können Sie den Satzspiegel, der durch das Einstellen der
Randbegrenzungen festgelegt wird, bestimmen. Sie können eingegebene
Formeln ausdrucken oder sich auf dem Bildschirm anzeigen lassen.

2.6.1 Das Multiplan-Lernziel:
Ausdrucken eines Arbeitsblattes

Aufgabe:
Löschen Sie alle eingerichteten Ausschnitte, bevor sie ein Arbeitsblatt
ausdrucken.

Ausführung:

1. Wählen Sie den Befehl **Ausschnitt Löschen** an, und geben Sie die
    Nummer des zu löschenden Ausschnittes **Ausschnitt Löschen
    Nummer** *3* ein.

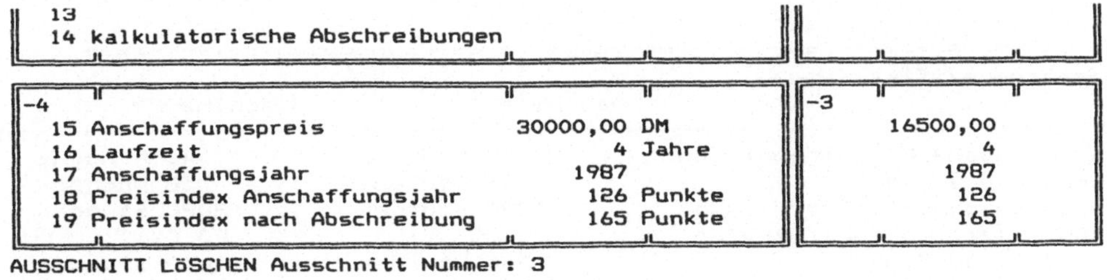

Bild 2.51

2. Bestätigen Sie die Eingabe mit der **Return**-Taste.
3. Wählen Sie den Befehl Druck an, indem Sie die Taste **D** drücken.
4. Wählen Sie den Unterbefehl **Option** an.

Sie sehen, daß die Bereichsangabe auf Z1:4095 steht, d.h., daß
programmäßig festgelegt ist, daß der gesamte Bereich des Arbeitsblattes
ausgedruckt wird. Sollte das im Drucker befindliche Papier nicht breit
genug für einen solchen Ausdruck sein, müssen Sie die Bereichsangabe
selbst festlegen.

5. Geben Sie den Bereich ein, den sie ausdrucken möchten, in diesem
    Falle Z1:54S1:5.

Bild 2.52

6. Bestätigen Sie die Eingabe mit der **Return**-Taste.
7. Der Cursor befindet sich auf dem Befehl **Drucker**.
8. Bestätigen Sie die Eingabe mit der **Return**-Taste. Der Drucker
    beginnt sofort mit dem Ausdruck.

Da Sie in der Bereichsangabe festgelegt haben, daß Sie lediglich die
Spalten 1 bis 5 ausdrucken wollten, müßte Ihr Ausdruck wie Bild 2.53
aussehen:

```
Maschinenstundensatz
================================================================
Gerätespezifikation
                                  Maschine 1          Maschine 2
----------------------------------------------------------------
Erreichbare Maschinenstunden        35 h/Woche          40 h/Woche
Wochen pro Jahr                     52 Wochen           52 Wochen
Arbeitsstunden ohne Urlaub        1820 Stunden        2080 Stunden
Ausfallzeiten (Url/Service)       20,0%               20,0%
Ausfallstunden                     364 Stunden         416 Stunden
                                  ----------          ----------
Erreichbare Arb.stdn./Jahr        1456 Stunden        1664 Stunden

kalkulatorische Abschreibungen
Anschaffungspreis                30000,00 DM         16500,00 DM
Laufzeit                             4 Jahre             4 Jahre
Anschaffungsjahr                  1987                1987
Preisindex Anschaffungsjahr        126 Punkte          126 Punkte
Preisindex nach Abschreibung       165 Punkte          165 Punkte
Wiederbeschaffungswert           39285,71 DM         21607,14 DM
Afa linear                          25%                 25%
kal. Afa / Jahr                   9821,43 DM          5401,79 DM
kal. Afa / Maschh                   6,745 DM            3,246 DM

Kalkulatorische Zinsen
kal. Zinsfuß                         7,50%               7,50%
kal. Zinsen / Jahr                2598,21 DM          1429,02 DM
kal. Zinsen / Maschh                1,784 DM            0,859 DM

Instandhaltungskosten
Servicekosten / Jahr              1400,00 DM          1400,00 DM
Service / Maschh                     0,962 DM            0,841 DM

Raumkosten
beanspruchter Raum                   6 qm                6 qm
Verrechnungssatz / Monat            12,00 DM            12,00 DM
Raumkosten / Jahr                  864,00 DM           864,00 DM
Raumkosten / Maschh.                 0,593 DM            0,519 DM

Energiekosten
installierte Leitung                 2,80 kw/h           2,80 kw/h
Ausnutzung der Mittel               80%                 80%
Stromkosten                          0,37 DM/kwh         0,37 DM/kwh
mittlere Inanspruchnahme             2,24 kw/h           2,24 kw/h
Energiekosten / Maschh.              0,829 DM            0,829 DM

Maschinenstundensatz
kal. Zinsen / Maschh                 6,745 DM            3,246 DM
kal. Afa / Maschh                    1,784 DM            0,859 DM
Service / Maschh                     0,962 DM            0,841 DM
Raumkosten / Maschh.                 0,593 DM            0,519 DM
Energiekosten / Maschh.              0,829 DM            0,829 DM
                                  ----------          ----------
Stundensatz                         10,914 DM            6,294 DM
```

Bild 2.53

2.6.2 Das Multiplan-Lernziel:
Einstellen der Randbegrenzung beim Ausdruck

Aufgabe:
Um einen einwandfreien Ausdruck Ihres Arbeitsblattes zu erhalten,
müssen sie den Satzspiegel einstellen. Das heißt, daß die jeweiligen
Abstände vom oberen und unteren Rand des Blattes, sowie die Abstände
rechts und links eingegeben werden müssen.

Ausführung:
1. Wählen Sie den Befehl **Druck** an, drücken Sie die Taste **R** für
   Randbegrenzung. Mit Hilfe der **Tabulator**-Taste können Sie die
   einzelnen Unterbefehle anwählen.
2. Bestätigen Sie die Eingabe mit der **Return**-Taste.

Anmerkung zur Einstellung der Randbegrenzung:

Vom Programm vorgesehen sind folgende Randbegrenzungen:

Links:	5	5 Zeichen Abstand vom linken Seitenrand
Oben:	6	6 Zeilen Abstand vom oberen Seitenrand
Druckbreite:	70	70 Zeichen werden in einer Zeile gedruckt
Drucklänge:	54	54 Zeilen werden auf einer Seite gedruckt
Seitenlänge:	66	66 Zeilen hat der Seitenvorschub

Nehmen Sie die Eingaben aus Bild 2.54 vor.


```
 49 kal. Afa / Maschh            1,784 DM          0,859 DM
 50 Service / Maschh             0,962 DM          0,841 DM
 51 Raumkosten / Maschh.         0,593 DM          0,519 DM
 52 Energiekosten / Maschh.      0,829 DM          0,829 DM
 53
 54 Stundensatz                 10,914 DM          6,294 DM
 55
 56
 57
 58

DRUCK RANDBEGRENZUNG: links: 5        oben: 6       Druckbreite: 70
          Drucklänge: 54      Seitenlänge: 66       Einrücken: 0
Bitte eine Zahl eingeben!
Z54S1     "Stundensatz"              98% frei     Multiplan: MASCHH
```

Bild 2.54

Wie der Druck aussieht, entnehmen Sie bitte dem folgenden Bild:

```
Maschinenstundensatz
========================================================================
Gerätespezifikation
                                Maschine 1          Maschine 2
------------------------------------------------------------------------
Erreichbare Maschinenstunden       35 h/Woche          40 h/Woche
Wochen pro Jahr                    52 Wochen           52 Wochen
Arbeitsstunden ohne Urlaub       1820 Stunden        2080 Stunden
Ausfallzeiten (Url/Service)      20,0%               20,0%
Ausfallstunden                    364 Stunden         416 Stunden
                                 ----------          ----------
Erreichbare Arb.stdn./Jahr       1456 Stunden        1664 Stunden

kalkulatorische Abschreibungen
Anschaffungspreis              30000,00 DM         16500,00 DM
Laufzeit                           4 Jahre             4 Jahre
Anschaffungsjahr                 1987                1987
Preisindex Anschaffungsjahr       126 Punkte          126 Punkte
Preisindex nach Abschreibung      165 Punkte          165 Punkte
Wiederbeschaffungswert         39285,71 DM         21607,14 DM
Afa linear                         25%                 25%
kal. Afa / Jahr                 9821,43 DM          5401,79 DM
kal. Afa / Maschh               6,745 DM            3,246 DM

Kalkulatorische Zinsen
kal. Zinsfuß                       7,50%               7,50%
kal. Zinsen / Jahr              2598,21 DM          1429,02 DM
kal. Zinsen / Maschh             1,784 DM            0,859 DM

Instandhaltungskosten
Servicekosten / Jahr            1400,00 DM          1400,00 DM
Service / Maschh                 0,962 DM            0,841 DM

Raumkosten
beanspruchter Raum                  6 qm                6 qm
Verrechnungssatz / Monat        12,00 DM            12,00 DM
Raumkosten / Jahr              864,00 DM           864,00 DM
Raumkosten / Maschh.             0,593 DM            0,519 DM

Energiekosten
installierte Leitung             2,80 kw/h           2,80 kw/h
Ausnutzung der Mittel              80%                 80%
Stromkosten                      0,37 DM/kwh         0,37 DM/kwh
mittlere Inanspruchnahme         2,24 kw/h           2,24 kw/h
Energiekosten / Maschh.          0,829 DM            0,829 DM

Maschinenstundensatz
kal. Zinsen / Maschh             6,745 DM            3,246 DM
kal. Afa / Maschh                1,784 DM            0,859 DM
Service / Maschh                 0,962 DM            0,841 DM
Raumkosten / Maschh.             0,593 DM            0,519 DM
Energiekosten / Maschh.          0,829 DM            0,829 DM
                                ----------          ----------
Stundensatz                     10,914 DM            6,294 DM
```

Bild 2.55

2.6.3 Das Multiplan-Lernziel:
Formel-, Zeilen- und Spaltenausdruck

Aufgabe:
Das Arbeitsblatt soll so ausgedruckt werden, daß die eingegebenen
Formeln und die Zeilen- und Spaltennummern erscheinen.

Ausführung:
1. Wählen Sie den Befehl **Druck Optionen** an.
2. Springen Sie mit der **Tabulator**-Taste auf den Unterbefehl **Formeln**,
   und wählen Sie mit der **Leertaste** Ja aus.
3. Springen Sie mit der **Tabulator**-Taste auf **Bereich** zurück.
4. Geben Sie die Bereichsangabe Z1:12S1:3 ein.

```
  49 kal. Afa / Maschh              1,784 DM              0,859 DM
  50 Service / Maschh              0,962 DM              0,841 DM
  51 Raumkosten / Maschh.          0,593 DM              0,519 DM
  52 Energiekosten / Maschh.       0,829 DM              0,829 DM
  53                             -----------           -----------
  54 Stundensatz                  10,914 DM              6,294 DM
  55
  56
  57
  58

DRUCK OPTIONEN: Bereich: Z1:12S1:3      Steuerzeichen:
     Anschluß: lpt1  Formeln:(Ja)Nein    Z/S-Nummern: Ja Nein     Währung:
Wählen Sie bitte eine Option oder geben Sie deren Anfangsbuchstaben ein!
Z54S1      "Stundensatz"             98% frei      Multiplan: MASCHH
```

Bild 2.56

5. Bestätigen Sie die Eingabe mit der **Return**-Taste.
6. Der Cursor befindet sich auf dem Befehl **Drucker**.
7. Bestätigen Sie die Eingabe mit der **Return**-Taste.

Anmerkung zum Ausdruck von Formeln:

Sämtliche Texte werden in Hochkommata dargestellt, eingegebene
Zahlenwerte werden in ihrer unformatierten Form angezeigt. Die
Formeln werden Ihren Eingaben entsprechend angezeigt. Der Ausdruck
sollte Bild 2.57 entsprechen.

```
"Maschinenstundensatz"
WIEDERHOLEN("=";30)                                  "=========="        "=========="
"Gerätespezifikation"

                                                     "Maschine 1"
WIEDERHOLEN("-";30)                                  "----------"        "----------"
"Erreichbare Maschinenstunden"    35                                     "h/Woche"
"Wochen pro Jahr"                 52                                      "Wochen"
"Arbeitsstunden ohne Urlaub"      Z(-2)S*Z(-1)S                          "Stunden"
"Ausfallzeiten (Url/Service)"     0,2
"Ausfallstunden"                  Z(-2)S*Z(-1)S                          "Stunden"
                                                     "----------"
"Erreichbare Arb.stdn./Jahr"      Z(-4)S-Z(-2)S                          "Stunden"
```

Bild 2.57

2.6.4   Formelanzeige auf dem Bildschirm

Sie haben nicht nur die Möglichkeit, sämtliche eingegebenen Formeln
auszudrucken, sie können die Formeln auch auf dem Bildschirm
einsehen. Wenn Sie den Befehl **Format Optionen** anwählen, können Sie
sich Tausenderpunkte (z.B. 16.500,00) zur besseren Lesbarkeit der
Zahlenwerte angeben lassen. Weiterhin können Sie auf dem Bildschirm
die Formeln einsehen.

1.   Drücken Sie den Befehl **Format Optionen** .
2.   Gehen Sie mit der **Tabulator**-Taste zum Unterbefehl **Formeln**.
3.   Bestätigen Sie die Eingabe *Ja* mit der **Return**-Taste.

Die einzelnen Spalten sind bei bei der Bildschirmausgabe mit Formeln
doppelt so breit wie die ursprünglich von Ihnen eingestellte Breite der
Spalten. Sollten Sie die Breite der Spalten bei dem Bildschirmaufbau mit
Formeln ändern, so halbiert sich die neu eingestellte Breite bei einer
Änderung des Bildschirmes in einer normalen Darstellung.

Sie können den Inhalt Ihres Bildschirms ausdrucken lassen. Drücken Sie
die **Shift**-Taste zusammen mit der **Print-Screen** Taste.
Sie gelangen mit dem Befehl **Format Optionen Formeln** *Nein* zu Ihrem
normalen Bildschirm.

Der Drucker druckt nun Ihren Bildschirmausdruck (vgl. Bild 2.58).

```
 -1        1                              2                    3
    1  "Maschinenstundensatz"
    2  WIEDERHOLEN("=";30)                "=========="         "=========="
    3  "Gerätespezifikation"
    4                                     "Maschine 1"
    5  WIEDERHOLEN("-";30)                "----------"         "----------"
    6  "Erreichbare Maschinenstunden"35                        "h/Woche"
    7  "Wochen pro Jahr"                  52                    "Wochen"
    8  "Arbeitsstunden ohne Urlaub"       Z(-2)S*Z(-1)S         "Stunden"
    9  "Ausfallzeiten (Url/Service)"      0,2
   10  "Ausfallstunden"                   Z(-2)S*Z(-1)S         "Stunden"
   11                                     "----------"
   12  "Erreichbare Arb.stdn./Jahr"       Z(-4)S-Z(-2)S         "Stunden"
   13
   14  "kalkulatorische Abschreibunge
   15  "Anschaffungspreis"                30000                 "DM"
   16  "Laufzeit"                         4                     "Jahre"
   17  "Anschaffungsjahr"                 1987
   18  "Preisindex Anschaffungsjahr"      126                   "Punkte"
FORMAT OPTIONEN Tausenderpunkte: Ja Nein      Formeln:(Ja)Nein

Wählen Sie bitte eine Option oder geben Sie deren Anfangsbuchstaben ein!
Z1S1        "Maschinenstundensatz"               98% frei       Multiplan: MASCHH
```

Bild 2.58

2.6.5 Das Multiplan-Lernziel:
Arbeitsblattausdruck mit Zeilen- und Spaltennummern

Aufgabe:
Um später im Ausdruck eine bessere Übersicht über die Angaben des
Arbeitsblatts zu erlangen, sollen die jeweiligen Zeilen- und
Spaltennummern mit ausgedruckt werden.

Ausführung:
1. Wählen Sie den Befehl **Druck Optionen** aus.
2. Springen Sie mit der **Tabulator**-Taste in den Unterbefehl **Z/S-Nummern** (Zeilen/Spaltennummern) und drücken Sie die **Leertaste**, bis der Cursor auf **Ja** steht.
3. Drücken Sie die **Tabulator**-Taste bis zum Unterbefehl **Formeln**, setzen Sie den Befehl auf **Nein**.

```
   12  Erreichbare Arb.stdn./Jahr        1456 Stunden          1664 Stunden
   13
   14  kalkulatorische Abschreibungen
   15  Anschaffungspreis                 30000,00 DM           16500,00 DM
   16  Laufzeit                             4 Jahre               4 Jahre
   17  Anschaffungsjahr                  1987                  1987
   18  Preisindex Anschaffungsjahr        126 Punkte            126 Punkte
DRUCK OPTIONEN: Bereich: Z1:54S1:3  Steuerzeichen:
 Anschluß: lpt1  Formeln: Ja(Nein)    Z/S-Nummern:(Ja)Nein      Währung:
Geben Sie bitte die Position eines Felds oder Tabellenbereichs ein!
Z1S1        "Maschinenstundensatz"               98% frei       Multiplan: MASCHH
```

Bild 2.59

4. Bestätigen Sie die Eingabe mit der **Return**-Taste.
5. Bestätigen Sie den Befehl **Drucker** mit der **Return**-Taste.

Der Ausdruck des Teilbereiches Ihres Arbeitsblattes sollte wie Bild 2.60 aussehen, ansonsten haben Sie einen Fehler in der Eingabe gemacht. Versuchen Sie es dann noch einmal.

```
                           1                2          3
 1 Maschinenstundensatz
 2 ==================================================
 3 Gerätespezifikation
 4                               Maschine 1
 5 -------------------------------------------------
 6 Erreichbare Maschinenstunden        35 h/Woche
 7 Wochen pro Jahr                     52 Wochen
 8 Arbeitsstunden ohne Urlaub        1820 Stunden
 9 Ausfallzeiten (Url/Service)      20,0%
10 Ausfallstunden                     364 Stunden
11                                 ----------
12 Erreichbare Arb.stdn./Jahr        1456 Stunden
13
14 kalkulatorische Abschreibungen
15 Anschaffungspreis              30000,00 DM
16 Laufzeit                           4 Jahre
17 Anschaffungsjahr                1987
18 Preisindex Anschaffungsjahr      126 Punkte
19 Preisindex nach Abschreibung     165 Punkte
20 Wiederbeschaffungswert         39285,71 DM
21 Afa linear                        25%
22 kal. Afa / Jahr                 9821,43 DM
23 kal. Afa / Maschh                6,745 DM
24
25 Kalkulatorische Zinsen
26 kal. Zinsfuß                      7,50%
27 kal. Zinsen / Jahr              2598,21 DM
28 kal. Zinsen / Maschh             1,784 DM
29
30 Instandhaltungskosten
31 Servicekosten / Jahr            1400,00 DM
32 Service / Maschh                 0,962 DM
33
34 Raumkosten
35 beanspruchter Raum                 6 qm
36 Verrechnungssatz / Monat         12,00 DM
37 Raumkosten / Jahr               864,00 DM
38 Raumkosten / Maschh.             0,593 DM
39
40 Energiekosten
41 installierte Leitung             2,80 kw/h
42 Ausnutzung der Mittel             80%
43 Stromkosten                      0,37 DM/kwh
44 mittlere Inanspruchnahme         2,24 kw/h
45 Energiekosten / Maschh.          0,829 DM
46
47 Maschinenstundensatz
48 kal. Zinsen / Maschh             6,745 DM
49 kal. Afa / Maschh                1,784 DM
50 Service / Maschh                 0,962 DM
51 Raumkosten / Maschh.             0,593 DM
52 Energiekosten / Maschh.          0,829 DM
53                                 ----------
54 Stundensatz                     10,914 DM
```

Bild 2.60

74

2.6.6 Das Multiplan-Lernziel:
Druckersteuereinsatz für eine veränderte Schriftbreite

Aufgabe:
Sie sollen die Druckbreite Ihres Druckers verändern.

Ausführung:
Sie haben mit MULTIPLAN die Möglichkeit, Arbeitsblätter in verschiedenen Schriftbreiten auszudrucken. Sie können z.B. 10,12 oder 16,6 Zeichen pro Zoll drucken.
Da die Steuerzeichen für jeden Drucker unterschiedlich sind, müssen Sie in Ihrem eigenen Druckerhandbuch nachschlagen, um die entsprechenden Steuerzeichen festlegen zu können.Die in Ihrem Handbuch angegebenen Druckersteuerzeichen müssen noch in einen Hexadezimalcode umgewandelt werden.
Durch die Eingabe eines kaufmännischen & und eines h wird dem System angezeigt, daß es sich bei den nachfolgenden Zeichen um einen Hexadezimalcode handelt.

Der Drucker wird allgemein wie folgt eingestellt:

1. Wählen Sie den Befehl **Druck Optionen** aus.
2. Geben Sie den Bereich ein, der ausgedruckt werden soll.
3. Geben Sie bei den Steuerzeichen **den für Ihren Drucker entsprechenden Hexadezimalcode-Schlüssel** ein.
4. Bestätigen Sie die Eingabe mit der **Return-Taste**.
5. Bestätigen Sie den Befehl **Drucker** mit der **Return-Taste**.

Anmerkung zu Druckersteuerzeichen:

Mit Hilfe der verschiedenen Druckersteuerzeichen können Sie nicht nur die Schriftbreite, sondern sämtliche Formatsteuerungen des jeweils vorhandenen Druckers einstellen.

Wenn Sie die Eingaben richtig vorgenommen haben, sieht Ihr Bildschirm wie in Bild 2.61 gezeigt aus.

```
 -1    ‖              1              ‖      2    ‖     3    ‖     4    ‖      5
 42 Ausnutzung der Mittel                  80%                  80%
 43 Stromkosten                        0,37 DM/kwh          0,37 DM/kwh
 44 mittlere Inanspruchnahme           2,24 kw/h            2,24 kw/h
 45 Energiekosten / Maschh.            0,829 DM             0,829 DM
 46
 47 Maschinenstundensatz
 48 kal. Zinsen / Maschh               6,745 DM             3,246 DM
 49 kal. Afa / Maschh                  1,784 DM             0,859 DM
 50 Service / Maschh                   0,962 DM             0,841 DM
 51 Raumkosten / Maschh.               0,593 DM             0,519 DM
 52 Energiekosten / Maschh.            0,829 DM             0,829 DM
 53                                 ----------           ----------
 54 Stundensatz                       10,914 DM             6,294 DM
 55
 56
 57
 58
 59

DRUCK OPTIONEN: Bereich: Z1:54S1:3   Steuerzeichen:
 Anschluß: PRN    Formeln: Ja(Nein)    Z/S-Nummern:(Ja)Nein    Währung:
Geben Sie bitte Text ein!
Z56S1                                 98% frei      Multiplan: MASCHH
```

Bild 2.61

2.6.7 Das Multiplan-Lernziel:
Die Kopf- und Fußzeile setzen

Aufgabe:

Das Arbeitsblatt Maschinenstundensatz soll mit einer Kopf- und einer Fußzeile versehen werden.

Ausführung:

1. Setzen Sie den Cursor auf Z100S1.
2. Drücken Sie die Taste **T** für **Text** .
3. Geben Sie das Wort *Maschinenstundensatz* ein.
4. Bestätigen Sie die Eingabe mit der **Return**-Taste.
5. Fahren Sie mit dem Cursor auf Feld Z110S1.
6. Drücken Sie die Taste **T** für **Text**.
7. Geben Sie *Seite&S* ein.
8. Bestätigen Sie die Eingabe mit der **Return**-Taste.
9. Drücken Sie die Taste **D** für **Druck**.
10. Bestätigen Sie den Befehl **Kopf-Fußzeile**.
11. Geben Sie bei **Druck Kopfzeile** Z100:105S1 und
    bei **Druck Fußzeile** Z105:110S1 ein (vgl.Bild 2.45).

```
110 Seite&S
111
112
113

DRUCK KOPF-/FUSSZEILE: Kopfzeile: Z100:105S1          Fußzeile: Z106:110S1
         Start Nummerierung bei: 1        Nummerierungsformat:(1)I i A a
Geben Sie bitte die Position eines Felds oder Tabellenbereichs ein!
Z110S1      "Seite&S"                      98% frei      Multiplan: MASCHH
```

Bild 2.62

12. Bestätigen Sie die Eingabe mit der **Return**-Taste.
13. Speichern Sie Ihr Arbeitsblatt *Maschh.*

Sie haben mit dieser Befehlsfolge festgelegt, daß Ihr Arbeitsblatt die Überschrift "Maschinenstundensatz" hat. Die Eingabe Z100:108S1 bedeutet, daß zwischen der Überschrift und dem Beginn des Arbeitsblattes 8 Zeilenabstände vorhanden sind. Die Eingabe Z110:115S1 bedeutet, daß unterhalb der gedruckten Seitenzahl 5 Zeilenabstände pro Seite vorhanden sind. Wenn Sie *Seite&S* eingeben, berechnet das Multiplan-Programm automatisch die Numerierung der Seitenzahlen um je(+1) weiter.

Wenn Sie Ihr Arbeitsblatt Maschinenstundensatz ausdrucken lassen, werden Sie feststellen, daß Sie zwei Seiten benötigen. Sie haben die Möglichkeit, die Numerierung der einzelnen Seitenzahlen als Buchstaben, arabische oder römische Ziffern in Groß- oder Kleinschreibung durchnumerieren zu lassen.

Wenn Sie die Eingaben richtig vorgenommen haben, gleicht Ihr Bildschirmausdruck Bild 2.63.

                    Maschinenstundensatz

                          1   2   3
 1 Maschinenstundensatz
 2 ===
 3 Gerätespezifikation
 4   Maschine 1
 5 --
 6 Erreichbare Maschinenstunden   35 h/Woche
 7 Wochen pro Jahr   52 Wochen
 8 Arbeitsstunden ohne Urlaub   1820 Stunden
 9 Ausfallzeiten (Url/Service)   20,0%
10 Ausfallstunden   364 Stunden
11   ----------
12 Erreichbare Arb.stdn./Jahr   1456 Stunden
13
14 kalkulatorische Abschreibungen
15 Anschaffungspreis   30000,00 DM
16 Laufzeit   4 Jahre
17 Anschaffungsjahr   1987
18 Preisindex Anschaffungsjahr   126 Punkte
19 Preisindex nach Abschreibung   165 Punkte
20 Wiederbeschaffungswert   39285,71 DM
21 Afa linear   25%
22 kal. Afa / Jahr   9821,43 DM
23 kal. Afa / Maschh   6,745 DM
24
25 Kalkulatorische Zinsen
26 kal. Zinsfuß   7,50%
27 kal. Zinsen / Jahr   2598,21 DM
28 kal. Zinsen / Maschh   1,784 DM
29
30 Instandhaltungskosten
31 Servicekosten / Jahr   1400,00 DM
32 Service / Maschh   0,962 DM
33
34 Raumkosten
35 beanspruchter Raum   6 qm
36 Verrechnungssatz / Monat   12,00 DM
37 Raumkosten / Jahr   864,00 DM
38 Raumkosten / Maschh.   0,593 DM
39
40 Energiekosten
41 installierte Leitung   2,80 kw/h
42 Ausnutzung der Mittel   80%
43 Stromkosten   0,37 DM/kwh
44 mittlere Inanspruchnahme   2,24 kw/h
45 Energiekosten / Maschh.   0,829 DM
46
47 Maschinenstundensatz
48 kal. Zinsen / Maschh   6,745 DM
49 kal. Afa / Maschh   1,784 DM
50 Service / Maschh   0,962 DM
51 Raumkosten / Maschh.   0,593 DM
52 Energiekosten / Maschh.   0,829 DM
53   ----------
54 Stundensatz   10,914 DM

Bild 2.63

2.7 Übung I

Versuchen Sie anhand des Bildes 2.64 und der angegebenen Formeln das Arbeitsblatt "Effektiver Jahreszins" zu erstellen. Es werden aus Gründen der Vereinfachung keine Gebühren bei der Berechnung des Auszahlungsbetrag abgezogen!

Die Formeln lauten:

Disagio = Kreditbetrag * (100 - Auszahlungssatz) %
Auszahlungsbetrag = Kreditbetrag * Auszahlungssatz % - Gebühren
Zins pro Jahr = Kreditbetrag * Zinssatz %
Gebühren pro Jahr = Gebühren / Laufzeit
Disagio pro Jahr = Disagio / Laufzeit
Jährl. Belastung = Zins pro Jahr + Gebühren pro Jahr + Disagio pro Jahr
Effektiver Zinssatz = Jährl. Belastung * 100/Auszahlungsbetrag

Sollten Sie mit den Eingaben nicht zurechtkommen, sehen Sie sich die Lösung I im Anhang A an.

```
-1         1         2         3         4         5         6
   5
   6
   7 Effektiver Jahreszins
   8
   9 ------------------------------------------------------------
  10 Kreditbetrag            80000,00 DM
  11 Auszahlungssatz              98 %
  12 Zinssatz                     12 %
  13 Laufzeit                      7 Jahre
  14 Gebühren                 380,00 DM
  15 Disagio                 1600,00 DM
  16
  17 Auszahlungsbetrag      78400,00 DM
  18 Zins pro Jahr           9600,00 DM
  19 Gebühren pro Jahr         54,29 DM
  20 Disagio pro Jahr         228,57 DM
  21 Jährl. Belastung        9882,86 DM
  22 Effektiver Zinssatz       12,61 %
  23
  24
BEFEHL: Text Ausschnitt Bewegen Druck Einfügen Format Gehezu Hilfe Kopie Löschen
  Name Ordnen Pfad Quitt Radieren Schutz Übertragen Verändern Wert Xtern Zusätze
Wählen Sie bitte eine Option oder geben Sie deren Anfangsbuchstaben ein!
Z24S1                                   98% frei       Multiplan: JAHRESZI
```

Bild 2.64

3 Das Arbeitsblatt Geld

3.1 Problemorientierte Einführung

Zur Demonstration besonderer Befehle wird ein "kleines" Arbeitsblatt aufgebaut. Dieses Arbeitsblatt beinhaltet eine Geldkontrolle. Der Schwerpunkt dieser Aufgabe liegt in der Formatierung des gesamten Arbeitsblattes. Das Arbeitsblatt nennen wir Geld.

Das Befehlsmenü: Format Standard

Mit dem Befehl Format Felder bestimmen Sie das Format der einzelnen Felder. Mit dem Befehl **Format Standard** bearbeiten und verändern Sie Ihr gesamtes Arbeitsblatt auf einmal. Durch eine Veränderung der Spaltenbreite mit dem Befehl **Format Standard: Breite der Spalten** verändern Sie die Breite aller Spalten ihres Arbeitsblattes. Der Befehl **Format Standard Höhe** bestimmt, wieviel Zeilen auf Ihrem Bildschirm vorhanden sind. Mit dem Befehl **Format Standard Felder** können Sie Ihr gesamtes Arbeitsblatt formatieren.

3.1.1 Das Multiplan-Lernziel:
Formatieren des Arbeitsblattes

Aufgabe:
Das folgende Arbeitsblatt soll mit Hilfe des Befehls **Format Standard** formatiert werden. Die eingegebenen Werte sollen addiert werden.

Ausführung:
1. Wählen Sie den Befehl **Format** an.
2. Gehen Sie in das Untermenü **Standard**.
3. Wählen Sie den Befehl **Breite der Spalten**; und geben Sie bei Zeichen 15 ein.
4. Bestätigen Sie die Eingabe mit der **Return**-Taste.

Sie sehen, daß sich die **Breite der Spalten** in Ihrem Arbeitsblatt auf 15 Zeichen je Spalte verändert hat.

5. Wählen Sie den Befehl **Format Standard an.**
6. Geben Sie bei **Höhe: Zeilen** *15* ein.

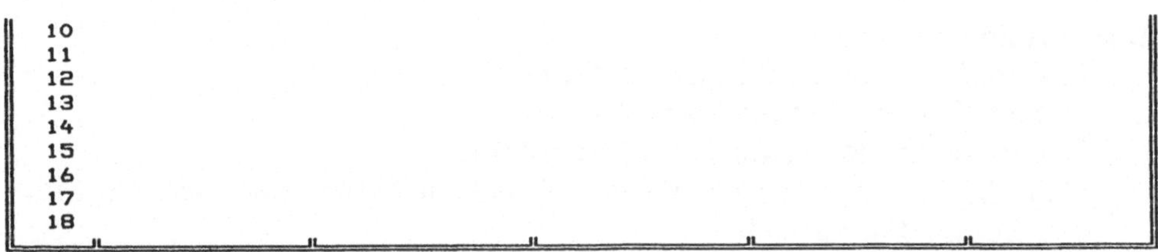

Bild 3.1

7. Bestätigen Sie die Eingabe mit der **Return**-Taste.
8. Geben Sie die Texte in Z1:6S1 ein.
9. Bestätigen Sie die Eingabe mit der **Return**-Taste.

Anmerkung zu dem Befehl Format Standard Höhe:
Dadurch, daß Sie die Höhe des Bildschirmes auf 15 festgelegt haben,
haben Sie 10 Zeilen für die Bearbeitung Ihres Arbeitsblattes zur
Verfügung. 5 Zeilen benötigen Sie für das Menü.

Wenn Sie die Eingaben richtig vorgenommen haben, sieht Ihr Bildschirm
wie folgt aus:

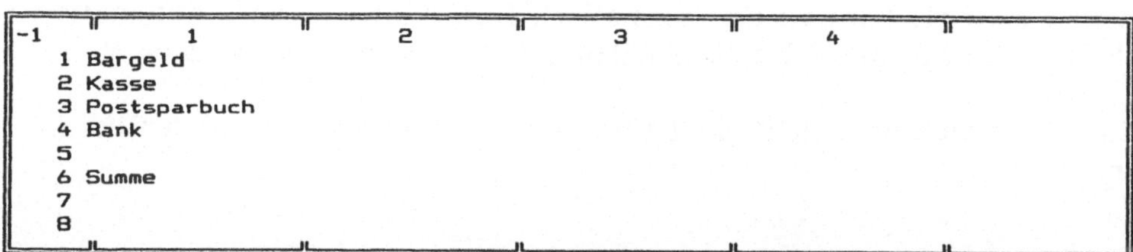

Bild 3.2

3.1.2 Das Multiplan-Lernziel:
Formatieren von DM-Beträgen

Aufgabe:
In Ihrem Arbeitsblatt sollen Sie die Felder mit dem **Formatcode:** *DM*
formatieren.

Ausführung:

1. Positionieren Sie den Cursor auf Feld Z2S1.
2. Wählen Sie den Befehl **Format** an.
3. Gehen Sie in den Unterbefehl **Standard**.
4. Wenn Sie im Unterbefehl **Format Standard Felder** sind, wählen Sie den Befehl **Formatcode** an.
5. Gehen Sie mit dem Cursor zu dem Befehl **Währung**.

```
    3 Postsparbuch
    4 Bank
    5
    6 Summe
    7
    8

FORMAT STANDARD FELDER Ausrichtung: Mitte(Norm)Links Rechts
Formatcode: Zusammen E_Form Fest Norm Ganz(Währung)* %        Dez_Stellen: 2
Bitte eine Zahl eingeben!
Z6S2                                      100% frei       Multiplan: TEMP
```

Bild 3.3

6. Bestätigen Sie die Eingabe mit der **Return**-Taste.
7. Wählen Sie den Befehl **Wert** an.
8. Geben Sie die Zahlenwerte in Z1:4S2 ein, die in Bild 3.2 abgebildet sind.

Durch die von Ihnen vorgenommene Eingabe haben Sie das gesamte Arbeitsblatt als **Format: DM** formatiert. Ihre Zahlen werden automatisch als DM-Beträge mit 2 Dezimalstellen auf dem Bildschirm ausgewiesen.

Zum Vergleich auf Richtigkeit Ihrer Eingaben schauen Sie sich Bild 3.4 an.

```
 -1          1              2              3           4
    1 Bargeld            550,00 DM
    2 Kasse              498,00 DM
    3 Postsparbuch     25000,00 DM
    4 Bank             13420,00 DM
    5
    6 Summe
    7
    8

BEFEHL: Text Ausschnitt Bewegen Druck Einfügen Format Gehezu Hilfe Kopie Löschen
  Name Ordnen Pfad Quitt Radieren Schutz übertragen Verändern Wert Xtern Zusätze
Wählen Sie bitte eine Option oder geben Sie deren Anfangsbuchstaben ein!
Z6S2                                      100% frei       Multiplan: TEMP
```

Bild 3.4

3.1.3 Das Multiplan-Lernziel:
Addieren von Zahlenwerten

Aufgabe:
Addieren Sie die eingegebenen Zahlen.

Ausführung:
1. Fahren Sie mit dem Cursor auf Feld Z6S2.
2. Wählen Sie den Befehl **Wert** an.
3. Schreiben Sie die Funktion **Summe** und geben Sie das Zeichen für Klammer *(* ein.
4. Gehen Sie mit dem Cursor in Z1S2.
5. Geben Sie den Doppelpunkt *:* ein, und fahren Sie mit dem Cursor auf Zeile 4 Spalte 2.
6. Machen Sie die Klammer *)* zu.

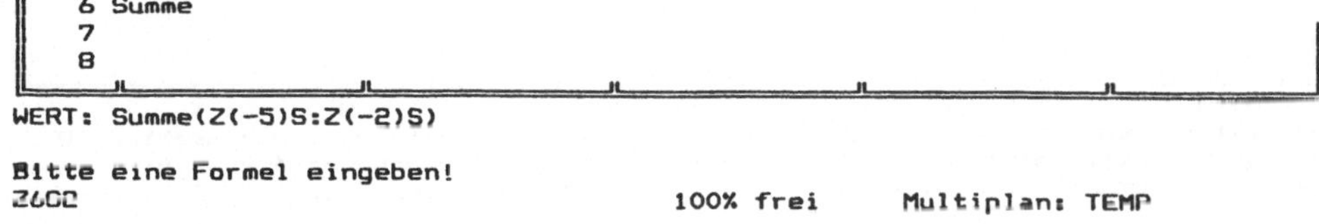

Bild 3.5

7. Bestätigen Sie die Eingabe mit der **RETURN**-Taste.

Sie sehen, daß auf Ihrem Arbeitsblatt auch die Gesamtsumme als *DM*-Betrag formatiert worden ist (vgl. Bild 3.3).

8. Speichern Sie das Arbeitsblatt unter dem Namen *Geld* ab.

Bei richtiger Eingabe entspricht Ihr Bildschirm Bild 3.6.

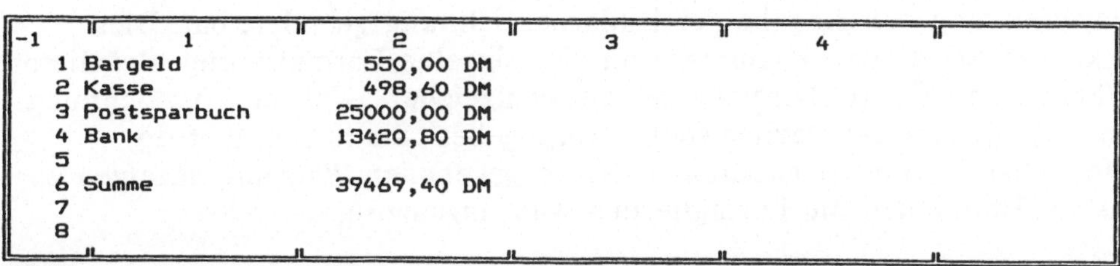

Bild 3.6

3.1.2 Das Multiplan-Lernziel
Formatieren in einer anderen Währung

Aufgabe:
Sie sollen Ihr Arbeitsblatt *Geld* von DM-Beträgen in Dollar-Beträge
verändern.

Ausführung:
1. Laden Sie Ihr Arbeitsblatt *Datei*.
2. Gehen Sie in den Befehl **F** für **Format**.
3. Fahren Sie mit dem Cursor in den Bereich **Währung**.

Sie sehen, daß im Multiplan-Programm unterschiedliche Währungen
vorgegeben sind.

4. Bewegen Sie den Cursor, bis Sie das $-Zeichen erreicht haben.

```
   8

FORMAT WÄHRUNG: DM $ £ FF SFr öS HFL LIT Pts Andere        Währung: $
Dezimalzeichen:(.),  Währungsbezeichnung am Beginn:(Ja)Nein    Dez_Stellen: 2
Wählen Sie bitte eine Option oder geben Sie deren Anfangsbuchstaben ein!
Z6S2       SUMME(Z(-5)S:Z(-2)S)              100% frei      Multiplan: TEMP
```

Bild 3.7

5. Bestätigen Sie die Eingabe mit der **Return**-Taste.
6. Speichern Sie das Arbeitsblat unter dem Namen *Dollar* ab.

Anmerkung zu den Währungen:
Die Währungsbezeichnung ist in den verschiedenen Ländern
unterschiedlich. Die deutsche Währung hat zum Aufbau die Bezeichnung
DM, das Dezimalzeichen (,) , die Währungsbezeichnung am Beginn und 2
Dezimalstellen. Sie können am Bildschirm feststellen, daß sich die
Formatierung bei Eingabe der Dollarbezeichnung geändert hat. Dies
erkennen Sie an den Klammern um die einzelne Formatierung. Bei diesen
Währungen sind die Bereiche der Dezimalzeichen, Währungsbezeichnung
am Beginn und die Dezimalstellen vorgegeben. Sie haben aber die
Möglichkeit, in einer anderen, nicht vorgegebenen Währung anzeigen zu
lassen. Sie können die Formatierung währungsmäßig einstellen.

Bei richtiger Eingabe erhalten Sie folgenden Bildschirmausdruck:

```
-1       1               2            3            4
  1 Bargeld          $550.00
  2 Kasse            $498.60
  3 Postsparbuch   $25000.00
  4 Bank          $13420.80
  5
  6 Summe         $39469.40
  7
  8
BEFEHL: Text Ausschnitt Bewegen Druck Einfügen Format Gehezu Hilfe Kopie Löschen
  Name Ordnen Pfad Quitt Radieren Schutz übertragen Verändern Wert Xtern Zusätze
Wählen Sie bitte eine Option oder geben Sie deren Anfangsbuchstaben ein!
Z6S2       SUMME(Z(-5)S:Z(-2)S)         100% frei       Multiplan: TEMP
```

Bild 3.8

4 Das Arbeitsblatt Überprüfung des Etats

Es sollen zwei Arbeitsblätter:

Etat und
Etatb

aufgebaut werden.

Im Arbeitsblatt Etat werden die laufenden Kosten monatlich eingetragen und dann summiert. Der Durchschnitt der Kosten wird ermittelt und die Anzahl der Monate, in denen Eintragungen vorgenommen wurden, wird errechnet.
Im Arbeitsblatt Etatb wird der Jahresetat eingetragen. Durch den Befehl **Xtern Kopie** werden die ermittelten tatsächlichen Monatsdurchschnitte aus dem Arbeitsblatt Etat kopiert. Die vorhandenen Durchschnittswerte werden auf das Jahr hochgerechnet und die Differenz zum Jahresetat wird ermittelt.
Anhand des Beispiels "Überprüfung des Etats" werden die bisher vermittelten Multiplan-Befehle durch Wiederholungen vertieft. Außerdem werden zusätzliche Befehle und Funktionen am Beispiel erläutert. Eine Verbindung von zwei Arbeitsblättern ist häufig ein sehr wichtiges Hilfsmittel, um verschiedene Berechnungen ohne nochmalige Eingabe aller Daten zu vollziehen. Das verbinden bedeutet: Sie kopieren aus einem bereits angelegten Arbeitsblatt Daten in das aktivierte, aktuelle Arbeitsblatt mit Hilfe der Befehle:

Name
Xtern Kopie

Im Verlaufe Ihrer Erarbeitung des Arbeitsblattes Etat und Etatb lernen Sie die Funktionen **MITTELW (Liste)** und **ANZAHL (Liste)** kennen.

4.1   Die ersten Eingaben

Zuerst wird das Arbeitsblatt Etat angelegt, in dem die laufenden Kosten, wie z.B. Löhne und Gehälter monatlich festgelegt werden.
Die Kosten sollen in Zeile 14 monatlich mit dem Befehl SUMME addiert werden. Wir befinden uns im Monat Mai, bis zu diesem Monat können

Eintragungen vorgenommen werden. Bei allen anderen Monaten wird nach Kopieren der Summenformel das Ergebnis 0 erscheinen. In Zeile 16 werden die gewährten Gutschriften eingegeben. In Zeile 18 werden durch eine Subtraktion die tatsächlich entstandenen Kosten für den jeweiligen Monat ermittelt.

4.1.1　Das Multiplan-Lernziel:
Texteingabe und Spaltenbreitenänderung

Aufgabe:
Es sollen Spaltenbreiten verändert werden, in die eine Texteintragung vorgenommen wird. Die Unterstreichung der Texte wird in den entsprechenden Feldern kopiert.

Ausführung:
1. Löschen Sie den Bildschirm mit Hilfe der Befehle **Übertragen Bildschirmlöschen Gesamt**. Bestätigen Sie mit der Taste **J** für **Ja**.
2. Positionieren Sie den Cursor auf Feld Z1S1.
3. Wählen Sie den Befehl **Text** aus, und schreiben Sie den Text *Überprüfung des Etats.*
4. Wählen Sie den Befehl **Format Breite_der_Spalten** aus, und verbreitern Sie die Spalte 1 auf 25 Zeichen.
5. Geben Sie die Unterstreichung in Feld Z2S1 ein W für **Wert** *(Wiederholen("=";25)).*
6. Geben Sie die Texte in Z7:18S1ein.
7. Verändern Sie die Breite der Spalten 2 bis 13 auf eine Spal tenbreite von 6 Zeichen.
8. Gehen Sie folgendermaßen vor:
Positionieren Sie den Cursor auf Feld Z5S2.
   - Wählen Sie den Befehl **Format Breite_der_Spalte** aus.
   - Geben Sie als *Zeichen 6* ein, und springen Sie mit der **Tabulator**-Taste auf Spalte. Dort bleibt die 2 bestehen.
   - Geben Sie im Unterbefehlsfeld **bis:** die Spaltennummer *13* ein.
   - Bestätigen Sie die Eingabe mit der **RETURN**-Taste.

Wie Sie sehen, können Sie für eine Anzahl von Spalten mit einem einzigen Befehl eine bestimmte Spaltenbreite festlegen.

9. Geben Sie die entsprechende Abkürzung für die Monatsnamen in Zeile 5 ein (siehe Bild 4.1).
10. Positionieren Sie den Cursor auf Feld Z6S2.
11. Wählen Sie den Befehl **Text** an und geben Sie sechsmal das *Gleichheitszeichen* ein.

12. Wählen Sie den Befehl **Kopie Rechts** aus, und kopieren Sie die Unterstreichung um 11 Spalten nach rechts: **Kopie Rechts** und bestätigen Sie mit der **Return**-Taste.

Ihr Bildschirm sollte so aussehen, wie in Bild 4.1 dargestellt.

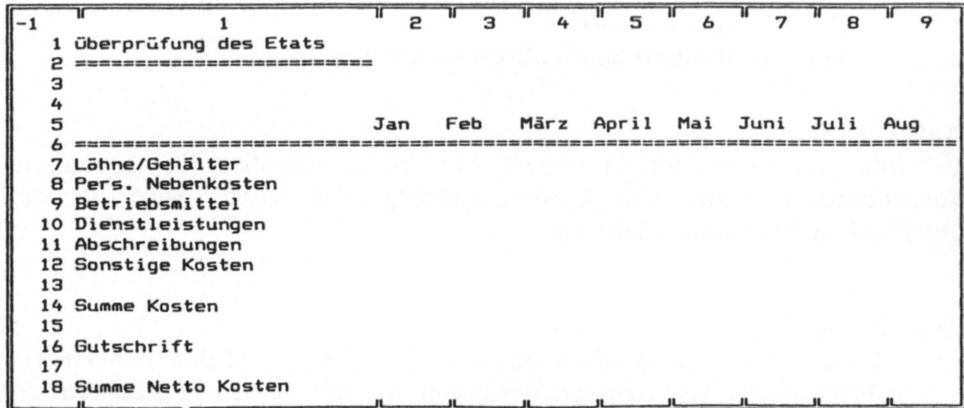

Bild 4.1

4.1.2 Das Multiplan-Lernziel:
Zahlenwerte und Zahleneingabe

Aufgabe:
Zwei verschiedene Möglichkeiten zur Durchführung der Addition werden vorgestellt.

Ausführung:
1. Geben Sie die Zahlenwerte in Z7:12S2:6 ein. Entnehmen Sie die Werte dem Bildschirmausdruck.

Denken Sie daran, daß sie nicht jedesmal den Befehl W für **Wert** drücken müssen, um Zahlen einzugeben. Sie können die Zahlen direkt hintereinander eingeben, da Sie sich im Wert-Modus befinden.

2. Positionieren Sie den Cursor auf Feld Z14S2.
3. Wählen Sie den Befehl **Wert** an.

88

4. Fahren Sie mit dem Cursor auf die Zahl *144*, drücken Sie das
   Pluszeichen.
5. Fahren Sie mit dem Cursor auf die Zahl *50*, drücken Sie das
   Pluszeichen.
6. Fahren Sie mit dem Cursor auf die Zahl *16*, drücken Sie das
   Pluszeichen.
7. Fahren Sie mit dem Cursor auf die Zahl *42*, drücken Sie das
   Pluszeichen.
8. Fahren Sie mit dem Cursor auf die Zahl *30*, drücken Sie das
   Pluszeichen.
9. Fahren Sie mit dem Cursor auf die Zahl *2.*

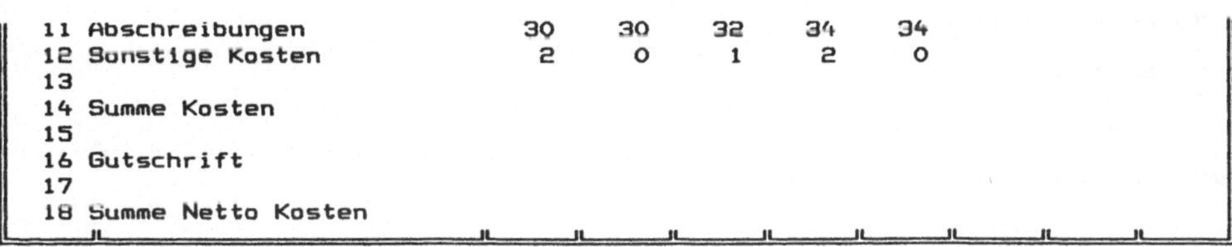

Bild 4.2

10. Bestätigen Sie die Eingabe mit der **Return**-Taste.

Bei richtiger Eingabe erhalten Sie Bild 4.3.

Bild 4.3

Dies ist die eine Möglichkeit, eine Zahlenkolonne zu addieren. Eine
weitere Möglichkeit bietet die Funktion SUMME (Liste) an.

11. Positionieren Sie den Cursor auf Feld Z14S3.
12. Wählen Sie den Befehl **Wert** an.
13. Schreiben Sie das Wort SUMME, machen Sie die *Klammer* auf.
14. Fahren Sie mit dem Cursor auf *das Feld Z7S3*, geben Sie einen
    Doppelpunkt ein und fahren Sie mit dem Cursor auf das Feld Z12S3
    und machen Sie die *Klammer* zu.

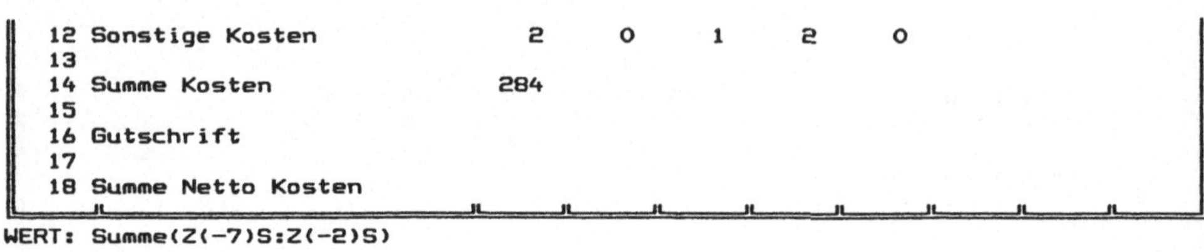

Bild 4.4

15. Bestätigen Sie die Eingabe mit der **Return**-Taste.

Nach der Eingabe erhalten Sie Bild 4.5.

Bild 4.5

4.1.3 Das Multiplan-Lernziel:
Formelkopie

Aufgabe:
In der Zeile **Summe Kosten** müssen die einzelnen Monate jeweils addiert
werden. Deshalb können Sie die Summenformel bis in den Dezember
hinein kopieren. Es ist nicht erforderlich, die Formeleingabe für jeden
Monat einzeln vorzunehmen.

Ausführung:
1. Positionieren Sie den Cursor auf Feld Z14S3.
2. Wählen Sie den Befehl **Kopie Rechts** aus.
3. Geben Sie bei **Anzahl Kopie:** *10* ein.

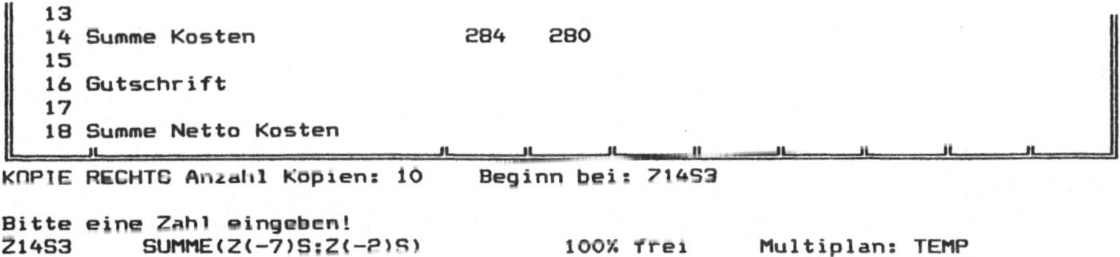

Bild 4.6

4. Bestätigen Sie die Eingabe mit der **Return**-Taste.

Wie Sie sehen, ist die Addition von *März* bis *Mai* direkt durchgeführt
worden, die Formel wird aber bis zum *Dezember* hin festgehalten. Sobald
jetzt Eintragungen in den Bereich *Juni* bis *Dezember* vorgenommen
werden, wird auch in diesen Spalten die Formelberechnung durchgeführt.

Sollten Sie in diesen Monaten Eintragungen vornehmen, sehen Sie sofort,
daß sich die Summe der Kosten verändert.

Wenn Sie die Eingaben richtig vorgenommen haben, zeigt Ihr Bildschirm
das Aussehen wie Bild 4.7.

```
 -1                     1          2    3    4    5    6    7    8    9
   1 Überprüfung des Etats
   2 ==========================
   3
   4
   5                             Jan  Feb  März April Mai  Juni Juli Aug
   6 ================================================================================
   7 Löhne/Gehälter              144  144  146  150  150
   8 Pers. Nebenkosten            50   48   46   48   48
   9 Betriebsmittel               16   18   18   14   16
  10 Dienstleistungen             42   40   42   40   34
  11 Abschreibungen               30   30   32   34   34
  12 Sonstige Kosten               2    0    1    2    0
  13
  14 Summe Kosten                284  280  285  288  282    0    0    0
  15
  16 Gutschrift
  17
  18 Summe Netto Kosten

BEFEHL: Text Ausschnitt Bewegen Druck Einfügen Format Gehezu Hilfe Kopie Löschen
 Name Ordnen Pfad Quitt Radieren Schutz Übertragen Verändern Wert Xtern Zusätze
Wählen Sie bitte eine Option oder geben Sie deren Anfangsbuchstaben ein!
Z14S3        SUMME(Z(-7)S:Z(-2)S)            100% frei       Multiplan: TEMP
```

Bild 4.7

4.1.4   Das Multiplan-Lernziel:
Eingabe und Kopieren von Formeln

Aufgabe:

Es soll eine Subtraktion vorgenommen werden, bei der die Formel nach rechts kopiert werden soll.

Ausführung:

1. Geben Sie die gewährten "Gutschriften" in die Spalten 2 bis 6 ein. Die Zahlenwerte können Sie dem Bildschirmausdruck Bild 4.9 entnehmen.
2. Positionieren Sie den Cursor auf Feld Z18S2.
3. Wählen Sie den Befehl **Wert** an.
4. Fahren Sie mit dem Cursor auf die Zahl "284", geben Sie *das Minuszeichen* (oder den Bindestrich) ein und fahren Sie mit dem Cursor auf die Zahl *70*.


```
  12 Sonstige Kosten               2    0    1    2    0
  13
  14 Summe Kosten                284  280  285  288  282    0    0    0
  15
  16 Gutschrift                   70   68   68   72   70
  17
  18 Summe Netto Kosten

WERT: Z(-4)S-Z(-2)S

Bitte eine Formel eingeben!
Z16S2        70                            100% frei       Multiplan: TEMP
```

Bild 4.8

5. Bestätigen Sie die Eingabe mit der **Return-Taste.**
6. Kopieren Sie diese Formel ebenfalls bis in Spalte 13.
7. Wählen Sie den Befehl **Kopie Rechts** aus.
8. Geben Sie bei **Anzahl Kopien** eine *11* ein.
9. Bestätigen Sie die Eingabe mit der **Return-Taste.**

Diese Formel muß auch bis in den *Dezember* hinein kopiert werden, da man davon ausgehen kann, daß im Laufe des Jahres weitere *Gutschriften* gewährt werden.

Ihr Bildschirm sollte Bild 4.9 entsprechen.

```
-1            1          2    3     4     5     6    7     8     9
   1 Überprüfung des Etats
   2 =============================
   3
   4
   5                     Jan  Feb  März  April  Mai  Juni Juli  Aug
   6 =================================================================
   7 Löhne/Gehälter       144  144  146  150   150
   8 Pers. Nebenkosten     50   48   46   48    48
   9 Betriebsmittel        16   18   18   14    16
  10 Dienstleistungen      42   40   42   40    34
  11 Abschreibungen        30   30   32   34    34
  12 Sonstige Kosten        ?    0    1    2     0
  13
  14 Summe Kosten         284  280  285  288   282    0    0     0
  15
  16 Gutschrift            70   68   68   72    70
  17
  18 Summe Netto Kosten   214  212  217  216   212    0    0     0

KUPIE RECHTS Anzahl Kopien: 11      Beginn bei: Z18S2

Bitte eine Zahl eingeben!
Z18S2      Z(-4)S-Z(-2)S                 100% frei      Multiplan: TEMP
```

Bild 4.9

4.1.5   Eine Zwischeninformation

Nachdem die Summenformel und die Formel zur Berechnung der Netto-kosten bis in Spalte 13 kopiert worden sind, müssen die Spalten 14 bis 16 noch errechnet werden. In Spalte 14 werden die jeweiligen Quersummen der Kostenrechnung für alle Unterbereiche der Kosten ermittelt. Die Eingaben sind einschließlich des Monats Mai vorgenommen worden. Die Summenformel gilt aber für das ganze Jahr. Wenn von Juni bis Dezember Werte eingegeben werden, sind diese zur Quersumme hinzuzuaddieren. In Spalte 15 werden die entprechenden Durchschnittswerte der einzelnen Kostenbereiche ermittelt.
Diese Durchschnittswerte werden später in das zweite Arbeitsblatt kopiert, um die Hochrechnung der zu erwartenden Kosten über das ganze Jahr durchzuführen. In Zeile 7 Spalte 16 wird die Anzahl der Monate

gezählt, in denen Eintragungen vorgenommen worden sind. Durch die Funktion ANZAHL () wird jedes Feld in einem vorher angegebenen Bereich auf die Eintragung hin überprüft und gezählt. Auch Felder mit der Eintragung 0 würden mitgezählt. Die Funktion ANZAHL () braucht in diesem Fall nur einmal eingegeben zu werden, da man davon ausgehen kann, daß monatlich Löhne oder Gehälter gezahlt werden, und somit auch in jedem Monat mindestens eine Eintragung in der Zeile 7 erfolgen wird.

Die Felder Z14S15 und Z18S15 müssen durch die Anzahl der Monate dividiert werden, da eine Berechnung mit der Funktion MITTELW () nicht durchgeführt werden kann. MITTELW () bedeutet, daß das Programm automatisch die Summe aus dem angegebenen Bereich bildet und durch die Anzahl der Felder teilt, in denen Eintragungen vorgenommen worden sind. Diese Funktion ist also eine Verbindung der Funktionen SUMME () und ANZAHL (). In den Feldern Z14S7:13 sind Nullen eingetragen und somit können diese Felder auch mitgezählt werden. Das Ergebnis in Feldern Z14S14 und Z18S14 würde durch eine "einfache" Mittelwertbildung verfälscht, da die Summe durch 12 und nicht durch 5 geteilt würde.

4.1.6 Das Multiplan-Lernziel:
Texteingabe und die Funktion SUMME (Liste)

Aufgabe:
Die Breite mehrerer Spalten soll durch eine Bereichsangabe verändert werden. Dann soll diesmal eine Spalte mit Hilfe der Funktion **Summe (Liste)** addiert werden.

Ausführung:
1. Geben Sie die Texte in Z4:5S14:16, die Sie Bild 4.11 entnehmen können, ein.
2. Positionieren Sie den Cursor auf Feld Z5S14.
3. Wählen Sie den Befehl **Format Breite_der_Spalten** an, geben Sie bei **Standard** die Zahl *6* ein,springen Sie mit der **Tabulator-**Taste auf den Unterbefehl **bis**, und geben Sie dort die Zahl *16* ein.
4. Bestätigen Sie die Eingabe mit der **Return-**Taste.
5. Positionieren Sie den Cursor auf Feld Z6S14.
6. Setzen Sie den Cursor auf Feld Z6S13 und geben Sie bei **Kopie Rechts Anzahl** *3* ein.
7. Kopieren Sie die Unterstreichung um drei Spalten nach rechts *(K,R,3 und Return-Taste)*.
8. Formatieren Sie die Felder Z7:18S14:15 mit **Format Felder Formatcode Fest, Dez-Stellen** *0*.
9. Positionieren Sie den Cursor auf Feld Z7S13.

10. Wählen Sie den Befehl **Wert** an.

11. Schreiben Sie das Wort *Summe*, geben Sie eine *Klammer* ein, und
    bewegen Sie den Cursor um 12 Spalten nach links auf die Zahl *144*
    im Monat *Januar*. Geben Sie einen *Doppelpunkt* ein, bewegen Sie
    den Cursor um eine Spalte nach links in den Monat *Dezember*, und
    machen Sie die *Klammer* zu.

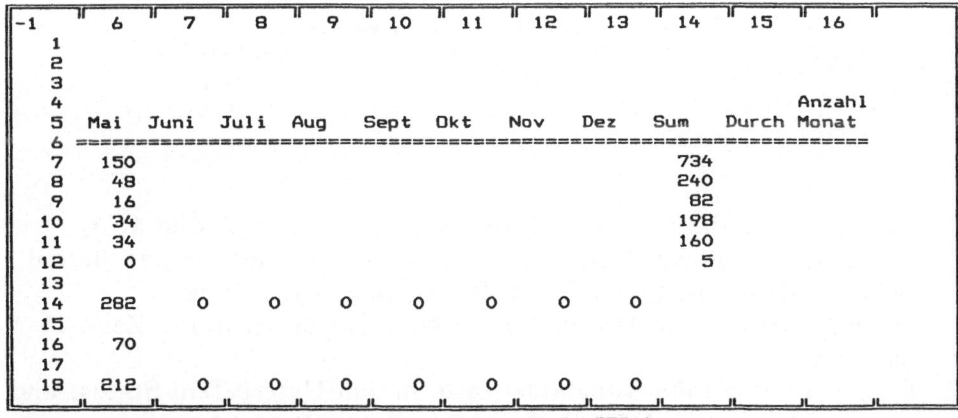

Bild 4.10

12. Bestätigen Sie die Eingabe mit der **Return**-Taste.
13. Kopieren Sie die Formel um fünf Zeilen nach unten.
14. Wählen Sie den Befehl **Kopie Nach Unten** an und geben Sie dort die
    Zahl *5* ein.
15. Bestätigen Sie die Eingabe mit der **Return**-Taste.

Wenn Sie die Eingaben richtig vorgenommen haben, sollte Ihre
Bildschirmausgabe Bild 4.11 entsprechen.

Bild 4.11

4.1.7 Das Multiplan-Lernziel:
Kopieren und Schützen der Formeln

Aufgabe:
Der Befehl **Kopie von** wird angewandt, wenn bestimmte anzuwählende Bereiche eines Arbeitsblattes zu kopieren sind.

Ausführung:
1. Positionieren Sie den Cursor auf Feld Z14S14.
2. Wählen Sie den Befehl **Kopie von**, fahren Sie mit dem Cursor auf Feld Z12S14 "5".
3. Bestätigen Sie die Eingabe mit der **Return**-Taste.
4. Positionieren Sie den Cursor auf Feld Z16S14.
5. Wählen Sie den Befehl **Kopie von** an, und fahren Sie mit dem Cursor auf Feld Z14S14 "1419"
6. Bestätigen Sie die Eingabe mit der **Return**-Taste.
7. Positionieren Sie den Cursor auf Feld Z18S14.
8. Wählen Sie den Befehl **Kopie von** .
9. Fahren Sie mit dem Cursor auf Feld Z16S14 "348".

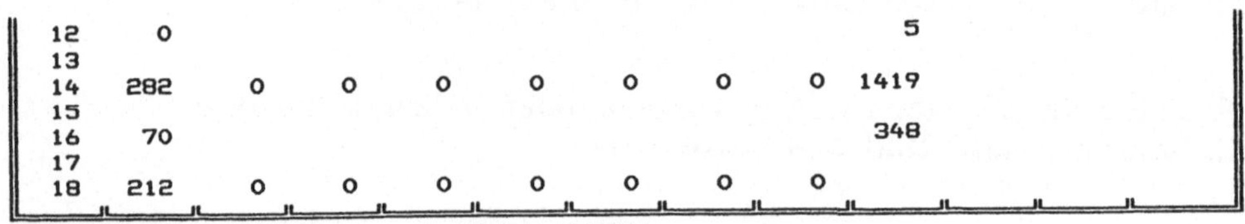

Bild 4.12

10. Bestätigen Sie die Eingabe mit der **Return**-Taste (vgl. Bild 4.13).
11. Positionieren Sie den Cursor auf Feld Z7S14, wählen Sie den Befehl **Schutz Felder** aus, geben Sie in der Bereichsangabe einen *Doppelpunkt* ein und fahren Sie mit dem Cursor bis in die Zeile 18 nach unten.
12. Springen Sie mit der **Tabulator**-Taste in den Unterbefehl **Status**, und geben Sie dort mit Hilfe der **Leertaste Geschützt** an.
13. Bestätigen Sie die Eingabe mit der **Return**-Taste.
14. Positionieren Sie den Cursor auf Feld Z14S2.
15. Wählen Sie den Befehl **Schutz Felder** an.

16. Geben Sie in der Bereichsangabe einen *Doppelpunkt* ein, und fahren Sie mit dem Cursor bis auf Feld Z14S13 nach rechts.
17. Geben Sie im Unterbefehl **Status: Geschützt** an.
18. Bestätigen Sie die Eingabe mit der **Return**-Taste.
19. Positionieren Sie den Cursor auf Feld Z18S2, und schützen Sie die Zeile 18 ebenfalls bis in Spalte 13.

Wenn Sie die Eingaben richtig vorgenommen haben, sollte Ihr Bildschirmausdruck folgendes Aussehen haben.

```
-1      3      4      5      6      7      8      9      10     11     12     13     14
 1
 2
 3
 4
 5 Feb    März   April  Mai    Juni   Juli   Aug    Sept   Okt    Nov    Dez    Sum
 6 =====================================================================================
 7 144    146    150    150                                                        734
 8  48     46     48     48                                                        240
 9  18     18     14     16                                                         82
10  40     42     40     34                                                        198
11  30     32     34     34                                                        160
12   0      1      2      0                                                          5
13
14 280    285    288    282     0      0      0      0      0      0      0       1417
15
16  68     68     72     70                                                        348
17
18 212    217    216    212     0      0      0      0      0      0      0       1071

SCHUTZ Felder: Z18S2:Z18S13        Status:(Geschützt)Ungeschützt

Geben Sie bitte die Position eines Felds oder Tabellenbereichs ein!
Z18S13     Z(-4)S-Z(-2)S                    100% frei       Multiplan: TEMP
```

Bild 4.13

4.1.8 Das Multiplan-Lernziel: Funktion MITTELW (Liste) und Formelschutz

Aufgabe:
In diesem Abschnitt kommt eine neue Funktion zur Anwendung, und zwar die Funktion MITTELW (Liste) zur Berechnung des Durchschnitts.

Ausführung:
1. Positionieren Sie den Cursor auf Feld Z7S15.
2. Wählen Sie den Befehl **Wert** an.
3. Schreiben Sie das Wort **MITTELW**.
4. Machen Sie eine *Klammer* auf, und fahren Sie mit dem Cursor nach links bis in Feld Z7S2.
5. Geben Sie einen *Doppelpunkt* ein, fahren Sie mit dem Cursor auf Feld Z7S13 und machen Sie die *Klammer* zu.

```
12      1      2      0                                                    5
13
14    285    288    282      0      0      0      0      0      0      0  1419
15
16     68     72     70                                                 348
17
18    217    216    212      0      0      0      0      0      0      0  1071

WERT: MITTELW(ZS(-13):ZS(-2))

Bitte eine Formel eingeben!
Z7S15                           100% frei      Multiplan: TEMP
```

Bild 4.14

6. Bestätigen Sie die Eingabe mit der **Return**-Taste.
7. Wählen Sie den Befehl **Kopie Nach Unten**.
8. Geben Sie bei **Anzahl der Kopien:** *5* ein.
9. Bestätigen Sie die Eingabe mit der **Return**-Taste.
10. Positionieren Sie den Cursor auf Feld Z16S15.
11. Wählen Sie den Befehl **Kopie Von** an, und fahren Sie mit dem Cursor nach oben auf die Zahl *1* in Feld Z12S15.
12. Bestätigen Sie die Eingabe mit der **Return**-Taste.
13. Schützen Sie die Formeln in Spalte 15.

4.1.9   Anmerkung zur Funktion MITTELW (Liste):

Mit der Funktion **MITTELW (Liste)** berechnen Sie den Durchschnitt aus einer Zahlenkolonne. Durch die abgesteckte Bereichsangabe wird automatisch festgestellt, in welchen Feldern sich Eintragungen befinden (d.h. durch welche Zahl die Summe der Zahlenkolonne dividiert werden soll).
Da sich in Zeilen 14 und 18 Nullen als Eintragung befinden, würde das System die Summe der Zahlenkolonne durch 12 teilen, da in 12 Feldern Eintragungen vorliegen. Deshalb kann die Funktion **MITTELW (Liste)** in den Zeilen 14 und 18 nicht angewandt werden, da unsere Berechnung des Mittelwerts verfälscht würde.

Das Arbeitsblatt auf Ihrem Bildschirm sollte Bild 4.15 entsprechen.

```
 -1      4       5       6     7      8      9    10     11     12     13     14      15
 1
 2
 3
 4
 5 März  April   Mai   Juni   Juli   Aug   Sept  Okt    Nov    Dez    Sum    Durch
 6 =====================================================================================
 7  146   150     150                                                  734    147
 8   46    48      48                                                  240     48
 9   18    14      16                                                   82     16
10   42    40      34                                                  198     40
11   32    34      34                                                  160     32
12    1     2       0                                                    5      1
13
14  285   288     282    0      0      0      0     0      0      0     0 1419
15
16   68    72      70                                                  348     70
17
18  217   216     212    0      0      0      0     0      0      0     0 1071
```

KOPIE VON Feld: Z12S15   in Feld: Z16S15

Geben Sie bitte eine Positions- oder Bereichsangabe ein!
Z12S15   MITTELW(ZS(-13):ZS(-2))   100% frei   Multiplan: TEMP

Bild 4.15

4.1.10 Das Multiplan-Lernziel:
Funktion **ANZAHL (Liste)** und das Formatieren von Zahlenwerten

Aufgabe:

In diesem Abschnitt kommt wieder eine neue Funktion zum Einsatz. Die Funktion **ANZAHL (Liste)** zählt diejenigen Felder, in die Eintragungen vorgenommen worden sind.

Ausführung:

1. Positionieren Sie den Cursor auf Feld Z7S16.
2. Wählen Sie den Befehl **Wert** an.
3. Schreiben Sie das Wort **ANZAHL**, geben Sie eine *Klammer* ein, und fahren Sie mit dem Cursor nach links auf Feld Z7S2.
4. Geben Sie einen *Doppelpunkt* ein, fahren Sie mit dem Cursor auf Feld Z7S13, machen Sie die *Klammer* zu.

```
13
14  288   282    0     0     0     0     0     0     0 1419
15
16   72    70                                       348    70
17
18  216   212    0     0     0     0     0     0     0 1071
```

WERT: ANZAHL(ZS(-14):ZS(-3))

Bitte eine Formel eingeben!
Z7S16   100% frei   Multiplan: TEMP

Bild 4.16

5. Bestätigen Sie die Eingabe mit der **Return**-Taste.

Mit der Funktion **Anzahl** haben Sie festgelegt, daß in Zeile 7 die Anzahl der Eintragungen von den Spalten 2 bis 13 gezählt werden.

6. Positionieren Sie den Cursor auf Feld Z14S15.
7. Wählen Sie den Befehl **Wert** an.
8. Fahren Sie mit dem Cursor auf die Zahl "1419", geben Sie das *Divisionszeichen* (/) ein, und fahren Sie mit dem Cursor auf die "5" in Feld Z7S16.
9. Bestätigen Sie die Eingabe mit der **Return**-Taste.
10. Positionieren Sie den Cursor auf Feld Z18S15, und dividieren Sie das Feld mit der Eintragung "1071" durch das Feld mit der Eintragung "5".

Wenn sie jetzt in der Zeile 7 Eintragungen vornehmen, verändert sich automatisch die Anzahl der Monate und somit auch der Divisor für Feld Z14S15 und Feld Z18S15.

Ihr Bildschirm sollte Bild 4.17 entsprechen.

```
-1        5      6      7      8      9     10     11     12     13     14     15     16
  1
  2
  3
  4                                                                                 Anzahl
  5 April  Mai   Juni   Juli   Aug    Sept   Okt    Nov    Dez    Sum   Durch  Monat
  6 =========================================================================================
  7  150    150                                                     734    147      5
  8   48     48                                                     240     48
  9   14     16                                                      82     16
 10   40     34                                                     198     40
 11   34     34                                                     160     32
 12    2      0                                                       5      1
 13
 14  288    282     0      0      0      0      0      0      0     1419    284
 15
 16   72     70                                                     348     70
 17
 18  216    212     0      0      0      0      0      0      0     1071    214

WERT: ZS(-1)/Z(-11)S(+1)

Bitte eine Formel eingeben!
Z7S16       ANZAHL(ZS(-14):ZS(-3))              100% frei      Multiplan: TEMP
```

Bild 4.17

4.1.11 Das Multiplan-Lernziel:
Vergeben von Namen

Aufgabe:
Um später die **Xtern Kopie** ausführen zu können, müssen in diesem Arbeitsblatt **Namen** vergeben werden.
Da wir für unser nächstes Arbeitsblatt zunächst die Texte aus Spalte 1 benötigen und zum anderen die Durchschnittswerte aus Spalte 15, müssen diese beiden Bereiche mit Namen versehen werden.

Ausführung:
1. Positionieren Sie den Cursor auf Feld Z7S1.
2. Wählen Sie den Befehl **Name** an, und überschreiben Sie den vorhandenen Eintrag mit dem Wort *text*.
3. Springen Sie mit der **Tabulator**-Taste in die Bereichsangabe, geben Sie einen *Doppelpunkt* ein und fahren Sie mit dem Cursor bis in Z18S1.

```
 12 Sonstige Kosten            2    0    1    2    0
 13
 14 Summe Kosten             284  280  285  288  282    0    0    0
 15
 16 Gutschrift                70   68   68   72   70
 17
 18 Summe Netto Kosten       214  212  217  216  212    0    0    0

NAME: Namen eingeben: text                Bereich: Z7:18S1:Z18S1
              Makro: Ja(Nein)      Tastenschlüssel:
Geben Sie bitte die Position eines Felds oder Tabellenbereichs ein!
Z18S1      "Summe Netto Kosten"          100% frei       Multiplan: TEMP
```

Bild 4.18

4. Bestätigen Sie die Eingabe mit der **Return**-Taste.
5. Positionieren Sie den Cursor auf Feld Z7S15.
6. Wählen Sie den Befehl **Name** an, und geben Sie das Wort *durchschnitt* ein.
7. Da Sie bei der ersten Namensvergabe die Bereichsangabe verändert haben, stimmt die Bereichsangabe für diesen Namen noch.
8. Bestätigen Sie die Eingabe mit der **Return**-Taste.

Vergebene Namen werden nicht automatisch auf dem Bildschirm angezeigt. Es besteht aber die Möglichkeit, die vorhandenen Namen mit Bereichsangabe einzusehen.

9. Wählen Sie den Befehl **Name** an, und betätigen Sie eine der Cursorsteuertasten. Sie können durch weiteres Betätigen der Cursorsteuertasten die einzelnen vergebenen Namen abrufen.
10. Denken Sie an Ihre Datensicherung *(Ü,S,A:Etat)*!

```
 -1      4      5      6      7      8      9     10     11     12     13     14     15
  1
  2
  3
  4
  5 März   April  Mai    Juni   Juli   Aug    Sept   Okt    Nov    Dez    Sum    Durch
  6 =====================================================================================
  7  146    150    150                                                    734    147
  8   46     48     48                                                    240     48
  9   18     14     16                                                     82     16
 10   42     40     34                                                    198     40
 11   32     34     34                                                    160     32
 12    1     .2      0                                                      5      1
 13
 14  285    288    282      0      0      0      0      0      0      0   1419    284
 15
 16   68     72     70                                                    348     70
 17
 18  217    216    212      0      0      0      0      0      0      0   1071    214

NAME: Namen eingeben: durchschnitt            Bereich: Z7:18S15
               Makro: Ja(Nein)     Tastenschlüssel:
Bitte einen Namen eingeben!
Z7S15        MITTELW(ZS(-13):ZS(-2))          100% frei      Multiplan: TEMP
```

Bild 4.19

4.1.12 Was Sie bisher erreicht haben!

Das erste Arbeitsblatt, auf dem die laufenden Kosten pro Monat von
Januar bis Mai eingetragen werden, ist nun fertiggestellt. Sie haben für
die durchschnittlich entstandenen Kosten, die sich in Spalte 15
errechnen, einen Namen vergeben. Diese Werte werden im nächsten
Arbeitsblatt zur Hochrechnung der Kosten über das ganze Jahr benötigt.

4.2 Das Verknüpfen von Arbeitsblättern

Sie werden nun das zweite Arbeitsblatt, das zur Berechnung der
Etatkontrolle notwendig ist, entwickeln. Da die Texte in Spalte 1 die
gleichen wie im ersten Arbeitsblatt sind, müssen sie nicht noch einmal
geschrieben werden, sondern können durch den Einsatz des Befehls **Xtern
Kopie** aus dem ersten Arbeitsblatt in das zweite kopiert werden. Auf
diesem Arbeitsblatt wird der Etat, der bis zum Jahresende zur Verfügung
steht, eingetragen; das geschieht in Spalte 2. Dann werden die
Durchschnittswerte der Kosten aus dem ersten Arbeitsblatt in die Spalte
6 kopiert. Diese Durchschnittswerte werden dann in der Spalte 3 mit 12
(für die 12 Monate des Jahres) multipliziert, um festzustellen, wie sich
die Kosten bis zum Jahresende entwickeln werden. In der Spalte 4
werden die hochgerechneteten Werte mit dem tatsächlich zur Verfügung
stehenden Etat verglichen, um feststellen zu können, wo sich
Abweichungen in der Kostenplanung ergeben. Diese entstehenden
Differenzen werden dann in der Spalte 4 als Prozentwert dargestellt, um
Ihnen die Übersicht zu erleichtern.

4.2.1 Das Multiplan-Lernziel:
Eingabe von Texten, Kopieren nach rechts

Aufgabe:
Das zweite Arbeitsblatt mit dem Namen: *Etatb* wird angelegt.

Ausführung:
1. Löschen Sie den Bildschirm mit der Befehlsfolge **Übertragen Bildschirmlöschen Gesamt:** *Ja* aus.
2. Positionieren Sie den Cursor auf Feld Z4S2, drücken Sie T für Text und geben Sie den Text: *Hochrechnung der Kosten über das ganze Jahr* ein.
3. Formatieren Sie den Text mit dem Befehl **Format Felder:** *Z4S2:6* **Formatcode: Zusammen** .
4. Geben Sie den Text aus Bild 4.21 in Zeile 7 und 8 der Spalten 2 bis 5 ein.
5. Geben Sie den Text *Angenommene Werte z. Jahresende* in Z7S3 ein.
6. Formatieren Sie den Text. Wählen Sie den Befehl **Format Felder:** *Z7S2:5* **Formatcode: Zusammen** ein.

Bild 4.20

7. Geben Sie die Unterstreichung in Zeile 9 ein mit Hilfe des Befehls **Wert:***Wiederholen("=";10")*.
8. Kopieren Sie die Unterstreichung **Kopie Rechts Anzahl Kopien:** *5*.
9. Bestätigen Sie mit der **Return-Taste**.
10. Formatieren Sie die Spalte 1 mit dem Befehl **Format Breite der_Spalten:** *20*.

Bei richtiger Eingabe sieht Ihr Bildschirm wie Bild 4.21 aus.

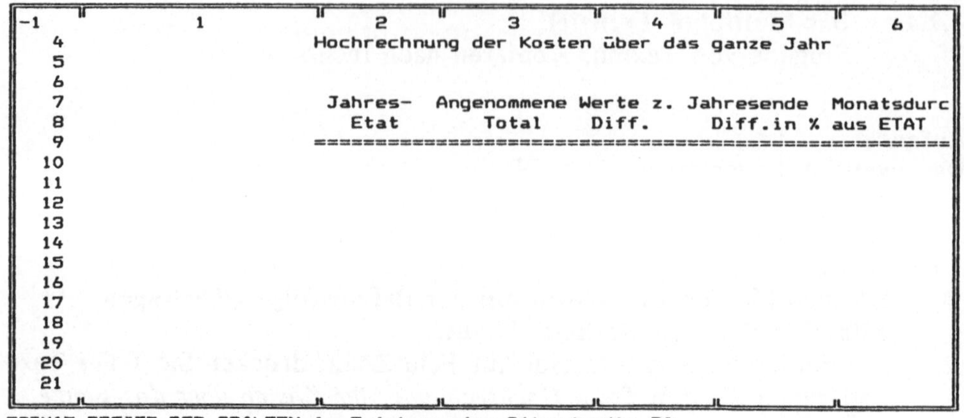

Bild 4.21

4.2.2. Das Multiplan-Lernziel:
Einfügen von Spalten und Xtern Kopie

Aufgabe:
Der nächste Schritt ist die Übernahme der Texttabelle des Arbeitsblattes Etat.
Es soll eine Spalte in das Atbeitsblatt Etatb eingefügt werden, in die mit Hilfe des Befehls **Xtern Kopie** ein Text aus dem Arbeitsblatt Etat kopiert wird.

Ausführung:
1. Positionieren Sie den Cursor auf Feld Z10S1.
2. Wählen Sie den Befehl **Xtern Kopie** aus.
3. Geben Sie für den Parameter **von Tabelle** den Dateinamen des alten Arbeitsblattes (hier *ETAT*) ein.
4. Springen Sie mit der **Tabulator**-Taste in den Unterbefehl **Bereichsname:**, und geben Sie dort den vergebenen Namen *text* ein.
5. Die vorgeschlagene Bereichsangabe **nach** kann übernommen werden.

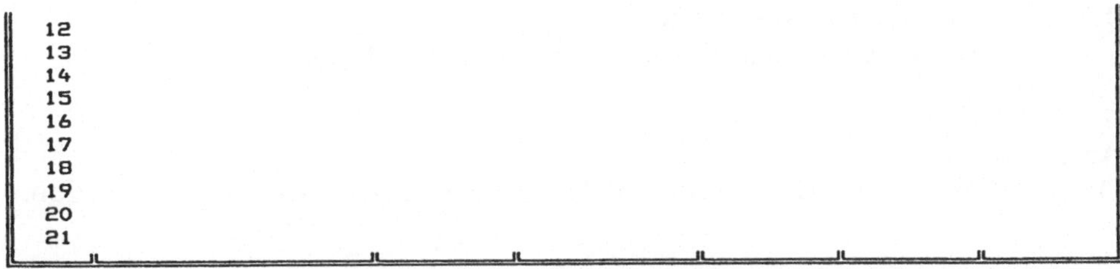

Bild 4.22

6. Bestätigen Sie die Eingabe mit der **Return**-Taste.
7. Setzen Sie den Cursor auf Z9S1.
8. Geben Sie die Unterstreichung mit dem Befehl **Wert**: *Wiederholen ("=";20)* in Z9S1 ein.
9. Speichern Sie das Arbeitsblatt unter *etatb*.

Anmerkung zu dem Befehl: Xtern Liste
Mit dem Befehl **Xtern Liste** können Sie einzelne Verbindungen von Tabellen, die unter **Xtern** abgespeichert worden sind, abrufen.

Wenn Sie die Eingaben richtig vorgenommen haben, erhalten Sie folgenden Bildschirmausdruck:

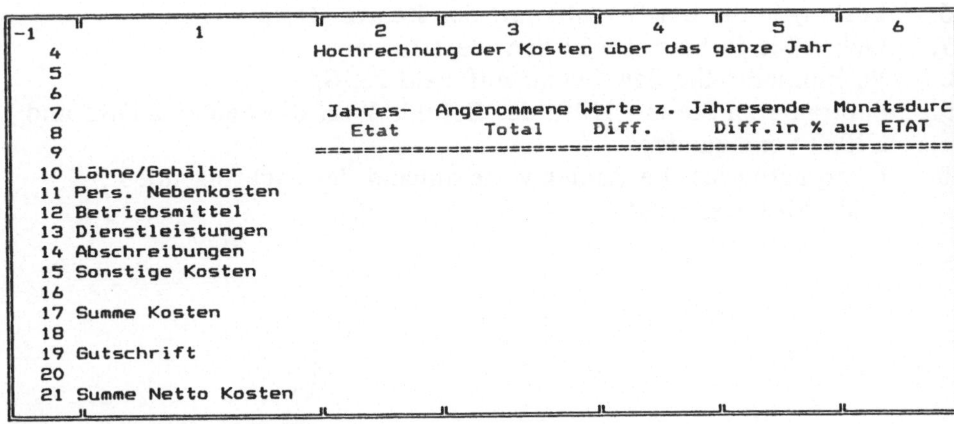

Bild 4.23

4.2.3 Das Multiplan-Lernziel:
Zahlenwerteingabe, Funktion SUMME (Liste)

Aufgabe:
Die Funktion SUMME (Liste) soll für eine Addition angewandt werden.

Ausführung:
2. Geben Sie die Zahlenwerte des Beispielausdrucks in Z10:15S2 ein.
3. Positionieren Sie den Cursor auf Feld Z17S2.
4. Wählen Sie den Befehl **Wert** an.
5. Geben Sie die Formel SUMME(Z(-7)S:Z(-2)S ein.

```
 14 Abschreibungen              379
 15 Sonstige Kosten              13
 16
 17 Summe Kosten
 18
 19 Gutschrift
 20
 21 Summe Netto Kosten

WERT: Summe(Z(-7)S:Z(-2)S)

Bitte eine Formel eingeben!
Z17S2                          100% frei     Multiplan: ETATB
```

Bild 4.24

6. Bestätigen Sie die Eingabe mit der **Return**-Taste.
7. Geben Sie in Feld Z19S2 den Wert *835* ein.
8. Positionieren Sie den Cursor auf Feld Z21S2.
9. Subtrahieren Sie mit Hilfe des Befehls **Wert** die Felder Z17S2 und Z19S2 voneinander.
10. Überprüfen Sie die Zahlenwerte anhand des nachfolgenden Bildschirmausdrucks.

Bei richtiger Eingabe erhalten Sie folgenden Bildschirmausdruck:

```
 -1        1         2        3        4        5        6
   4              Hochrechnung der Kosten über das ganze Jahr
   5
   6
   7              Jahres-  Angenommene Werte z. Jahresende  Monatsdurc
   8              Etat     Total    Diff.     Diff.in % aus ETAT
   9              ===================================================
  10 Löhne/Gehälter    1700
  11 Pers. Nebenkosten  578
  12 Betriebsmittel     201
  13 Dienstleistungen   500
  14 Abschreibungen     379
  15 Sonstige Kosten     13
  16
  17 Summe Kosten      3371
  18
  19 Gutschrift         835
  20
  21 Summe Netto Kosten 2536
```

```
WERT: Z(-4)S-Z(-2)S

Bitte eine Formel eingeben!
Z19S2     835                   100% frei      Multiplan: ETATB
```

Bild 4.25

4.2.4   Das Multiplan-Lernziel:
Textformatierung und **Xtern Kopie**

Aufgabe:
Es soll der Befehl **Xtern Kopie** durchgeführt werden, um die errechneten
Durchschnittswerte aus dem Arbeitsblatt Etat zu erhalten

Ausführung:
1. Setzen Sie den Cursor auf Z7S7
1. Geben Sie die Texte in Z7:8S6:7 ein.
2. Formatieren Sie das Wort *Monatsdurchschnitt* mit dem Befehl **Format Felder Formatcode Zusammen, Bereichsangabe:** Z7S6:7.
3. Positionieren Sie den Cursor auf Feld Z10S6.
4. Wählen Sie den Befehl **Xtern Kopie** aus.
5. Geben Sie für den Parameter **von Tabelle:** den Dateinamen des vorherigen Arbeitsblattes (z.B. *etat*) ein.
6. Geben Sie bei **Bereichsname:** den vergebenen Namen *durchschnitt* ein, die Bereichsangabe **nach:** kann bestehen bleiben, der Unterbefehl **verbunden:** muß auf **Ja** stehen.

```
 12      201
 13      500
 14      379
 15       13
 16
 17     3371
 18
 19      835
 20
 21     2536
```

```
XTERN KOPIE von Tabelle: etat          Bereichsname: durchschnitt
                nach: Z10S6                  verbunden:(Ja)Nein
Geben Sie bitte einen Namen der externen Tabelle ein!
Z10S6                                   100% frei     Multiplan: ETATB
```

Bild 4.26

Verbunden: Ja bedeutet, daß der Bereich, der in dieses Arbeitsblatt
kopiert werden soll, bei jeder **Xtern Kopie** aktualisiert wird. D.h.
jedesmal, wenn Sie in dem vorherigen Arbeitsblatt eine Änderung
vornehmen, wird sie in dieses Arbeitsblatt übertragen.

7.   Bestätigen Sie die Eingabe mit der **Return**-Taste.

Bei richtiger Eingabe erhalten Sie den Bildschirmausdruck 4.27.

```
-1      2        3        4        5        6       7        8
  4 Hochrechnung der Kosten über das ganze Jahr
  5
  6
  7 Jahres-  Angenommene Werte z. Jahresende  Monatsdurchschnitt
  8   Etat       Total    Diff.      Diff.in % aus ETAT
  9 =====================================================================
 10   1700                                    146,8
 11    578                                     48
 12    201                                     16,4
 13    500                                     39,6
 14    379                                     32
 15     13                                      1
 16
 17   3371                                    283,8
 18
 19    835                                     69,6
 20
 21   2536                                    214,2
```

```
BEFEHL: Text Ausschnitt Bewegen Druck Einfügen Format Gehezu Hilfe Kopie Löschen
 Name Ordnen Pfad Quitt Radieren Schutz Übertragen Verändern Wert Xtern Zusätze
Wählen Sie bitte eine Option oder geben Sie deren Anfangsbuchstaben ein!
Z10S6      (etat  durchschnitt)           100% frei     Multiplan: ETATB
```

Bild 4.27

Sie haben die Werte für den zur Verfügung stehenden Jahresgesamtetat eingetragen. Anschließend haben Sie zwei externe Kopien durchgeführt. Die externen Kopien wurde durchgeführt, um die Texte unddie Durchschnittswerte aus dem ersten Arbeitsblatt zu übernehmen. Diese Kopie mußte verbunden durchgeführt werden, da Änderungen, die im Arbeitsblatt Etat durchgeführt werden, in das zweite Arbeitsblatt übernommen werden sollen.

4.3   Vorbereitung einer Kostenüberprüfung

Sie haben die durchschnittlichen Werte für die monatlichen Kosten aus dem ersten Abschnitt kopiert und können nun damit eine Berechnung erstellen.
Es soll mit Hilfe der monatlichen Durchschnittwerte festgestellt werden, wie sich die Kostensituation entwickelt. Sie multiplizieren also die einzelnen monatlichen Durchschnittswerte mit 12 und erhalten somit eine Hochrechnung über das ganze Jahr.

4.3.1   Das Multiplan-Lernziel:
Formatieren von Zahlenwerten, Vergabe von Namen, Eingabe einer Formel zur Multiplikation, Kopieren von Formeln

Aufgabe:
Ein Bereichsname wird vergeben, mit dem eine Multiplikation durchgeführt wird. Die Formel dieser Multiplikation wird kopiert.

Ausführung:
1. Positionieren Sie den Cursor auf Feld Z10S6.
2. Wählen Sie den Befehl **Format Felder** aus.
3. Geben Sie in der Bereichsangabe Z10:21S2:6 an, und springen Sie mit der **Tabulator**-Taste auf den **Formatcode Ganz**.
4. Bestätigen Sie die Eingabe mit der **Return**-Taste.
5. Vergeben Sie für den gleichen Bereich:Z10:21S6 den Namen *mittel*.
6. Wählen Sie den Befehl **Name** an, schreiben Sie das Wort *mittel* und springen Sie in die **Bereichsangabe**, geben Sie einen *Doppelpunkt* ein und fahren Sie mit dem Cursor bis in Zeile 21.

```
14       379                                              32
15        13                                               1
16
17      3371                                             284
18
19       835                                              70
20
21      2536                                             214
```

```
NAME: Namen eingeben: mittel              Bereich: Z10S6:Z21S6
           Makro: Ja(Nein)      Tastenschlüssel:
Geben Sie bitte die Position eines Felds oder Tabellenbereichs ein!
Z21S6      (etat  durchschnitt)          100% frei      Multiplan: ETATB
```

Bild 4.28

7.   Bestätigen Sie die Eingabe mit der **Return**-Taste.
8.   Positionieren Sie den Cursor auf Feld Z10S3.
9.   Wählen Sie den Befehl **Wert** an und geben Sie die Formel **12*mittel**
     ein (vgl. Bild 4.29).

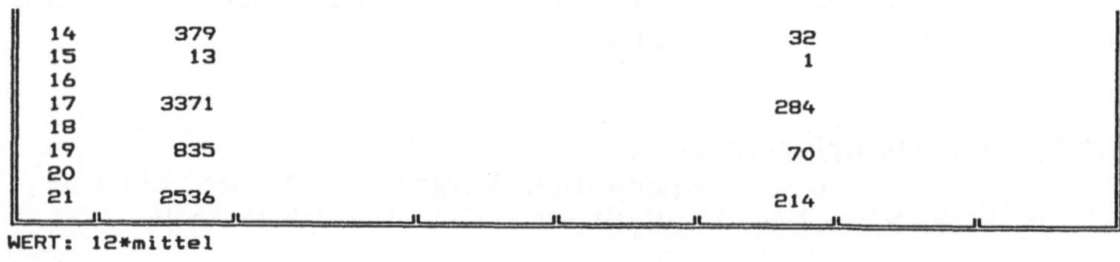

```
14       379                                              32
15        13                                               1
16
17      3371                                             284
18
19       835                                              70
20
21      2536                                             214
```

```
WERT:  12*mittel

Bitte eine Formel eingeben!
Z10S3                              100% frei      Multiplan: ETATB
```

Bild 4.29

Indem Sie den errechneten Monatsdurchschnitt mit 12 multiplizieren,
ermitteln Sie rechnerisch den durchschnittlichen Wert für das ganze Jahr.

10.   Kopieren Sie die Formel bis in Zeile 21 nach unten.
11.   Wählen Sie den Befehl **Kopie Nach Unten Anzahl der Kopien** an,
      und geben Sie die Zahl *11* ein.
12.   Bestätigen Sie die Eingabe mit der **Return**-Taste.

Die überflüssigen Felder in Zeilen 16,18 und 20 können Sie mit dem
Befehl **Radieren** entfernen.

13   Positionieren Sie den Cursor auf Feld Z16S3.
14.   Wählen Sie den Befehl **Radieren.**

110

```
| 12 | 201  | 197  |     | 16  |
| 13 | 500  | 475  |     | 40  |
| 14 | 379  | 384  |     | 32  |
| 15 | 13   | 12   |     | 1   |
| 16 |      | 0    |     |     |
| 17 | 3371 | 3406 |     | 284 |
| 18 |      | 0    |     |     |
| 19 | 835  | 835  |     | 70  |
| 20 |      | 0    |     |     |
| 21 | 2536 | 2570 |     | 214 |

RADIEREN Felder: Z16S3

Geben Sie bitte die Position eines Felds oder Tabellenbereichs ein!
Z16S3      12*mittel                       100% frei      Multiplan: ETATB
```

Bild 4.30

15. Bestätigen Sie die Eingabe mit der **Return-Taste**.
16. Verfahren Sie mit den anderen Feldern genauso.

Wenn Sie die Eingaben richtig vorgenommen haben, sieht Ihr Bildschirm, wie dies Bild 4.31 zeigt, aus:

```
-1      2          3          4          5          6       7          8
    4 Hochrechnung der Kosten über das ganze Jahr
    5
    6
    7  Jahres   Angenommene Werte z. Jahresende  Monatsdurchschnitt
    8  Etat       Total   Diff.      Diff.in % aus ETAT
    9 ==================================================================
   10  1700       1762                             147
   11   578        576                              48
   12   201        197                              16
   13   500        475                              40
   14   379        384                              32
   15    13         12                               1
   16
   17  3371       3406                             284
   18
   19   835        835                              70
   20
   21  2536       2570                             214

BEFEHL: Text Ausschnitt Bewegen Druck Einfügen Format Gehezu Hilfe Kopie Löschen
  Name Ordnen Pfad Quitt Radieren Schutz übertragen Verändern Wert Xtern Zusätze
Wählen Sie bitte eine Option oder geben Sie deren Anfangsbuchstaben ein!
Z20S3                                     100% frei      Multiplan: ETATB
```

Bild 4.31

4.3.2   Zwischenergebnis

Nachdem Sie die Hochrechnung der Kosten für das ganze Jahr durchgeführt haben, muß ein Vergleich zwischen dem tatsächlich zur Verfügung stehenden Etat und den voraussichtlich zu erwartenden Kosten gezogen werden. Die Differenz wird ermittelt, indem Sie die zu

erwartenden Gesamtkosten (Angenommene Total) von den tatsächlich zur
Verfügung stehenden Geldmitteln (=Jahresetat) abziehen. Zeigt die so
ermittelte Differenz in Spalte 4 Minuswerte an, wird der zur Verfügung
stehende Etat überschritten. Zur besseren Übersicht werden die
ermittelten Differenzen in der Spalte 5 als Prozentangaben dargestellt.

4.3.3 Das Multiplan-Lernziel:
Formelkopie und das Formatieren von Zahlenwerten

Aufgabe:
Es wird eine Subtraktion durchgeführt, deren Formelinhalt kopiert wird.
Beim Kopieren werden leere Felder mit übertragen, die anschließend
radiert werden können.

Ausführung:
1. Positionieren Sie den Cursor auf Feld Z10S4.
2. Wählen Sie den Befehl **Wert** an.
3. Fahren Sie mit dem Cursor auf die *Z10S2* ("1700"), drücken Sie das
    Subtraktionszeichen (-).
4. Fahren Sie mit dem Cursor auf das Feld Z10S4 *("1762")*.

```
 14        379         384                              32
 15         13          12                               1
 16
 17       3371        3406                             284
 18
 19        835         835                              70
 20
 21       2536        2570                             214

WERT: ZS(-2)-ZS(-1)

Bitte eine Formel eingeben!
Z10S3       12*mittel                  100% frei       Multiplan: ETATB
```

Bild 4.32

5. Bestätigen Sie die Eingabe mit der **Return**-Taste.
6. Kopieren Sie die Formel bis in Zeile 21 nach unten.
7. Benutzen Sie dazu den Befehl **Kopie nach Unten Anzahl:** *11*.
8. Bestätigen Sie die Eingabe mit der **Return**-Taste.
9. **Radieren** Sie die überflüssigen Felder in Zeile 16,18 und 20.

Wenn Sie die Eingaben richtig vorgenommen haben, entspricht Ihr
Bildschirm Bild 4.33.

```
 -1      2         3          4         5         6        7        8
    4 Hochrechnung der Kosten über das ganze Jahr
    5
    6
    7  Jahres-  Angenommene Werte z. Jahresende  Monatsdurchschnitt
    8   Etat         Total    Diff.     Diff.in % aus ETAT
    9 ==================================================================
   10    1700        1762     -62                   147
   11     578         576       2                    48
   12     201         197       4                    16
   13     500         475      25                    40
   14     379         384      -5                    32
   15      13          12       1                     1
   16
   17    3371        3406     -35                   284
   18
   19     835         835       0                    70
   20
   21    2536        2570     -34                   214

KOPIE NACH_UNTEN Anzahl Kopien: 11    Beginn bei: Z10S4

Bitte eine Zahl eingeben!
Z10S4      ZS(-2)-ZS(-1)              100% frei     Multiplan: ETATB
```

Bild 4.33

4.3.4   Das Multiplan-Lernziel:
Divisionsformel und Kopierformel

Aufgabe:

Es soll eine Division durchgeführt werden, deren Ergebnis entsprechend formatiert wird. Außerdem wird die Formel kopiert.

Ausführung:

1. Positionieren Sie den Cursor auf Feld Z10S5.
2. Wählen Sie den Befehl **Wert** an.
3. Fahren Sie mit dem Cursor auf die Z10S4 , geben Sie das *Divisionszeichen* (/) ein.
4. Fahren Sie mit dem Cursor auf das Feld Z10S2 . Geben Sie anschließend ein *Prozentzeichen* (%) ein.

```
   12     201         197       4                    16
   13     500         475      25                    40
   14     379         384      -5                    32
   15      13          12       1                     1
   16
   17    3371        3406     -35                   284
   18
   19     835         835       0                    70
   20
   21    2536        2570     -34                   214

WERT: ZS(-1)/ZS(-3)%

Bitte eine Formel eingeben!
Z10S5                                100% frei     Multiplan: ETATB
```

Bild 4.34

5.   Bestätigen Sie die Eingabe mit der **Return**-Taste.
6.   Kopieren Sie die Formel *11* mal nach unten.
7.   Radieren Sie die Fehlermeldungen **DIV/0!** in Ihrem Arbeitsblatt aus.
8.   Formatieren Sie die Zahlenwerte als **Fest** mit 2 Dezimalstellen.
9.   Ändern Sie in Spalte 5 die Formatierung. Wählen Sie den Befehl **Format Felder**, geben Sie die **Bereichsangabe:** Z10:21S5 ein, wählen Sie den **Formatcode Fest**, und geben Sie *zwei* **Dez-Stellen** ein.
10. Radieren Sie Z16S5, Z18S5 und Z220S5.

Bei richtiger Eingabe erhalten Sie den Bildschirmausdruck Bild 4.35.

```
-1    2         3          4       5        6      7      8
 4 Hochrechnung der Kosten über das ganze Jahr
 5
 6
 7 Jahres-   Angenommene Werte z. Jahresende  Monatsdurchschnitt
 8   Etat        Total     Diff.     Diff.in % aus ETAT
 9 ===============================================================
10    1700        1762       -62     -3,62       147
11     578         576         2      0,35        48
12     201         197         4      2,09        16
13     500         475        25      4,96        40
14     379         384        -5     -1,32        32
15      13          12         1      7,69         1
16
17    3371        3406       -35     -1,03       284
18
19     835         835         0     -0,02        70
20
21    2536        2570       -34     -1,36       214

FORMAT Felder: Z10S5:Z21S5           Ausrichtung:(Stnd)Mitte Norm Links Rechts -
 Formatcode: Stnd Zusammen E_Form(Fest)Norm Ganz Währung * % -   Dez_Stellen: 2
Geben Sie bitte die Position eines Felds oder Tabellenbereichs ein!
Z21S5     ZS(-1)/ZS(-3)%                100% frei      Multiplan: ETATB
```

Bild 4.35

4.3.5   Was Sie bisher erreicht haben!

Sie haben beide Arbeitsblätter Etat und Etatb fertiggestellt. Die beiden Arbeitsblätter stehen durch eine xtern Kopie miteinander in Verbindung. Sobald also ein Wert in der Datei Etat verändert wird, schlägt sich dies in der Datei Etatb nieder. Die beiden Arbeitsblätter bleiben solange miteinander verbunden, bis Sie die Bereichsangabe innerhalb des Befehls xtern Kopie löschen. Eine externe Kopie kann also nur durch eine ganz bestimmte Befehlsfolge, die im folgenden noch erläutert wird, aufgelöst werden.

Warum soll nun eine externe Kopie aufgelöst werden? Wie Sie bei der weiteren Bearbeitung des Arbeitsblattes Etatb bemerken werden, können Sie die durch eine verbundene externe Kopie kopierten Werte nicht radieren.
Auf diesen Werten liegt ein Schutz, als hätten Sie die Befehlsfolge Format Felder (Geschützt) durchgeführt. Wenn Sie also nun Ihr zweites Arbeitsblatt in eine andere Form bringen wollen, können Sie die kopierten Werte nicht radieren. Die einzige Möglichkeit, diese Werte zu radieren ist, die externe Kopie aufzulösen.

4.3.6   Das Multiplan-Lernziel:
Schützen der Felder mit Formelinhalt

Aufgabe:
Bisher haben Sie die Formeln in diesem Arbeitsblatt noch nicht vor dem Überschreiben geschützt. Um festzustellen, welche Felder mit Formeln belegt sind, wandern Sie mit dem Cursor Spalte für Spalte durch die Zeile 10.

Ausführung:
1.   Positionieren Sie den Cursor auf Feld Z10S2. Beobachten Sie dabei die linke untere Ecke Ihres Bildschirmes; dort steht die Zahl *1700*.
2.   Positionieren Sie den Cursor auf Feld Z10S3. In der unteren linken Ecke taucht die Formel **12*mittel** auf.
3.   Fahren Sie mit dem Cursor in die Spalten 4 und 5, und sehen Sie sich die Felder mit den Formeleintragungen genau an.
4.   Sie haben sicher festgestellt, daß sich in den Feldern 3,4 und 5 Formeln befinden, die Sie sichern müssen.
5.   Wählen Sie den Befehl **Schutz Felder** an, geben Sie in der **Bereichsangabe** Z10:21S3:5 an, setzen Sie den **Status** auf **Geschützt**.

```
 9 ===================================================================
10      1700            1762         -62      -3,62         147
11       578             576           2       0,35          48
12       201             197           4       2,09          16
13       500             475          25       4,96          40
14       379             384          -5      -1,32          32
15        13              12           1       7,69           1
16
17      3371            3406         -35      -1,03         284
18
19       835             835           0      -0,02          70
20
21      2536            2570         -34      -1,36         214

SCHUTZ Felder: Z10S3:Z21S5        Status:(Geschützt)Ungeschützt

Geben Sie bitte die Position eines Felds oder Tabellenbereichs ein!
Z10S3     12*mittel                          100% frei     Multiplan: ETATB
```

Bild 4.36

6. Bestätigen Sie die Eingabe mit der **Return**-Taste.
7. Positionieren Sie den Cursor auf Feld Z10S3, und versuchen Sie, die Taste **T** für **Text** zu drücken.
8. Der Computer meldet sich mit einem akustischen Signal, und es erscheint auf der unteren linken Seite des Bildschirms die Anzeige:

Geschützte Felder dürfen nicht geändert werden.

9. Positionieren Sie den Cursor auf Feld Z10S6. Dieses Feld ist nicht von Ihnen geschützt worden, es ist aber durch **die Xtern Kopie** automatisch geschützt worden. Versuchen Sie, eine Eintragung in diesem Feld vorzunehmen.
10. Drücken Sie die Taste **T** für **Text**. Sie sehen, daß auch hier unten links die Bildschirmanzeige erscheint:

Geschützte Felder dürfen nicht geändert werden.

Wenn Sie die Eingabe richtig durchgeführt haben, erhalten sie Bildschirmausdruck 4.37.

```
-1     ‖    2    ‖     3    ‖    4   ‖    5   ‖    6    ‖    7    ‖    8
    4 Hochrechnung der Kosten über das ganze Jahr
    5
    6
    7 Jahres-   Angenommene Werte z. Jahresende  Monatsdurchschnitt
    8   Etat       Total    Diff.      Diff.in % aus ETAT
    9 ====================================================================
   10    1700       1762      -62     -3,62       147
   11     578        576        2      0,35        48
   12     201        197        4      2,09        16
   13     500        475       25      4,96        40
   14     379        384       -5     -1,32        32
   15      13         12        1      7,69         1
   16
   17    3371       3406      -35     -1,03       284
   18
   19     835        835        0     -0,02        70
   20
   21    2536       2570      -34     -1,36       214
BEFEHL: Text Ausschnitt Bewegen Druck Einfügen Format Gehezu Hilfe Kopie Löschen
  Name Ordnen Pfad Quitt Radieren Schutz Übertragen Verändern Wert Xtern Zusätze
Geschützte Felder dürfen nicht geändert werden: : Z10S6
Z10S6     (etat  durchschnitt)            100% frei      Multiplan: ETATB
```

Bild 4.37

Den Schutz für die Spalten 3 bis 5 können Sie ohne weiteres wieder aufheben, indem Sie in den Befehl **Schutz Felder** gehen, die Bereichsangabe vornehmen und den **Status** auf **Ungeschützt** festlegen. Versuchen Sie dies nun mit den Feldern Z10:21S6.
11. Positionieren Sie den Cursor auf Feld Z10S6.

12. Wählen Sie den Befehl **Schutz Felder**, und bringen Sie den **Status**
     auf **Ungeschützt**.
13. Bestätigen Sie die Eingabe mit der **Return-Taste**.

Das System meldet sich erneut mit einem akustischem Signal und zeigt in
der unteren linken Ecke des Bildschirms die Anzeige:

Feld wurde durch Xern Kopie geschützt.

Sie können also den Schutz von Feldern, die durch **Xtern Kopie** in ein
Arbeitsblatt übertragen worden sind, nicht aufheben. Diese Felder
werden nur dann geändert, wenn in dem Arbeitsblatt, aus dem sie
kopiert worden sind, Eintragungen vorgenommen werden. Im aktuellen
Arbeitsblatt können Sie diese Felder nicht radieren.

4.3.7 Das Multiplan-Lernziel:
Auflösen von **Xternen Kopien**

Aufgabe:
Wenn sie die Verbindung zwischen den Arbeitsblättern aufheben wollen,
müssen Sie die Bereichsangabe im Befehl **Xtern Kopie** löschen.

Ausführung:
1. Positionieren Sie den Cursor auf Feld Z10S6.
2. Wählen Sie den Befehl **Xtern Kopie** an. Der Tabellenname ist bereits
    eingetragen.
3. Sie müssen den Bereichsnamen *durchschnitt* noch einmal eintragen.
4. Springen Sie weiter in die Bereichsangabe, betätigen Sie die
    Löschtaste einmal und löschen Sie die Bereichsangabe aus dem
    Befehlsmenü heraus.

```
 14        379          384         -5      -1,32         32
 15         13           12          1       7,69          1
 16
 17       3371         3406        -35      -1,03        284
 18
 19        835          835          0      -0,02         70
 20
 21       2536         2570        -34      -1,36        214

XTERN KOPIE von Tabelle: etat          Bereichsname: durchschnitt
                   nach:                    verbunden:(Ja)Nein
Geben Sie bitte die Position eines Felds oder Tabellenbereichs ein!
Z10S6     (etat  durchschnitt)           100% frei     Multiplan: ETATB
```

Bild 4.38

5.   Bestätigen Sie die Eingabe mit der **Return**-Taste.
6.   Der Befehl **Xtern Kopie** wird aufgehoben und der Inhalt von
     Z10:21S6 gelöscht.

Versuchen Sie nicht, einen mit **Xtern Kopie** in das Arbeitsblatt
übertragenen Bereich mit dem Befehl **löschen** aus dem Arbeitsblatt
herauszunehmen, da ansonsten sämtliche Abhängigkeiten auf dem Arbeitsblatt durcheinandergebracht werden.

Bei richtiger Eingabe erhalten Sie den Bildschirmausdruck von Bild 4.39.

```
-1        2         3         4         5         6         7         8
      4 Hochrechnung der Kosten über das ganze Jahr
      5
      6
      7 Jahres-   Angenommene Werte z. Jahresende  Monatsdurchschnitt
      8   Etat        Total     Diff.      Diff.in % aus ETAT
      9 ===========================================================
     10    1700         0       1700      100,00
     11     578         0        578      100,00
     12     201         0        201      100,00
     13     500         0        500      100,00
     14     379         0        379      100,00
     15      13         0         13      100,00
     16
     17    3371         0       3371      100,00
     18
     19     835         0        835      100,00
     20
     21    2536         0       2536      100,00

BEFEHL: Text Ausschnitt Bewegen Druck Einfügen Format Gehezu Hilfe Kopie Löschen
  Name Ordnen Pfad Quitt Radieren Schutz übertragen Verändern Wert Xtern Zusätze
Wählen Sie bitte eine Option oder geben Sie deren Anfangsbuchstaben ein!
Z10S6                               100% frei       Multiplan: ETATB
```

Bild 4.39

4.3.8   Das Multiplan-Lernziel:
Einsatz des Befehls **Xtern Kopie**

Aufgabe:
Das Problem, ob eine verbundene oder eine unverbundene Kopie
durchgeführt werden soll, ist zu klären.

Ausführung:
1.   Positionieren Sie den Cursor auf Feld Z10S6.
2.   Wählen Sie den Befehl **Xtern Kopie** aus.
3.   Der **Tabellenname** ist *Etat*.
4.   Geben Sie bei **Bereichsname:** *durchschnitt* ein.
5.   Die **Bereichsangabe** und **Verbunden: Ja** bleibt bestehen.
6.   Bestätigen Sie die Eingabe mit der **Return**-Taste.
7.   Speichern Sie das Arbeitsblatt ab.

118

Auf diesem Arbeitsblatt haben Sie zwei **Xtern Kopien** durchgeführt, eine, um sich das erneute Schreiben der Texte zu ersparen, und eine weitere Kopie, um Zahlenwerte für die weiteren Berechnungen zu erhalten.
Bei Texteingaben, bei denen keine Veränderungen vorgenommen werden, besteht die Möglichkeit einer unverbundenen Xternen Kopie. Zahlenwerte unterliegen jedoch monatlichen Änderungen und müssen daher ständig aktualisiert werden. Bei jedem Laden des Arbeitsblattes *Hochrechnung der Kosten* werden die neuen Werte aus dem Arbeitsblatt *Überprüfung des Etats* übernommen, da die Arbeitsblätter miteinander verbunden sind.
Bei der Frage **Xtern Kopie verbunden oder unverbunden?** kommt es also darauf an, ob wir Texte oder Werte nur **einmal** benötigen (**Xtern Kopie unverbunden**), oder ob wir jeweils die aktuellen Werte aus einem anderen Arbeitsblatt brauchen (**Xtern Kopie verbunden**).

Ihr Bildschirmausdruck sollte Bild 4.40 entsprechen.

```
-1  ‖    2    ‖    3    ‖    4   ‖    5    ‖   6    ‖   7    ‖    8
   4 Hochrechnung der Kosten über das ganze Jahr
   5
   6
   7  Jahres-  Angenommene Werte z. Jahresende  Monatsdurchschnitt
   8   Etat       Total    Diff.     Diff.in % aus Etat
   9 ============================================================
  10    1700      1762      -62     -3,62          147
  11     578       576        2      0,35           48
  12     201       197        4      2,09           16
  13     500       475       25      4,96           40
  14     379       384       -5     -1,32           32
  15      13        12        1      7,69            1
  16
  17    3371      3406      -35     -1,03          284
  18
  19     835       835        0     -0,02           70
  20
  21    2536      2570      -34     -1,36          214

XTERN KOPIE von Tabelle: etat          Bereichsname: durchschnitt
                  nach: Z10S6               verbunden:(Ja)Nein
Geben Sie bitte einen Namen der externen Tabelle ein!
Z10S6  '  (etat  durchschnitt)          100% frei    Multiplan: ETATB
```

Bild 4.40

4.3.9   Anmerkung zur absoluten und relativen Positionsangabe

Es bestehen zwei Möglichkeiten, Bereichsangaben vorzunehmen. Sehen Sie sich als Beispiel das Bild 4.41 an.
Sie haben für einen bestimmten Bereich der Spalte 1 den Namen **text** vergeben, und zwar mit der

absoluten Positionsangabe: (Z7:18S1)

Die Angabe Zn:mSn bezeichnet die Zeilen n bis m in der Spalte n.
Sie können die gleiche Eingabe durch Verwendung der Cursorsteuertasten
erreichen: Z7S1:Z18S1 oder ZnSm:ZnSm.
Das heißt also, die Angabe:

ZnSm	z.B. Z2S3	bezeichnet ein einzelnes Feld
Zn	z.B. Z2	bezeichnet eine einzige Zeile
Sn	z.B. S2	bezeichnet eine einzelne Spalte
Zn:m	z.B. Z2:4	bezeichnet alle Zeilen von 2 bis 4
Sn:m	z.B. S2:4	bezeichnet alle Spalten von 2 bis 4

Bei richtiger Eingabe erhalten Sie Bild 4.41.

```
 -1          1              2    3    4    5    6    7    8    9
  1 Überprüfung des Etats
  2 ==========================
  3
  4
  5                        Jan  Feb  März April Mai Juni Juli Aug
  6 ============================================================
  7 Löhne/Gehälter         144  144  146  150  150
  8 Pers. Nebenkosten       50   48   46   48   48
  9 Betriebsmittel          16   18   18   14   16
 10 Dienstleistungen        42   40   42   40   34
 11 Abschreibungen          30   30   32   34   34
 12 Sonstige Kosten          2    0    1    2    0
 13
 14 Summe Kosten           284  280  285  288  282    0    0    0
 15
 16 Gutschrift              70   68   68   72   70
 17
 18 Summe Netto Kosten     214  212  217  216  212    0    0    0

NAME: Namen eingeben: text                    Bereich: Z7:18S1
               Makro: Ja(Nein)    Tastenschlüssel:
Geben Sie bitte die Position eines Felds oder Tabellenbereichs ein!
Z7S1       "Löhne/Gehälter"              100% frei      Multiplan: ETAT
```

Bild 4.41

Relative Positionsangabe:

Die relative Positionsangabe wird z.B. bei der Funktion SUMME (Liste)
verwendet. Bei der relativen Positionsangabe bestimmen Sie, welches Feld
in einem bestimmten Abstand von dem Feld, in dem die Formel
eingerichtet wird, angesprochen werden soll. Sehen Sie sich als Beispiel
in der Datei **Etat** Feld Z14S3   SUMME (Z(-7)S:(-2)S) an.

Z(-n) z.B. Z(-1)	eine Zeile über dem aktiven Feld
Z(+n) z.B. Z(+1)	eine Zeile unter dem aktiven Feld
ZS(-n)	z.B. ZS(-1) ein Feld links vom aktiven
Feld	
ZS(+n)	z.B. ZS(+1) ein Feld rechts vom aktiven
Feld	

120

Bei richtiger Eingabe erhalten Sie Bild 4.42

```
-1          1              2   3   4    5    6    7    8    9
 1 Überprüfung des Etats
 2 =========================
 3
 4
 5                       Jan  Feb  März April  Mai  Juni Juli  Aug
 6 =================================================================
 7 Löhne/Gehälter        144  144  146  150   150
 8 Pers. Nebenkosten      50   48   46   48    48
 9 Betriebsmittel         16   18   18   14    16
10 Dienstleistungen       42   40   42   40    34
11 Abschreibungen         30   30   32   34    34
12 Sonstige Kosten         2    0    1    2     0
13
14 Summe Kosten          284  280  285  288   282    0    0    0
15
16 Gutschrift             70   68   68   72    70
17
18 Summe Netto Kosten    214  212  217  216   212    0    0    0

BEFEHL: Text Ausschnitt Bewegen Druck Einfügen Format Gehezu Hilfe Kopie Löschen
  Name Ordnen Pfad Quitt Radieren Schutz Übertragen Verändern Wert Xtern Zusätze
Wählen Sie bitte eine Option oder geben Sie deren Anfangsbuchstaben ein!
Z14S6      SUMME(Z(-7)S:Z(-2)S)          100% frei      Multiplan: ETAT
```

Bild 4.42

4.4. Zusätze

Es besteht die Möglichkeit, mit Hilfe der Zusatzbefehle einige
Veränderungen innerhalb des Arbeitsblattes und bei der Berechnung
vorzunehmen.

1. **Sofort Rechnen**
    Ihr Arbeitsblatt ist so aufgebaut, daß bei einer Änderung der ein-
    zelnen Zahlenwerte sofort eine Berechnung stattfindet und Sie er-
    kennen können, wie die Auswirkungen auf die restlichen Felder ist.
    Durch den Befehl **Zusätze: Sofort Rechnen** besteht die Möglichkeit,
    daß Sie die neuen Zahlen nur dann auf dem Bildschirm sehen, wenn
    Sie die Funktionstaste für Neuberechnen (F4) betätigen, oder bei
    Sofort Rechnen: *nein* bestätigen. Dieser Befehl ist wichtig, wenn Sie
    eine sehr umfangreiche Tabelle erstellt haben, da alle Rechnungen
    bei jeder neuen Eingabe erfolgen. Eine Änderung von einzelnen
    Zahlen bei der Neuberechnung dauert relativ lange. Bei dem Befehl
    Zusätze Sofort Rechnen: *nein* können Sie die zu ändernden Zahlen
    nacheinander eintragen. Sie sind in der Lage, Ihre Eingaben schneller
    zu ändern, da Sie nicht mehr bei jeder Neueingabe warten müssen.

2. **Warnton aus**
Mit diesem Befehl können Sie den Warnton Ihres Computers ausstellen.

3. **Iteration**
Zu dem Befehle Iteration und Endkriterium lesen Sie bitte die entsprechenden Abschnitte.

4. **Text/Wert-Modus**
Wenn Sie den Befehl Text/Wert-Modus auf *Ja* stellen, müssen Sie bei jeder Eingabe, die Sie in ihrer Tabelle machen, feststellen, ob es sich um eine Text- oder Werteingabe handelt.
Es erscheint automatisch statt des Befehlsmenüs der Text/Wert-Modus auf dem Bildschirm.

5. **Merke**
Sie sind mit diesem Befehl in der Lage, Eingaben vorzunehmen, ohne jedesmal die Cursortaste betätigen zu müssen. Es ist erforderlich, daß der letzte Befehl mit einer Richtungscursorsteuer-Taste beendet worden ist. Ihr Cursor springt nach Betätigen der **Return**-Taste automatisch in das nächste Feld.

4.5 Übung II

Versuchen Sie, anhand der beiden Ausdrucke zwei unterschiedliche Arbeitsblätter zu erstellen. Erstellen sie zuerst das Arbeitsblatt **Wareneingang**, und vergeben Sie in diesem Arbeitsblatt für den Bereich Z10:18S3:7 den Namen *kopie*. Dieser Bereich soll später in das zweite Arbeitsblatt übernommen werden. Geben Sie in Feld Z10S7 die Formel zur Berechnung des Rechnungsbetrages (netto) ein, und kopieren Sie die Formel bis in Zeile 18 nach unten. Speichern Sie das erste Arbeitsblatt mit dem Namen *Wareneingang*. Löschen Sie nun Ihren Bildschirm.
Für das Arbeitsblatt **Optimale Bestellung** benötigen Sie die folgenden Formeln:

1. In Spalte 9 werden die variablen Kosten und die Fixkosten addiert, d.h. ZS (-2)+ZS(-1).
2. In Spalte 10 stimmt der Lagerbestand Eingang mit der bestellten Menge in Spalte 4 überein, d.h. ZS(-6).
3. In Spalte 12 werden die Felder Lagerbestand Eingang und Lagerbestand Ausgang voneinander subtrahiert, d.h. ZS(-2)-ZS(-1).
4. Um den Wert in Spalte 13 zu berechnen, muß die Menge mit dem Listenpreis multipliziert werden, d.h. ZS(-1)*ZS(-8).

Wichtig ist, daß Sie das Feld Z8S14 als Prozentfeld formatieren.
Vergeben Sie dann für das Feld Z8S14 den Namen **prozent**. Berechnen
Sie dann in Feld Z13S14 die Lagerkosten in Höhe von 12 % vom Wert ,
d.h. **ZS-1*prozent**. Die Beschaffungskosten insgesamt ergeben sich aus
den Lagerkosten und den Bestellkosten insgesamt, d.h. **ZS(-1)+ZS(-6)**.

Bei richtiger Eingabe erhalten Sie den in Bild 4.43 gezeigten
Bildsschirmausdruck.

```
-1         1          2          3      4      5    6         7
   6 Wareneingang
   7                                 Rechn. Art.
   8 Lfd.Nr.     Lieferant     Datum    Nr.    Nr.  Menge    Preis
   9 ----------------------------------------------------------------------
  10      1      Riefenbruch   19.10.1985 12345 1021    10   1354,00 DM
  11      2      Meierling     19.10.1985 12346 1022    25    213,00 DM
  12      3      Weber         19.10.1985 12347 1023     5   1245,00 DM
  13      4      Otter         19.10.1985 12348 1024     4   2341,00 DM
  14      5      Niemann       19.10.1985 12349 1025     3   1254,00 DM
  15      6      Kurzer        19.10.1985 12350 1026     6   2584,00 DM
  16      7      Rather        19.10.1985 12351 1027     3   1596,00 DM
  17      8      Naumann       19.10.1985 12352 1028     5   3541,00 DM
  18      9      Weimann       19.10.1985 12353 1029     7   2582,00 DM
  19 ----------------------------------------------------------------------
  20                                                       Gesamtwert
  21
  22
  23

BEFEHL: Text Ausschnitt Bewegen Druck Einfügen Format Gehezu Hilfe Kopie Löschen
  Name Ordnen Pfad Quitt Radieren Schutz Übertragen Verändern Wert Xtern Zusätze
Wählen Sie bitte eine Option oder geben Sie deren Anfangsbuchstaben ein!
Z20S1                               100% frei      Multiplan: WARENEINGANG
```

Bild 4.43

Wenn Sie die Eingaben richtig vorgenommen haben, erhalten Sie den
Bildschirm von Bild 4.44.

```
           1          2          3          4           5            6            7          8          9
 1
 2
 3
 4
 5
 6
 7
 8
 9 Optimale Bestellung
10                              Bestell-   Listen-      Rechn.-      B E S T E L L K O S T E N
11 Lfd.Nr.    Rechn.Nr.  Art.Nr.  Menge    Preis        Betrag       variable   fixe       Gesamt
12 -----------------------------------------------------------------------------------------------------
13    1       12345      1021       10   1354,00 DM  13540,00 DM   30,00 DM   10,00 DM   40,00 DM
14    2       12346      1022       25    213,00 DM   5325,00 DM   30,00 DM   10,00 DM   40,00 DM
15    3       12347      1023        5   1245,00 DM   6225,00 DM   30,00 DM   10,00 DM   40,00 DM
16    4       12348      1024        4   2341,00 DM   9364,00 DM   30,00 DM   10,00 DM   40,00 DM
17    5       12349      1025        3   1254,00 DM   3762,00 DM   30,00 DM   10,00 DM   40,00 DM
18    6       12350      1026        6   2584,00 DM  15504,00 DM   30,00 DM   10,00 DM   40,00 DM
19    7       12351      1027        3   1596,00 DM   4788,00 DM   30,00 DM   10,00 DM   40,00 DM
20    8       12352      1028        5   3541,00 DM  17705,00 DM   30,00 DM   10,00 DM   40,00 DM
21    9       12353      1029        7   2582,00 DM  18074,00 DM   30,00 DM   10,00 DM   40,00 DM


           10         11         12         13           14           15           16
 1
 2
 3
 4
 5
 6
 7
 8                                                        12%
 9                                          Lager-        Beschaffungs-
10 L A G E R B E S T A N D                  kosten        kosten
11 Eingang    Ausgang    Menge    Wert      vom Wert      insgesamt
12 -----------------------------------------------------------------------
13     10         0        10  13540,00 DM  1624,80 DM   1664,80 DM
14     25         5        20   4260,00 DM   511,20 DM    551,20 DM
15      5         2         3   3735,00 DM   448,20 DM    488,20 DM
16      4         0         4   9364,00 DM  1123,68 DM   1163,68 DM
17      3         1         2   2508,00 DM   300,96 DM    340,96 DM
18      6         0         6  15504,00 DM  1860,48 DM   1900,48 DM
19      3         2         1   1596,00 DM   191,52 DM    231,52 DM
20      5         1         4  14164,00 DM  1699,68 DM   1739,68 DM
21      7         3         4  10328,00 DM  1239,36 DM   1279,36 DM
```

Bild 4.44

4.6   Was Sie bisher erreicht haben

Wenn Sie sich einmal die Multiplan-Befehlszeile auf Ihrem Bildschirm
ansehen, werden Sie feststellen, daß Sie mit den meisten der aufgeführten
Befehle schon gearbeitet haben. Die Ihnen noch unbekannten Befehle
werden selbstverständlich noch im Rahmen dieses Buches abgehandelt.
Zusätzlich zu den Befehlen haben Sie auch schon eine ganze Reihe von
Funktionen kennengelernt:

1. Die Funktion SUMME (), mit der Sie ganze Bereiche Ihres Ar-
    beitsblattes addieren können.

2. Die Funktion MITTELW (), mit der Sie Durchschnittswerte eines
    bestimmten Bereiches ermitteln können.

3. Die Funktion ANZAHL (), mit der Sie die belegten Felder eines
    bestimmten Bereiches zählen können.

An dieser Stelle des Buches haben Sie einen großen Teil der Lernziele hinter sich gebracht. Mit Hilfe Ihrer Kenntnisse sind Sie schon durchaus in der Lage, Ihre eigenen Arbeitsblätter zu erstellen.
Um das gesamte Anwenderprogramm Multiplan in seinem vollen Umfang ausnutzen zu können, ist es unbedingt erforderlich, die Funktion WENN einzusetzen, die im nächsten Arbeitsblatt in Verbindung mit der Funktion SUCHEN () auftreten wird.

5 Das Arbeitsblatt Rechnungserstellung

In der nächsten Datei, die Sie anlegen, werden Sie weitere Funktionen des Kalkulationsprogramms Multiplan kennenlernen. Es sind die Funktionen **SUCHEN** und **WENN**. Außerdem werden alle bisher gelernten Funktionen und Befehle wiederholt und vertieft. Das Arbeitsblatt, daß Sie anlegen, besteht aus zwei Teilen: auf der einen Seite ist es eine Liste mit laufenden Nummern; dazu gehören Artikelnummern, Artikelbezeichnungen und Einzelpreise. auf der anderen Seite ist es ein Rechnungserstellungsblatt, das Ihnen die Möglichkeit bietet, Ausdrucke für Rechnungen vorzunehmen.

5.1   Erstellen und Ändern des Arbeitsblattes

Das Arbeitsblatt Rechnung wird automatisch durch die Änderungen der Liste beeinflußt. Sie müssen lediglich die laufende Nummer und die Menge der verkauften Artikel in die Liste eingeben. Die Artikelnummer, Artikelbezeichnung und Einzelpreise werden aus der Liste herausgesucht und in das Rechungsformular eingetragen. Dann wird nur noch die Menge mit dem Einzelpreis multipliziert, um den Gesamtpreis zu erhalten. Außerdem werden auf der Rechnung der Nettopreis, die Mehrwertsteuer und der Gesamtpreis ausgewiesen. Sie können diese Rechnung ausdrucken oder die Datei unter **Symbolisch, Druck Platte/Diskette** abspeichern, um sie später in dem Programm **Word** aufzurufen und eine entsprechende Bildschirmmaske für ein Rechnungsformular zu erstellen.

5.1.1   Das Multiplan-Lernziel:
Eingabe von Texten, Zahlenwerte und Formatierung der Spaltenbreite

Aufgabe:
Die Texte und Zahlenwerte, die einzugeben sind, entnehmen Sie bitte Bild 5.1, das Formatieren der Spaltenbreite wird noch einmal zur besseren Anschauung wiederholt.

Ausführung:

1. Geben Sie die Texte in Zeilen 5 bis 6 für die Kolonnenüberschrift wie in Bild 5.1 ein.
2. Positionieren Sie den Cursor auf Feld Z7S1.
3. Ändern Sie dann die Breite der Spalte 1 mit Hilfe des Befehls **Format Breite_der_Spalten** auf **Standard:** *5*
4. Bringen Sie auch die Spalte 2 auf eine Breite von 5 Zeichen.
5. Die Spalte 3 erhält eine Breite von 24 Zeichen.
6. Die Spalte 4 soll eine Breite von 8 Zeichen und die Spalte 5 von 3 Zeichen erhalten.
7. Setzen Sie den Cursor in Z7S1. Wählen Sie den Befehl **Wert** an. Schreiben Sie folgende Formel: *Wiederholen("-";24)*.
8. Bestätigen Sie mit der **Return**-Taste.
9. Kopieren Sie die Formel **Kopie Rechts Anzahl Kopien:** *4*
10. Entnehmen Sie dann dem Bild 4.1 alle weiteren Eingaben, die für die Tabelle notwendig sind. Sie müssen eingeben: Die *Lfd. Nr.* in Spalte 1, die *Artikelnummern* in Spalte 2, die *Artikelbezeichnungen* in Spalte 3 und die *Einzelpreise* in Spalte 4. Die Einzelpreise können Sie unformatiert lassen.
11. Vergeben Sie bitte den Dateinamen **Rechnung**. Speichern Sie das Arbeitsblatt mit der Befehlsfolge **Übertragen Speichern Dateiname:** *Rechnung*.

Wenn Sie die Eingaben richtig vorgenommen haben, sieht Ihr Bildschirm wie folgt aus:

```
 -1      1    2             3            4    5      6         7
   5 Lfd. Art.                       Einzel-
   6 Nr.  Nr.    Artikelbezeichnung  preis
   7 --------------------------------------------------
   8    1 1475   Luxus-Körperlotion     6,9
   9    2 1437   Malven-Körperlotion    7,5
  10    3 1425   Rosmarinwein           9,5
  11    4 1458   Feuchtigkeitslotion    7,8
  12    5 1459   Körpermilch            5,9
  13    6 1422   Kamillencreme          8,5
  14    7 1414   Johanniskraut          7,5
  15    8 1415   Honig-Maske            8,9
  16    9 1416   Distelöl               5,5
  17   10 1456   Regenerationscreme     5,9
  18   11 1432   Feuchtigkeitsmaske       7
  19   12 1441   Kampfer-Maske          8,9
  20   13 1489   Flowery-Skin-Lotion    5,9
  21   14 1499   Mandelkleie            4,5
  22   15 1478   Gurkenmaske            5,5

FORMAT BREITE_DER_SPALTEN in Zeichen oder S(tandard): 4
                     Spalte: 5                    bis: 5
Bitte eine Zahl oder S für Standard eingeben!
Z6S5                              100% frei      Multiplan: RECHNUNG
```

Bild 5.1

5.1.2 Das Multiplan-Lernziel:
Eingabe von Texten, Zahlenwerten und Formatieren
der Spaltenbreite

Aufgabe:
Sie werden nun rechts neben der Liste ein Rechnungsformular aufbauen.

Ausführung:
1. Geben Sie den Kopf der Rechnung in die **Felder** Z6:10S6:11 ein.
2. Positionieren Sie den Cursor auf Feld Z6S6, wählen Sie den Befehl
    Text aus und geben Sie das Wort *Rechnung* in gesperrten
    Großbuchstaben ein.
3. Wählen Sie den Befehl **Format Felder** aus.
4. Geben Sie die Bereichsangabe ein: *Z6S6:7*.
5. Wählen Sie den **Formatcode Zusamm** für diese Felder aus.
6. Geben Sie in Z6S9 die Rechnungsnummer *1342* ein.
7. Positionieren Sie den Cursor auf Feld Z7S6.
8. Positionieren Sie den Cursor auf Feld Z7S5 und kopieren Sie die
    Formel **Kopie Rechts Anzahl Kopien:** *6* bis in Spalte 11.
9. Ändern Sie die Breite der Spalten 6 bis 11 folgendermaßen:
    Positionieren Sie den Cursor auf Feld Z7S6.
    Wählen Sie den Befehl **Format Breite_der_Spalten** an, und geben
    Sie bei Standard: *5* ein.
    Bestätigen Sie die Eingabe mit der **Return-Taste**.
10. Verbreitern Sie die Spalte 7 auf eine Breite von *7* Zeichen.
11. Bringen Sie die Spalte 8 auf eine Breite von *24* Zeichen.
12. Bringen Sie die Spalte 9 auf eine Breite von *11* Zeichen.
13. Die Spalte 10 behält Standardbreite.
14. Bringen Sie die Spalte 11 auf eine Breite von *11* Zeichen.
15. Positionieren Sie den Cursor auf Feld Z10S6, geben Sie mit **Wert**
    die Formeleingabe WIEDERHOLEN("_";24) ein. Kopieren Sie die
    Unterstreichung nach rechts Anzahl: *5*.

Ihr Bildschirmausdruck sollte Bild 5.2 entsprechen.

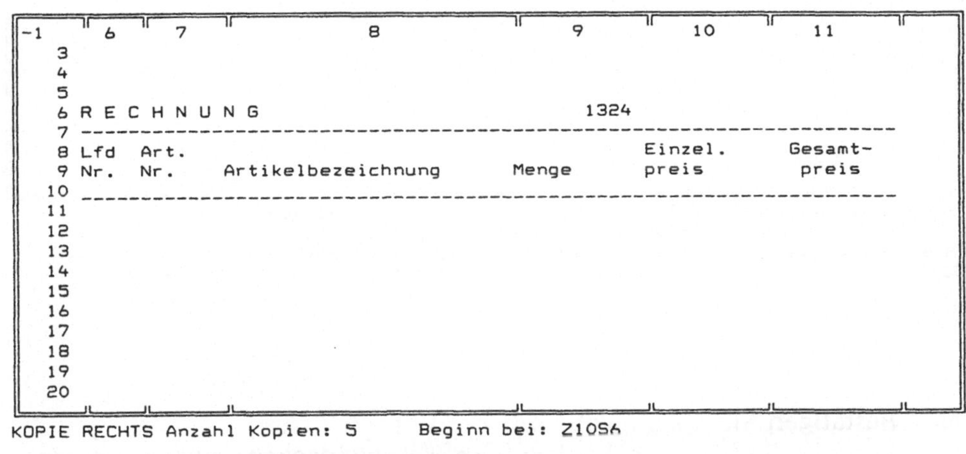

```
 -1   6    7            8            9      10       11
   3
   4
   5
   6 R E C H N U N G                        1324
   7 ----------------------------------------------------------------
   8 Lfd  Art.                                 Einzel.      Gesamt-
   9 Nr.  Nr.    Artikelbezeichnung     Menge   preis        preis
  10 ----------------------------------------------------------------
  11
  12
  13
  14
  15
  16
  17
  18
  19
  20
KOPIE RECHTS Anzahl Kopien: 5      Beginn bei: Z10S6

Bitte eine Zahl eingeben!
Z10S6        "--------"              100% frei    Multiplan: RECHNUNG
```

Bild 5.2

5.1.3 Das Multiplan-Lernziel: Namensvergabe für ganze Bereiche

Aufgabe:
Um später die *Artikelnummer*, die *Artikelbezeichnung* und den *Einzelpreis*
automatisch in die Rechnung übernehmen zu können, müssen für diese
Bereiche Namen vergeben werden. Der Schlüssel für die automatische
Übernahme aus der laufenden Tabelle ist die laufende Nummer, und
zwar die laufende Nummer, die in das Rechnungsformular eingegeben
wird.
Der erste Name, der vergeben werden muß, ist der für die laufende
Nummer im Rechnungsformular: Bereich Z11:19S6.

Ausführung:
1. Positionieren Sie den Cursor auf Feld Z11S6.
2. Geben Sie den Befehl N für **Name** ein.
3. Schreiben Sie bei **Namen eingeben:** das Wort *art*.
4. Springen Sie mit der **Tabulator**-Taste in die Bereichsangabe,
    geben sie dort Z11:19S6 ein.

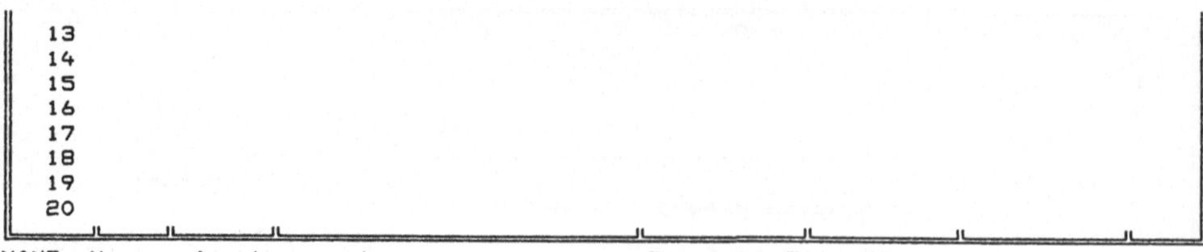

```
 13
 14
 15
 16
 17
 18
 19
 20
```

```
NAME: Namen eingeben: art                    Bereich: Z11:19S6
            Makro: Ja(Nein)    Tastenschlüssel:
Geben Sie bitte die Position eines Felds oder Tabellenbereichs ein!
Z11S6                              100% frei      Multiplan: RECHNUNG
```

Bild 5.3

5. Bestätigen Sie die Eingabe mit der **Return**-Taste.
6. Um den Bereich der Artikelnummern abzudecken, müssen Sie eine Bereichsangabe definieren.
7. Positionieren Sie den Cursor auf Feld Z8S2.
8. Wählen Sie den Befehl **Name** aus, geben Sie den Namen *artnr* ein, und schreiben Sie in die **Bereichsangabe**: Z8:22S1:2.

```
 15    8  1415 Honig-Maske               8,9
 16    9  1416 Distelöl                  5,5
 17   10  1456 Regenerationscreme        5,9
 18   11  1432 Feuchtigkeits-Maske         7
 19   12  1441 Kampfer-Maske             8,9
 20   13  1489 Flowery-Skin-Lotion       5,9
 21   14  1499 Mandelkleie               4,5
 22   15  1478 Gurkenmaske               5,5
 23
```

```
NAME: Namen eingeben: artnr                  Bereich: Z8:22S1:2
            Makro: Ja(Nein)    Tastenschlüssel:
Geben Sie bitte die Position eines Felds oder Tabellenbereichs ein!
Z8S2       1475                    100% frei      Multiplan: RECHNUNG
```

Bild 5.4

9. Bestätigen Sie mit der **Return**-Taste.
10. Der nächste Name muß für den Text der Artikelbezeichnung vergeben werden.
11. Positionieren Sie den Cursor auf Feld Z8S3, gehen Sie in den Befehl N für **Name**, vergeben Sie den Namen *text* mit der **Bereichsangabe** Z8:22S1:3.

```
  17  10  1456 Regenerationscreme              5,9
  18  11  1432 Feuchtigkeits-Maske               7
  19  12  1441 Kampfer-Maske                   8,9
  20  13  1489 Flowery-Skin-Lotion             5,9
  21  14  1499 Mandelkleie                     4,5
  22  15  1478 Gurkenmaske                     5,5
  23

NAME: Namen eingeben: text              Bereich: Z8:22S1:3
             Makro: Ja(Nein)    Tastenschlüssel:
Geben Sie bitte die Position eines Felds oder Tabellenbereichs ein!
Z8S3      "Luxus-Körperlotion"         100% frei     Multiplan: RECHNUNG
```

Bild 5.5

12. Bestätigen Sie mit der **Return**-Taste.

13. Der letzte Name, der vergeben werden muß, ist der für den *Einzelpreis*.

14. Positionieren Sie den Cursor auf Feld Z8S4, geben den Namen *ezpreis* ein und bei der **Bereichsangabe:** Z8:22S1:4 an.

15. Bestätigen Sie die Eingabe mit der **Return**-Taste.

In die mit den Namen vergebenen Felder Z11:19S6 werden später die laufenden Nummern eingetragen, die als Kennziffer für den gesamten Aufbau des Rechnungsformulars dienen. Sie können nur bis in die Spalte 19 Eintragungen vornehmen, ab Zeile 20 ist der Bereich nicht mehr definiert.

Ihr Bildschirmausdruck zur Namensvergabe soll Bild 5.6 entsprechen.

```
-1    1    2              3              4     5  6      7
  6 Nr.  Nr.                          Preis        R E C H N U
  7 -------------------------------------------------------------
  8   1  1475 Luxus-Körperlotion              6,9   Lfd   Art.
  9   2  1437 Malven-Körperlotion             7,5   Nr.   Nr.
 10   3  1425 Rosmarinwein                    9,5   ------------
 11   4  1458 Feuchtigkeitslotion             7,8
 12   5  1459 Körpermilch                     5,9
 13   6  1422 Kamillencreme                   8,5
 14   7  1414 Johanniskraut                   7,5
 15   8  1415 Honig-Maske                     8,9
 16   9  1416 Distelöl                        5,5
 17  10  1456 Regenerationscreme              5,9
 18  11  1432 Feuchtigkeits-Maske               7
 19  12  1441 Kampfer-Maske                   8,9
 20  13  1489 Flowery-Skin-Lotion             5,9
 21  14  1499 Mandelkleie                     4,5
 22  15  1478 Gurkenmaske                     5,5
 23

NAME: Namen eingeben: ezpreis           Bereich: Z8:22S1:4
             Makro: Ja(Nein)    Tastenschlüssel:
Geben Sie bitte die Position eines Felds oder Tabellenbereichs ein!
Z8S4      6,9                          100% frei     Multiplan: RECHNUNG
```

Bild 5.6

Anmerkung zur Namensvergabe beim Anlegen von Tabellen
Da nicht nur die Artikelnummern automatisch in das Rechnungsformular
übernommen werden sollen, sondern auch die Artikelbezeichnung, muß
eine weitere Tabelle angelegt werden. Diese Tabelle besteht aus den
Spalten 1 bis 3, wobei wieder die letzte Spalte der Tabelle durch den
Befehl **Suchen** angesprochen wird, in diesem Fall also die
Artikelbezeichungen.

Anmerkung zur Funktion SUCHEN
Um die Funktion SUCHEN zum Einsatz bringen zu können, müssen Sie
sich eine Tabelle mit mindestens zwei Spalten definieren. Durch den
Befehl **Suchen** wird lediglich die letzte Spalte der Tabelle angesprochen,
in diesem Fall ist es die Spalte mit den Artikelnummern.

Anmerkung zu den FUNKTIONEN
In den folgenden Beispielen werden Sie einige der wichtigsten Multiplan-
Funktionen kennenlernen.
Das Multiplanprogramm verfügt über insgesamt 73 verschiedene Funk-
tionen.

Anmerkung zum Anlegen von Tabellen für die Funktion SUCHEN
Schließlich muß noch eine dritte Tabelle für den Einzelpreis angelegt
werden, der später als Multiplikator im Rechnungsformular dienen soll.
In der letzten Tabelle werden die Spalten 1 bis 4 als Tabelle definiert,
wobei lediglich die Spalte 4 durch den Befehl **Suchen** angesprochen wird.

5.2   Was Sie bisher erreicht haben

Sie haben eine Tabelle eingegeben, in die die Lfd.Nr., die Art,Nr., die
Artikelbezeichnung und der Einzelpreis eingetragen wurde. Diese
Eingaben können individuell für jede Branche eingegeben werden. In
diesem Fall handelt es sich um Kosmetikartikel. In den Spalten 6 bis 11
haben Sie ein Rechnungsformular aufgebaut, das auch nach Belieben
gestaltet werden kann. Wie schon beschrieben, soll in das
Rechnungsformular später nur die Lfd.Nr. für ein Rechungsformular
eingetragen werden, dann erscheint dort die Artikelnummer und die
Artikelbezeichnung. Wenn dann die Menge des verkauften Artikels
eingetragen wird, sucht sich das Programm den zu der Lfd.Nr.
gehörenden Einzelpreis heraus, und durch Multiplikation wird der
Gesamtpreis errechnet. Dem Programm muß "gesagt" werden, was
geschehen soll.

5.3 Die Befehle Suchen und Wenn

Um nach der Eingabe der Lfd.Nr. die entsprechende Art.Nr., die Artikelbezeichnungen und die Einzelpreise SUCHEN () zu können, müssen jeweils Namen für die einzelnen Bereiche (Art.Nr., Art.bez. und Einzelpr.) vergeben werden.

Der erste Name ist im Rechnungsformular für die dort einzugebende Lfd.Nr. (die als Suchschlüssel dient) festgelegt . Der Name (art) gilt für die Spalte 6 im Bereich der Zeilen 11:19. Innerhalb dieses Bereichs kann später die Lfd.Nr. der verkauften Artikel eingegeben werden. Die Zeile 20 und die folgenden sind nicht mehr als Lfd. Nr. definiert.

Durch die zweite Namensvergabe (artnr) kann später im Rechnungsformular die zur eingegebenen Lfd.Nr. gehörige Art.Nr. gesucht werden. Der NAME (text) ermöglicht das Suchen des zur Lfd.Nr. gehörigen Textes und dessen Erscheinen im Rechnungsformular.

Als letztes wird auch der Einzelpreis mit einem Namen versehen um nach Eingabe der Lfd.Nr. ins Rechnungsformular übernommen zu werden.

5.3.1 Das Multiplan-Lernziel:
Anwendung der Funktion SUCHEN

Aufgabe:
Durch die Funktion SUCHEN soll aus einer Tabelle, die durch Namensvergabe festgelegt wurde, die Artikelnummer herausgesucht werden.

Ausführung:
1. Positionieren Sie den Cursor auf Feld Z11S6.
2. Geben Sie in Z11S6 mit dem Befehl **Wert** eine 1 ein.
3. Positionieren Sie den Cursor auf Feld Z11S7.
4. Wählen Sie den Befehl **Wert** an.
5. Geben Sie die Formel
   SUCHEN(art;artnr) ein.

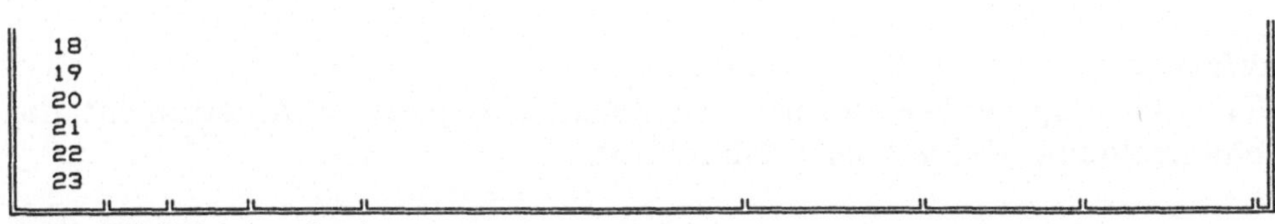

Bild 5.7

Wie Sie sehen, ist die entsprechende *Artikelnummer* zur *Lfd.Nr.*
herausgesucht worden. Vergleichen Sie die *Lfd.Nr.* und *Artikelnummer*
mit der Liste links auf dem Bildschirm.

Anmerkung zur Fehlermeldung NAME?
Sollten Sie die Fehlermeldung **Name?** auf dem Bildschirm haben, müssen
Sie unbedingt überprüfen, ob alle Namen mit den richtigen Be-
reichseingaben vergeben worden sind. (N für Name, mehrfaches Drücken
der Cursortasten).

Bei richtiger Eingabe erhalten Sie Bild 5.8.

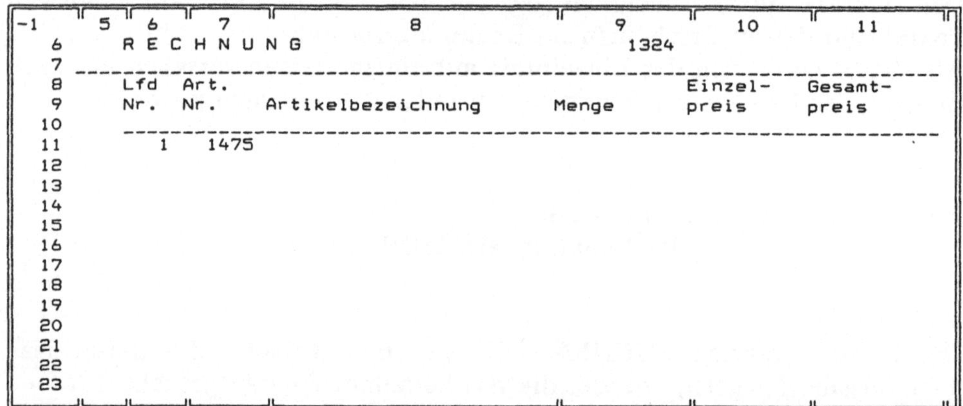

Bild 5.8

5.3.2   Das Multiplan-Lernziel:
Kopieren von Formeln nach unten

Aufgabe:
Wenn die eingegebene Formel entsprechend kopiert wird, erscheint die
Fehlermeldung NV! auf dem Bildschirm.

Ausführung:
1. Wählen Sie den Befehl **Kopie nach Unten** aus und tragen Sie bei
   Anzahl der Kopien: *8* ein.

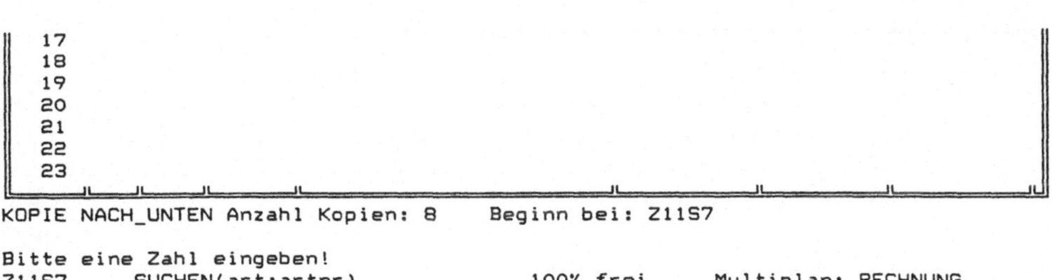

Bild 5.9

Es erscheint in den kopierten Feldern die Fehlermeldung NV!. Das bedeutet ein Nichtvorhandensein eines Wertes, in diesem Fall der laufenden Nummer.

2. Positionieren Sie den Cursor auf Feld Z12S6, und geben Sie dort die Nummer *10* ein.

Sobald Sie die *laufende Nummer eingegeben* haben, wird der Wert NV! mit der dazugehörigen *Artikelnummer* überschrieben.

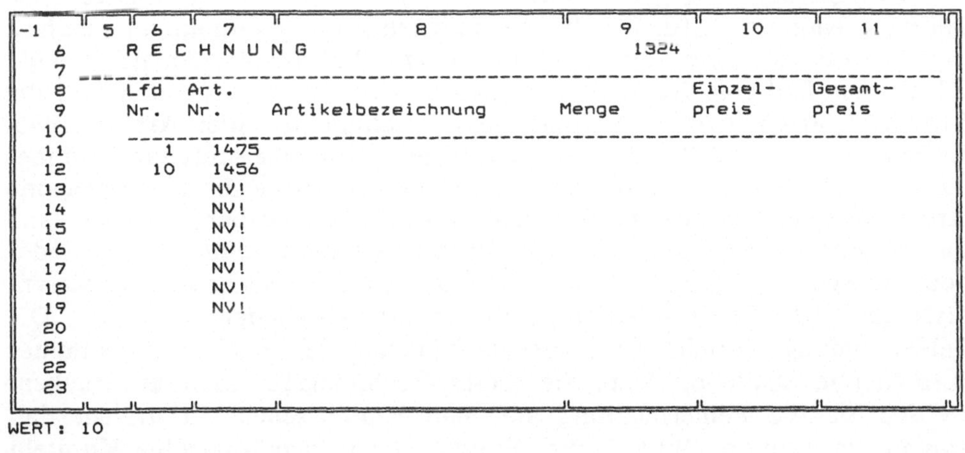

Bild 5.10

Bei richtiger Bildschirmeingabe erhalten Sie den Bildschirmausdruck von Bild 5.11.

```
 -1      5   6    7              8              9        10       11
    6       R E C H N U N G                      1324
    7    ----------------------------------------------------------------
    8    Lfd  Art.                                      Einzel-  Gesamt-
    9    Nr.  Nr.    Artikelbezeichnung     Menge        preis    preis
   10    ----------------------------------------------------------------
   11      1   1475
   12     10   1456
   13          NV!
   14          NV!
   15          NV!
   16          NV!
   17          NV!
   18          NV!
   19          NV!
   20
   21
   22
   23

WERT: 10

Bitte eine Formel eingeben!
Z12S6      10                        100% frei      Multiplan: RECHNUNG
```

Bild 5.11

5.3.3 Die bisherigen Eingaben

In Feld Z11S7 wurde die Formel zum Suchen der Artikelnummer (SU-
CHEN(art;artnr)) eingegeben. Der NAME art steht für die einzugebende
laufende Nummer (Lfd.Nr.) der entsprechenden Artikelnummer (art.Nr.)
aus der Tabelle. Sehen Sie sich bitte hierzu Bild 4.7 an. Sobald in Feld
Z11S6 eine laufende Nummer eingegeben wird, im vorliegenden Fall die
Lfd.Nr. 1, erscheint die dazugehörige Artikelnummer, hier Art.Nr. 1475.
Es kann nur in Feld Z11S6 abwechselnd jede beliebige laufende Nummer
aus der Tabelle eingegeben werden, und immer würde die entsprechende
Artikelnummer dazu erscheinen. Die in Z11S7 eingegebene Formel kann
bis in Zeile 19 nach unten kopiert werden, sie muß nicht immer wieder
neu eingegeben werden. Sobald Sie die Formel nach unten kopieren,
erscheint die Fehlermeldung NV! (nicht vorhandener Wert). Die
Fehlermeldung bezieht sich auf das Fehlen der laufenden Nummer
(Lfd.Nr.) in Spalte 6. Wenn Sie dieses Rechnungsformular ausdrucken,
werden Sie die Fehlermeldung auf dem Papier sehen. In diesem Fall
kommt die Funktion WENN zum Einsatz, die in den folgenden Kapiteln
näher erläutert wird.

5.3.4 Das Multiplan-Lernziel:
Einsetzen der Funktion WENN

Aufgabe:
Um die Fehlermeldung NV! zu unterdrücken, können Sie die eingegebene
Formel um den Befehl WENN erweitern.

Ausführung:
1. Positionieren Sie den Cursor auf Feld Z11S7.
2. Wählen Sie den Befehl **Wert** aus.
3. Sehen Sie sich die Formel in der unteren linken Bildschirmecke an;
   sie soll erweitert werden.
4. Schreiben Sie die folgende Formel hinter den Befehl **Wert**:

WENN(art>0;SUCHEN(art;artnr);"")

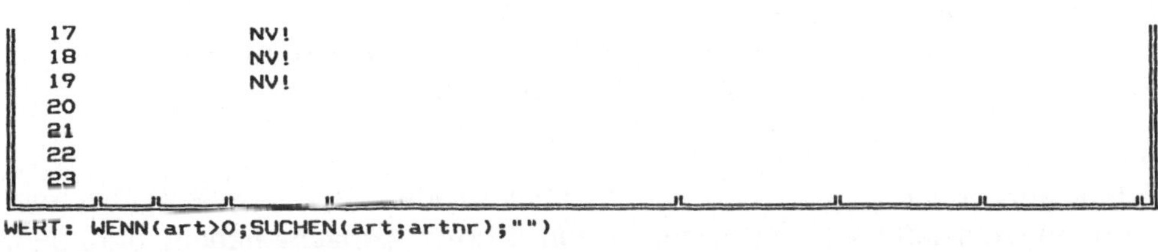

Bild 5.12

5. Bestätigen Sie die Eingabe mit der **Return**-Taste.

Die Formel von links nach rechts gelesen bedeutet:
Wenn die Eingabe der Lfd.Nr. (art) größer(>) ist als 0; suche die
entsprechende Art.Nr. (artnr) zur Lfd.Nr. heraus; ist keine Eintragung in
einer Lfd.Nr. erfolgt, gib ein leeres Feld(" ")aus.

6. Kopieren Sie die Formel bis in Zeile 19 **Nach unten**.
7. Geben Sie in Feld Z12S6 eine *2* ein.
8. Bestätigen Sie mit der **Return**-Taste.

Sie erhalten den Bildschirmausdruck von Bild 5.13.

```
 -1      5    6     7              8                9        10        11
    6         R E C H N U N G                       1324
    7    ─────────────────────────────────────────────────────────────────
    8    Lfd  Art.                                           Einzel-   Gesamt-
    9    Nr.  Nr.    Artikelbezeichnung       Menge          preis     preis
   10    ─────────────────────────────────────────────────────────────────
   11         1    1475
   12         2    1437
   13
   14
   15
   16
   17
   18
   19
   20
   21
   22
   23

WERT: 2

Bitte eine Formel eingeben!
Z12S6      2                            100% frei      Multiplan: RECHNUNG
```

Bild 5.13

5.3.5 Das Multiplan-Lernziel:
Anwendung des Befehls **Verändern** in Verbindung mit den
Tastenkombinationen **CTRL-H,-K,-L**

Aufgabe:
Wenn Sie einen Fehler bei der Formeleingabe, bei der Eingabe von
Zahlenwerten oder bei der Eingabe von Texten gemacht haben, brauchen
Sie nicht die gesamte Eingabe neu vorzunehmen. Sie haben die
Möglichkeit, Korrekturen einzelner Zeichen vorzunehmen.

Ausführung:
1. Positionieren Sie den Cursor auf Feld Z11S7.
2. Wählen Sie den Befehl **Verändern** aus.
3. Halten Sie die **CTRL**-Taste gedrückt, und betätigen Sie gleichzeitig
    die Taste **K** so lange, bis daß der Cursor auf dem S des Wortes
    SUCHEN steht. Löschen Sie mit der Rücktaste alle Eingaben vor
    dem Wort SUCHEN. Jetzt erhalten Sie im Befehl **Verändern**
    SUCHEN(art;artnr);"".
4. Halten Sie die **CTRL**-Taste gedrückt, und betätigen Sie die Taste **L**,
    bis sich daß der Cursor rechts neben der äußeren Klammer befindet.
5. Halten Sie die **CTRL**-Taste gedrückt, und betätigen Sie gleichzeitig
    die Taste **H**, bis nur noch die ursprüngliche Formel:

    SUCHEN(art;text)

    hinter dem Befehl **Verändern** steht.

    !!!nicht Return drücken !!!

138

6. Da die Formel nicht geändert werden soll, drücken Sie die ESC-
    Taste, um in das Hauptbefehlsmenü zurückzugelangen.

Auf diese Weise können Sie also Feldinhalte mit Texten oder Formeln
ändern, ohne alles noch einmal eingeben zu müssen. Sie haben die
Möglichkeit, mit der F9 und F10 Funktionstaste die Formeln zu
verändern.

Sie erhalten den Bildschirmausdruck von Bild 5.14.

```
-1    5   6    7              8            9        10        11
   6        R E C H N U N G                1324
   7    ----------------------------------------------------------------
   8    Lfd  Art.                                 Einzel-   Gesamt-
   9    Nr.  Nr.    Artikelbezeichnung    Menge    preis     preis
  10    ----------------------------------------------------------------
  11          1   1475
  12          2   1437
  13
  14
  15
  16
  17
  18
  19
  20
  21
  22
  23

VERÄNDERN: WENN(art>0;SUCHEN(art;artnr);"")

Bitte eine Formel eingeben!
Z11S7      WENN(art>0;SUCHEN(art;artnr      100% frei      Multiplan: RECHNUNG
```

Bild 5.14

5.3.6   Das Multiplan-Lernziel:
Funktionen SUCHEN und WENN, Kopieren von Feldern
mit Formelinhalt

Aufgabe:
Es soll eine Formel eingegeben werden, die die Funktionen SUCHEN
und WENN beinhaltet.

Ausführung:
1. Positionieren Sie den Cursor auf Feld Z11S8.
2. Wählen Sie den Befehl **Wert** an.
3. Geben Sie die Formel ein:

WENN(art>0;SUCHEN(art;text);"")

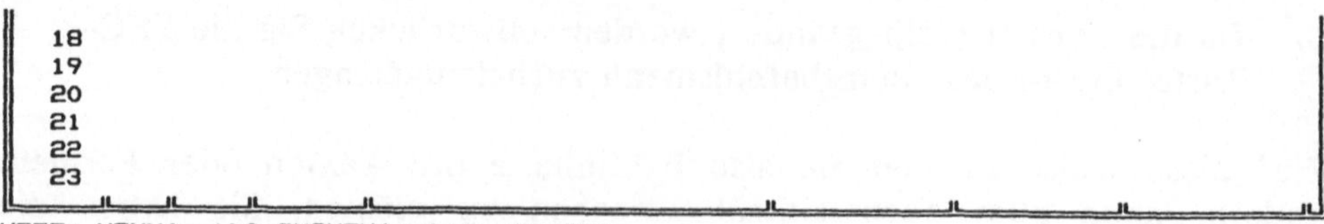

Bild 5.15

4.   Bestätigen Sie die Eingabe mit der **Return**-Taste.

Die Formel bedeutet, daß der entsprechende *Text*   zur *Lfd.Nr.* herausgesucht wird.

5.   Wählen Sie den Befehl **Kopie_nach_Unten** an, und geben Sie in **Anzahl Kopien:** *8* ein.

Wenn Sie mit dem Cursor nach unten fahren, können Sie anhand der Anzeige in der linken unteren Bildschirmecke überprüfen, ob die Kopie bis in Zeile 19 erfolgt ist.

6.   Schützen Sie die Formeln in Spalten 7 und 8.

Anmerkung zum Befehl Verändern:

Wenn Sie sich die Formel in der linken unteren Ecke ansehen, werden Sie bemerken, daß Sie nicht vollständig erscheint.

7.   Positionieren Sie den Cursor auf Feld Z12S8.
8.   Wählen Sie den Befehl **Verändern**.

Sie sehen, daß die gesamte Formel auf dem Bildschirm erscheint. Sie können so auch den Inhalt der Felder korrigieren.

Bei der richtigen Eingabe erhalten Sie Bild 5.16.

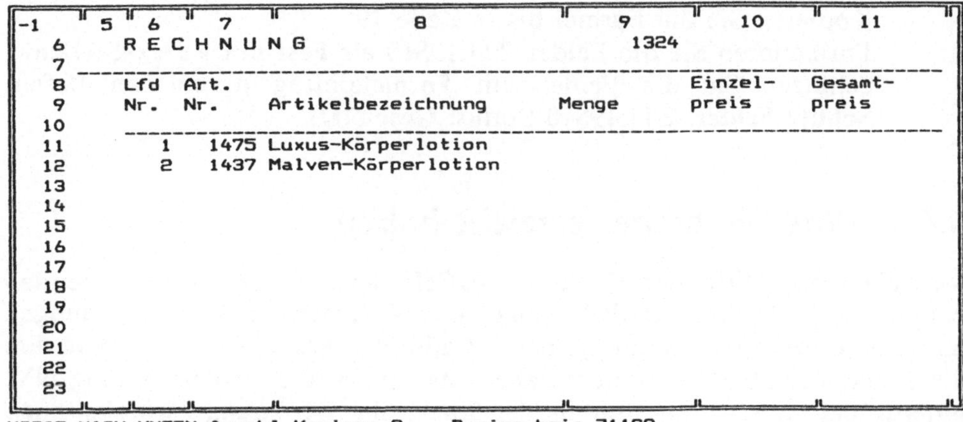

Bild 5.16

5.3.7 Das Multiplan-Lernziel:
Anwendung der Funktion SUCHEN und WENN; Kopieren von Feldern mit Formelinhalt

Aufgabe:
Es soll eine Formel mit den Funktionen WENN und SUCHEN eingegeben werden.

Ausführung:
1. Positionieren Sie den Cursor auf Feld Z11S10.
2. Geben Sie die folgende Formel ein:

   WENN (art>0;SUCHEN(art;ezpreis);"")

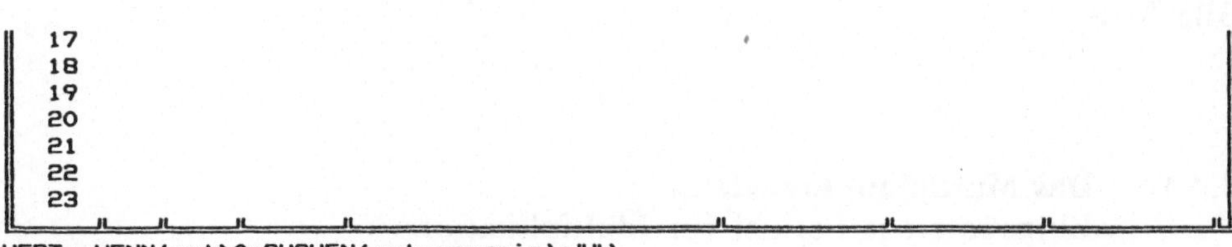

Bild 5.17

3.   Kopieren Sie die Formel bis in Zeile 19.
4.   Formatieren Sie die Felder Z11:19S10 als *Fest* mit *2* **Dez-Stellen.**
5.   Schützen Sie die Felder mit Formeleintrag durch den Befehl
       Schutz Felder: Z11:19S10 Status: Geschützt.

5.4   Was Sie bisher erreicht haben

Sie haben mit Hilfe der Funktion SUCHEN() zur jeweiligen laufenden
Nummer (Lfd.Nr.)die Artikelnummer (art.Nr.), die Artikelbezeichnungen
und die Einzelpreise herausgesucht. Dadurch, daß Sie die Formeln um
die Funktion WENN erweitert haben, haben Sie die Fehlermeldung NV!
unterdrückt und wären nun in der Lage, ihr Rechnungsformular auch
schon nach nur zwei Eintragungen auszudrucken, ohne die
Fehlermeldung NV! mit auf das Papier zu nehmen.

Ihr Arbeitsblatt entspricht Bild 5.18

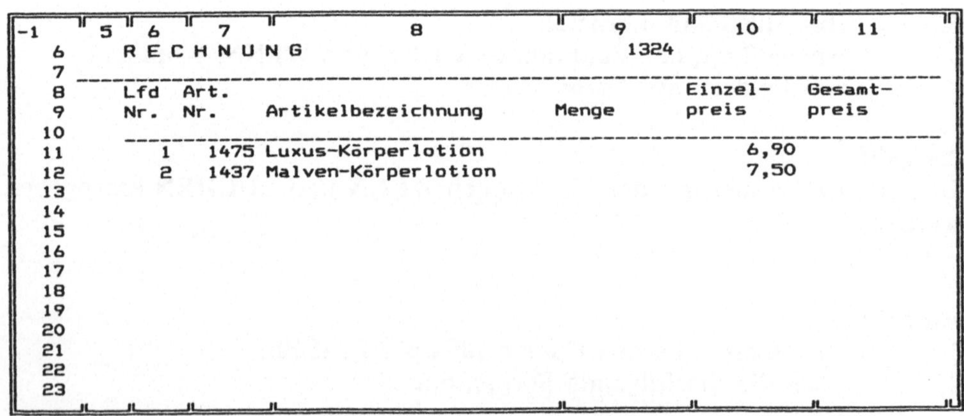

Bild 5.18

5.4.1   Das Multiplan-Lernziel:
       Eingabe einer Formel zur Multiplikation

Aufgabe:
Die Menge soll mit dem Einzelpreis multipliziert werden, aber nur dann,
wenn eine Eintragung unter der Lfd.Nr. erfolgt ist.

Ausführung:
1.   Positionieren Sie den Cursor auf Feld Z11S11.
2.   Wählen Sie den Befehl **Wert** an.
3.   Multiplizieren Sie den "Einzelpreis" Z11S10 mit der " Menge" Z11S9.

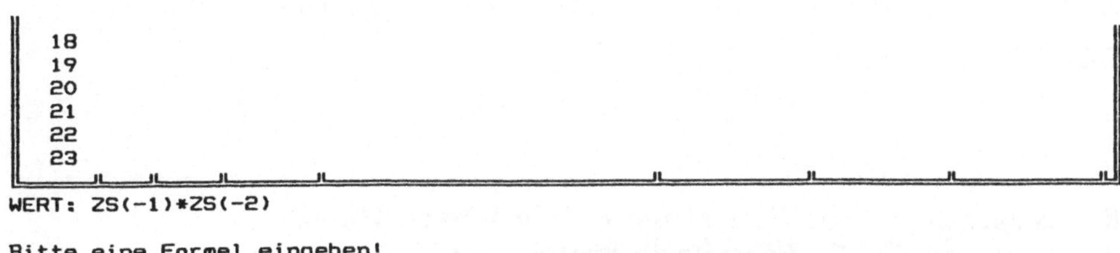

Bild 5.19

4.   Kopieren Sie die Formel um *8* Zeilen **nach Unten**

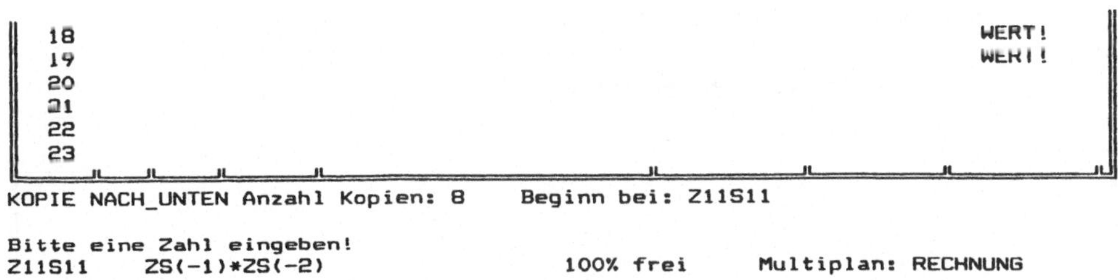

Bild 5.20

5.   Gehen Sie in den Befehl **Format Felder**, wählen Sie den **Format-code: DM** aus; denken Sie an die Bereichsangabe!

Da noch keine Menge eingegeben wurde, ist der Gesamtpreis in den Zeilen 11:12 gleich 0.
Um die Anzeige der 0,00 DM in dem nicht aktiven Feld auszuschließen, muß die Formel in Feld Z11S11 erweitert werden.

6.   Positionieren Sie den Cursor auf Feld Z11S11.
7.   Geben Sie die folgende Formel ein:

WENN(art>0;ZS(-2)*ZS(-1);"")

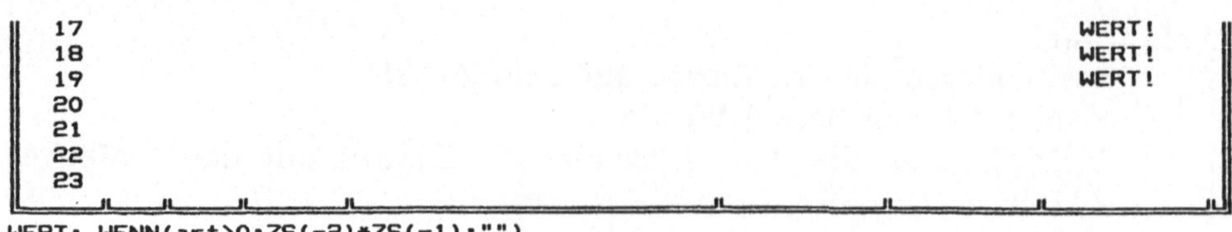

Bild 5.21

8. Kopieren Sie die Formel um *8* Zeilen **Nach Unten**.
9. Schützen Sie die Formeln in Spalte 11(Bild 4.14).

Der Ausdruck Ihres Bildschirms sollte wie Bild 5.22 aussehen.

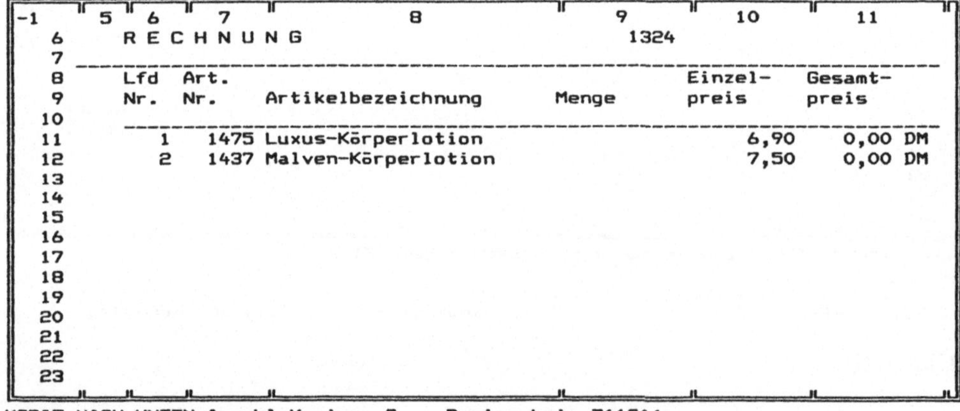

Bild 5.22

5.4.2 Das Multiplan-Lernziel:
Anwendung der Funktion SUMME (Liste)

Aufgabe:
Die Gesamtpreise sollen mit Hilfe der Funktion SUMME addiert werden.

1.   Geben Sie folgende *Lfd.Nr.* und *Menge* ein:

zu

1	*20*
2	*5*
16	*3*
12	*50*
7	*12*
10	*100*
5	*20*
9	*50*

und geben Sie in Feld Z19S11 die Unterstreichung **Wert**
WIEDERHOLEN ("_";11) ein.

2.   Positionieren Sie den Cursor auf Feld Z20S11, und addieren Sie
mit dem Befehl **Wert** und mit Hilfe der Funktion **SUMME** die
Zahlenwerte in Spalte 11 (SUMME(Z(-9)S:Z(-2)S)).

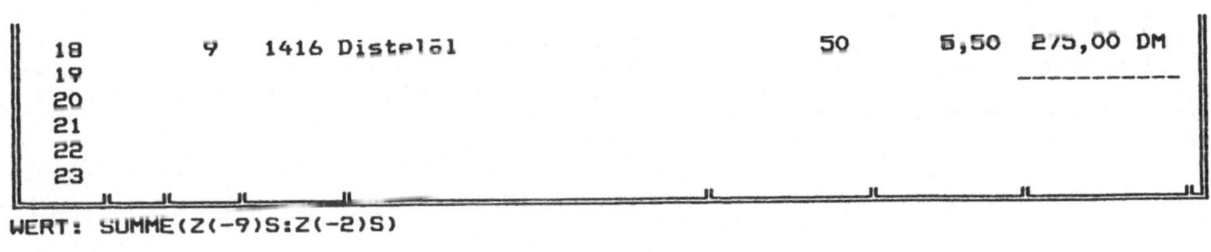

Bild 5.23

3.   Formatieren Sie die Summe als DM–Betrag.
4.   Schützen Sie die Summenformel.

5.5   Was Sie bisher erreicht haben

Nachdem die Formeln für die Funktion SUCHEN nun eingegeben
worden sind, und die Fehlermeldung NV! durch Erweiterung der
Formeln mit der Funktion WENN unterdrückt wurde, haben wir dem
Arbeitsblatt eine zusätzliche Formel hinzufügen müssen. Um den
Gesamtpreis zu errechnen, ist die einzugebende Menge der verkauften
Artikel mit dem Einzelpreis multipliziert werden. Diese Formeln konnten

ebenfalls innerhalb des definierten Bereichs, nämlich bis in Zeile 19, kopiert werden.

Dann haben Sie die Ihnen schon bekannte Funktion SUMME() zur Addition der Gesamtpreise eingesetzt und dadurch den Nettorechnungsbetrag erhalten.

Wenn Sie die Eingaben richtig vorgenommen haben, erhalten Sie folgenden Bildschirmausdruck von Bild 5.24.

```
-1      5   6    7               8              9          10        11
    6        R E C H N U N G                        1324
    7        ----------------------------------------------------------------
    8        Lfd  Art.                                  Einzel-   Gesamt-
    9        Nr.  Nr.   Artikelbezeichnung     Menge    preis     preis
   10        ----------------------------------------------------------------
   11          1  1475 Luxus-Körperlotion         20     6,90   138,00 DM
   12          2  1437 Malven-Körperlotion          5     7,50    37,50 DM
   13         16  1478 Gurkenmaske                  3     5,50    16,50 DM
   14         12  1441 Kampfer-Maske               50     8,90   445,00 DM
   15          7  1414 Johanniskraut               12     7,50    90,00 DM
   16         10  1456 Regenerationscreme         100     5,90   590,00 DM
   17          5  1459 Körpermilch                 20     5,90   118,00 DM
   18          9  1416 Distelöl                    50     5,50   275,00 DM
   19                                                     ----------
   20                                                      1710,00 DM
   21
   22
   23

BEFEHL: Text Ausschnitt Bewegen Druck Einfügen Format Gehezu Hilfe Kopie Löschen
  Name Ordnen Pfad Quitt Radieren Schutz Übertragen Verändern Wert Xtern Zusätze
Wählen Sie bitte eine Option oder geben Sie deren Anfangsbuchstaben ein!
Z20S11       SUMME(Z(-9)S:Z(-2)S)           100% frei      Multiplan: RECHNUNG
```

Bild 5.24

5.5.1   Das Multiplan-Lernziel:
Eingabe von Formeln zur Multiplikation und Addition

Aufgabe:
Zur Berechnung der Mehrwertsteuer (Mwst.) wird eine Multiplikation durchgeführt. Außerdem soll der Gesamtpreis ermittelt werden.

Ausführung:
1. Geben Sie in Feld Z20S8 den **Text** *Nettopreis*, in das Feld Z21S8 den **Text** *Mwst.* und in das Feld Z24S8 den **Text** *Gesamtpreis* ein.
2. Positionieren Sie den Cursor auf Feld Z22S8, und formatieren Sie das Feld als Prozentwert: **Format Felder Formatcode:** %. Geben Sie die Zahl 0,14 in dieses Feld ein.
3. Positionieren Sie den Cursor auf Feld Z22S11, multiplizieren Sie Z20S11 mit dem Feld Z22S8.

```
 18          9    1416 Distelöl                                  50      5,50   275,00 DM
 19                                                                      ----------
 20                    Nettopreis                                               1710,00 DM
 21                    Mwst.
 22                                                    14%
 23
 24                    Gesamtpreis
```

WERT: Z(-2)S*ZS(-3)

Bitte eine Formel eingeben!
Z22S8   0,14   100% frei   Multiplan: RECHNUNG

Bild 5.25

4. Geben Sie in Feld Z23S11 die Unterstreichung mit dem Befehl **Kopie von Feld**: *Z19S11* in **Feld**: *Z23S11*

5. Positionieren Sie den Cursor auf Feld Z24S11, und addieren Sie *Nettopreis* und Mwst-Betrag.
6. Formatieren Sie die errechneten Werte als DM-Beträge.
7. Geben Sie in Feld Z25S11 die doppelte Unterstreichung ein.

Wenn Sie die Eingaben richtig vorgenommen haben, erhalten Sie Bild 5.26.

```
-1      5   6    7                 8              9       10        11
 8      Lfd Art.                                          Einzel-   Gesamt-
 9      Nr. Nr.  Artikelbezeichnung       Menge           preis     preis
10             --------------------------------------------------------------
11        1    1475 Luxus-Körperlotion              20      6,90   138,00 DM
12        2    1437 Malven-Körperlotion              5      7,50    37,50 DM
13       16    1478 Gurkenmaske                      3      5,50    16,50 DM
14       12    1441 Kampfer-Maske                   50      8,90   445,00 DM
15        7    1414 Johanniskraut                   12      7,50    90,00 DM
16       10    1456 Regenerationscreme             100      5,90   590,00 DM
17        5    1459 Körpermilch                     20      5,90   118,00 DM
18        9    1416 Distelöl                        50      5,50   275,00 DM
19                                                                 ----------
20                  Nettopreis                                     1710,00 DM
21                  Mwst.
22                                          14%                     239,40 DM
23                                                                 ----------
24                  Gesamtpreis                                    1949,40 DM
25                                                                 ==========
```

WERT: Z(-4)S+Z(+1)S

Bitte eine Formel eingeben!
Z25S11   "=============="   100% frei   Multiplan: RECHNUNG

Bild 5.26

5.6 Ende des des Arbeitsblattes Etatb

Sie haben Ihr Rechnungsformular um die Berechnung von 14% Mwst ergänzt, um den Bruttorechnungspreis zu erhalten. Damit ist dieses Arbeitsblatt, das eine Tabelle von Artikeln mit dazugehörigen Preisen und ein Rechnungsformular erfaßt, in das sämtliche Angaben der Tabelle automatisch übernommen werden, abgeschlossen.

5.7 Übung III

Legen Sie mit Hilfe des Bildschirmausdrucks 5.27 eine Datei mit dem Namen **Vorkalk** an. Es soll erreicht werden, daß nach Eingabe der Anzahl eines bestimmten Artikels der entsprechende Rabattsatz gesucht wird und gleichzeitig der Gesamtpreis und die Stückkosten berechnet werden. Zur Erstellung der Datei sind folgende Formeln einzugeben:

%-Satz Rabatt	=	**SUCHEN (zs(-1);tabelle)**
Rabatt in DM	=	**anzahl*stückpreis*prozent**
Gesamtpreis	=	**anzahl*stückpreis-ZS(-1)**
Stückkosten	=	**ZS(-1)/ZS(-4)**

Zusatzaufgabe:
Erweitern Sie die Funktion SUCHEN so, daß die Fehlermeldung NV! nicht auf dem Bildschirm erscheint. Versuchen Sie, auch die Fehlermeldungen **WERT!** bzw. **DIV/0** in den Spalten 3 bis 5 zu unterdrücken.

Wenn Sie die Eingaben richtig vorgenommen haben, erhalten Sie den Bildschirmausdruck von Bild 5.27.

```
Ermittlung unterschiedlicher Mengenrabatte
Vorkalkulation
```

Anzahl	%-Satz Rabatt	Rabatt in DM	Gesamt- preis	Stück- kosten		Stückpreis 5,00 DM	
						Rabattstaffelung	
100	2,0%	10,00	490,00	4,90	DM		
20000	20,0%	20000,00	80000,00	4,00	DM	1	0,0%
999	2,0%	99,90	4895,10	4,90	DM	100	2,0%
100	2,0%	10,00	490,00	4,90	DM	1000	5,0%
50	0,0%	0,00	250,00	5,00	DM	10000	10,0%
10000	10,0%	5000,00	45000,00	4,50	DM	20000	20,0%

Bild 5.27

148

6 Das Arbeitsblatt Urlaub

Sie werden in diesem Arbeitsblatt zusätzlich zu allen bisherigen Befehlen die Befehle Datum, Iteration und Pfad kennenlernen. Das Arbeitsblatt besteht aus zwei Teilen. Im ersten Teil lernen Sie die Eingabe von Datumseingaben kennen. Sie werden bei dem folgenden Arbeitsblatt die zusätzliche Urlaubszeit für die Personen errechnen, die älter als 45 Jahre alt sind. Weiterhin bekommen die Arbeitnehmer, die seit 25 Jahren (Stichtag 1.1. 62) im Betrieb beschäftigt sind, ein Urlaubsgeld in Höhe von 1000 DM.
Im zweiten Teil des Arbeitsblattes werden Sie unter Berücksichtigung einer Gehaltserhöhung von 4% den ursprünglichen Lohn der Angestellten ermitteln.

6.1 Die Eingabe der Datums- und Zeitfunktionen

Sie können mit dem Multiplan-Programm Daten und Zeiten berechnen und eingeben. Das Multiplan-Programm errechnet automatisch die Differenz zwischen dem Tagesdatum und dem Alter des Angestellten, bzw. des Eintrittsdatums. Die eingegebenen Zeiten werden als serielle Zahlen (unten links auf Ihrem Bildschirm) ausgewiesen. Dadurch sind Sie in der Lage, die seriellen Zahlen z.B. zu addieren, oder zu subtrahieren. Die seriellen Zahlen beginnen bei 1. Diese Zahl steht für das Datum: 1.1. 1900. Sie können auch mit Stunden, Minuten oder Sekunden rechnen.

6.1.1 Das Multiplan-Lernziel:
Eingabe von Daten

Aufgabe:
Sie sollen das Arbeitsblatt formatieren und die Geburtsdaten und die Eintrittsdaten eingeben.

Ausführung:
1. Löschen Sie den Bildschirm.
2. Fahren Sie mit dem Cursor auf Feld Z1S1.
3. Verbreitern Sie die Spalte 1 mit dem Befehl **Format Breite_der_Spalten:**20.

4. Verbreitern Sie die Spalten S2:S5 auf *12* Zeichen
   (*F,B,12,Tabulator,Tabulator,5*).
5. Geben Sie den Text in Z1S1 ein, der in Bild 6.1 abgedruckt ist.
6. Geben Sie die Texte in Z3S1:5 ein (vgl. Bild 6.1).
7. Geben Sie den Trennungsstrich in Z4S1 mit dem Befehl **Wert**
   Wiederholen ("-";20) ein.
8. Kopieren Sie mit dem Befehl **Kopie Rechts Anzahl: 4**.
9. Wählen Sie **Text** und geben Sie die Texte in Z6:16S1 ein (vgl Bild
   6.1).
10. Wählen Sie den Befehl **Format**.
11. Wählen Sie das Untermenü **Zeit Datum Felder** an.
12. Geben Sie die Bereichsangabe ein: Z6:16S2:3.
13. Springen Sie mit der **Tabulator**-Taste in den Bereich **Format**.

Es gibt unterschiedliche Möglichkeiten, die Zeiten auf dem Bildschirm
darzustellen. Die Standardbezeichnungen können Sie mit den folgenden
Befehlen abrufen:

14. Gehen Sie mit der *Cursorsteuer-Taste nach oben*, wenn Sie sich im
    Unterbefehlsmenü **Format** befinden.
15. Wählen Sie die Eingabe t.m.jj aus.

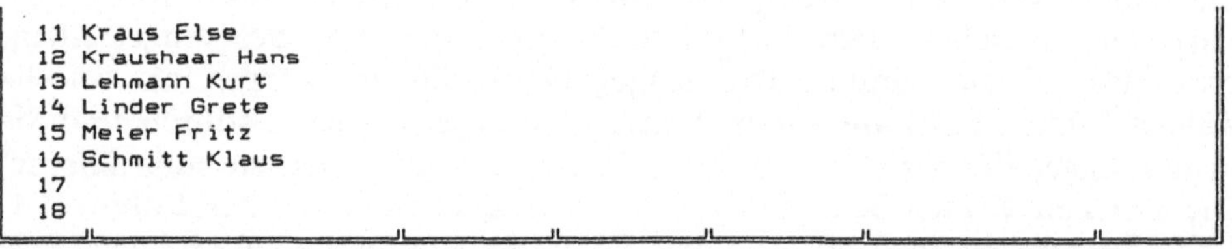

Bild 6.1

16. Bestätigen Sie die Eingabe mit der **Return**-Taste.
17. Geben Sie die Geburtstags- und die Eintrittsdaten mit Hilfe des
    Befehls **Text** ein.

Sie haben nun die Bereiche als Dateneintragungen formatiert. Sie können
unten am Bildschirm die serielle Zahl der einzelnen Felder erkennen.

Bei richtiger Eingabe erhalten Sie Bild 6.2.

```
 -1      ‖          1          ‖         2    ‖    3     ‖    4     ‖      5         ‖
  1  Tagesdatum:                                            Stichtag:
  2
  3  Name                     Geb.Datum Eintritt  Tage      Urlaubsgeld
  4  --------------------------------------------------------------------
  5
  6  Böckmann Sebastian        17.4.52   10.3.76
  7  Funke Renate              21.12.35  15.6.60
  8  Hirtmann Wilhelm           1.4.30   15.4.49
  9  Karl Hans                 15.3.32    1.4.51
 10  Kirr Margot               30.1.62   20.3.80
 11  Kraus Else                12.11.38  25.9.55
 12  Kraushaar Hans            22.7.43   18.5.80
 13  Lehmann Kurt              13.7.25    1.5.47
 14  Linder Grete              16.11.56  15.2.76
 15  Meier Fritz               23.8.53   15.3.78
 16  Schmitt Klaus             22.7.28    5.10.64
 17
 18
BEFEHL: Text Ausschnitt Bewegen Druck Einfügen Format Gehezu Hilfe Kopie Löschen
 Name Ordnen Pfad Quitt Radieren Schutz Übertragen Verändern Wert Xtern Zusätze
Wählen Sie bitte eine Option oder geben Sie deren Anfangsbuchstaben ein!
Z6S4                                   100% frei        Multiplan: URLAUB
```

Bild 6.2

6.1.2   Das Multiplan-Lernziel:
Eingabe des Tagesdatums

Aufgabe:

Geben Sie in Ihr Arbeitsblatt das Tagesdatum ein.

Ausführung:

1. Fahren Sie mit dem Cursor auf Feld Z1S2.
2. Drücken Sie die Taste **Format Zeit-Datum**.
3. Gehen Sie in den Bereich **Felder**.
4. Geben Sie bei **Felder** Z1S2 ein.
5. Setzen Sie den Cursor in den Bereich **Format**.
6. Gehen Sie mit der Cursorsteuertaste in den Bereich *t.m.jj*.
7. Bestätigen Sie die Eingabe mit der **Return**-Taste.
8. Positionieren Sie den Cursor auf Feld Z1S2.
9. Wählen Sie den Befehl **Wert** an.
10. Geben Sie **JETZT()** ein.

```
 11 Schmitt Klaus            22.7.28   5.10.64
 12 Böckmann Sebastian       17.4.52   10.3.76
 13 Funke Renate             21.12.35  15.6.60
 14 Kirr Margot              30.1.62   20.3.80
 15 Kraushaar Hans           22.7.43   18.5.80
 16 Hirtmann Wilhelm          1.4.30   15.4.49
 17
 18

WERT: JETZT()

Bitte eine Formel eingeben!
Z1S2      JETZT()                         100% frei      Multiplan: URLAUB
```

Bild 6.3

11.   Bestätigen Sie die Eingabe mit der **Return**-Taste.

Sollten Sie einen Computer ohne Uhr besitzen, so müssen Sie das
Tagesdatum mit Hilfe des Befehls Text eingeben.

12.   Drücken Sie die Taste **T** für **Text.**
13.   Geben Sie das heutige Datum z.B. (15.11.87) ein.
14.   Bestätigen Sie die Eingabe mit der **Return**-Taste.

Sie haben in Feld Z1S2 das aktuelle Datum eingetragen. Bei richtiger
Eingabe erhalten Sie den Bildschimrausdruck 6.4

```
-1       1              2          3        4          5
 1 Tagesdatum:      15.11.87            Stichtag:
 2
 3 Name             Geb.Datum Eintritt Tage      Urlaubsgeld
 4 ------------------------------------------------------------------
 5
 6 Lehmann Kurt         13.7.25   1.5.47
 7 Meier Fritz          23.8.53  15.3.78
 8 Kraus Else           12.11.38 25.9.55
 9 Karl Hans            15.3.32   1.4.51
10 Linder Grete         16.11.56 15.2.76
11 Schmitt Klaus        22.7.28   5.10.64
12 Böckmann Sebastian   17.4.52  10.3.76
13 Funke Renate         21.12.35 15.6.60
14 Kirr Margot          30.1.62  20.3.80
15 Kraushaar Hans       22.7.43  18.5.80
16 Hirtmann Wilhelm      1.4.30  15.4.49
17
18

BEFEHL: Text Ausschnitt Bewegen Druck Einfügen Format Gehezu Hilfe Kopie Löschen
  Name Ordnen Pfad Quitt Radieren Schutz Übertragen Verändern Wert Xtern Zusätze
Wählen Sie bitte eine Option oder geben Sie deren Anfangsbuchstaben ein!
Z1S2      JETZT()                         100% frei      Multiplan: URLAUB
```

Bild 6.4

6.1.3 Das Multiplan-Lernziel:
Berechnung von Daten mit den seriellen Zahlen

Aufgabe:
Sie sollen mit Hilfe der seriellen Zahlen die Personen ermitteln, die ein zusätzliches Urlaubsgeld erhalten sollen.

Ausführung:
1. Fahren Sie mit dem Cursor auf Feld Z1S4.
2. Geben Sie den Text in Z1S4 ein. vgl Bild 6.6
3. Bestätigen Sie die Eingabe mit der **Return**-Taste.
4. Fahren Sie mit dem Cursor auf Feld Z1S5
5. Formatieren Sie das Feld mit **Format Zeit Datum**.
6. Geben Sie bei **Format:** *t.m.jj* ein.
7. Bestätigen Sie die Eingabe mit der **Return**-Taste.
8. Geben Sie mit **Text** das Datum *1.1.62* ein.
9. Bestätigen Sie die Eingabe mit der **Return**-Taste.

Errechnen Sie den **Datwert** zwischen den Daten *1.1.62* und *15.11.87*.

10. Fahren Sie mit dem Cursor auf Feld Z1S6.
11. Wählen Sie den Befehl **Wert** an.
12. Geben Sie die Formel zur Berechnung der seriellen Zahl ein.

    Z1S2-DATWERT("1.1.62")

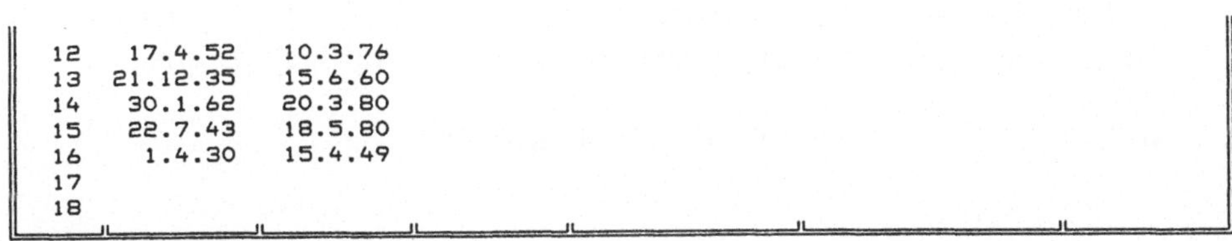

Bild 6.5

13. Bestätigen Sie die Formel mit der **Return**-Taste.
14. Formatieren Sie Feld Z1S6 mit **Format Felder Formatcode Ganz** .

Wenn Sie die Eingaben richtig vorgenommen haben, erhalten Sie folgenden Bildschirmausdruck:

153

```
  -1       2          3          4          5              6
  1   15.11.87              Stichtag:        1.1.62           9449
  2
  3  Geb.Datum Eintritt  Tage      Urlaubsgeld
  4  ------------------------------------------------------
  5
  6   13.7.25    1.5.47
  7   23.8.53   15.3.78
  8   12.11.38  25.9.55
  9   15.3.32    1.4.51
 10   16.11.56  15.2.76
 11   22.7.28    5.10.64
 12   17.4.52   10.3.76
 13   21.12.35  15.6.60
 14   30.1.62   20.3.80
 15   22.7.43   18.5.80
 16    1.4.30   15.4.49
 17
 18
FORMAT Felder: Z1S6                     Ausrichtung:(Stnd)Mitte Norm Links Rechts -
 Formatcode: Stnd Zusammen E_Form Fest Norm(Ganz)Währung * % -  Dez_Stellen: 0
Geben Sie bitte die Position eines Felds oder Tabellenbereichs ein!
Z1S6       ZS(-4)-DATWERT("1.1.62")          100% frei       Multiplan: URLAUB
```

Bild 6.6

6.1.4   Das Multiplan-Lernziel:
Eingabe einer Formel mit seriellen Zahlen

Aufgabe:
Errechnen Sie, wer Urlaubsgeld erhält.

Ausführung:
1. Fahren Sie mit dem Cursor auf Feld Z6S5.
2. Wählen Sie den Befehl **Wert** an.
3. Geben Sie die Formel zur Berechnung des Urlaubsgeldes ein:

WENN(ZS(-2)+Z1S6<(Z1S1);"1000 DM";"")


```
 10   16.11.56  15.2.76
 11   22.7.28    5.10.64
 12   17.4.52   10.3.76
 13   21.12.35  15.6.60
 14   30.1.62   20.3.80
 15   22.7.43   18.5.80
 16    1.4.30   15.4.49
 17
 18
WERT: WENN(ZS(-2)+Z1S6<Z1S2;"1000 DM";"")

Bitte eine Formel eingeben!
Z6S5      wenn                          100% frei       Multiplan: URLAUB
```

Bild 6.7

Erklärung der Formel:
Wenn der Wert, der in Z6S3 steht und die serielle Zahl vom 1.1.62 (9388)
kleiner ist, als die serielle Zahl des heutigen Datums (Z1S2), so schreibe
1000 DM.

4. Bestätigen Sie die Eingabe mit der **Return**-Taste.
5. Kopieren Sie die Formel **Kopie_Nach_Unten**: *10* mal.

Sie haben jetzt für alle Beschäftigen das Urlaubsgeld errechnet.
Bei richtiger Eingabe erhalten Sie Bild 6.8

```
-1      2        3        4          5              6
 1   15.11.87           Stichtag:        1.1.62          9449
 2
 3  Geb.Datum Eintritt  Tage      Urlaubsgeld
 4  ------------------------------------------------------
 5
 6    13.7.25    1.5.47           1000 DM
 7    23.8.53   15.3.78
 8   12.11.38   25.9.55           1000 DM
 9    15.3.32    1.4.51           1000 DM
10   16.11.56   15.2.76
11    22.7.28   5.10.64
12    17.4.52   10.3.76
13   21.12.35   15.6.60           1000 DM
14    30.1.62   20.3.80
15    22.7.43   18.5.80
16     1.4.30   15.4.49           1000 DM
17
18

KOPIE NACH_UNTEN Anzahl Kopien: 10    Beginn bei: Z6S5

Bitte eine Zahl eingeben!
Z6S5       WENN(ZS(-2)+Z1S6<Z1S2;"1000    100% frei     Multiplan: URLAUB
```

Bild 6.8

6.1.5   Das Multiplan-Lernziel:
Eingabe einer Formel mit DATWERT

Aufgabe:
Errechnen Sie, wer zusätzlichen Urlaubsanspruch hat.

Ausführung:
1. Fahren Sie mit dem Cursor auf Feld Z6S4.
2. Wählen Sie den Befehl **Wert** an.
3. Geben Sie die Formel zur Berechnung der zusätzlichen Urlaubstage
    ein.

WENN((ZS(-2)+DATWERT("1.1.45"))<(Z1S2);"3 Tage";"")

```
10 Linder Grete          16.11.56   15.2.76
11 Schmitt Klaus         22.7.28    5.10.64
12 Böckmann Sebastian    17.4.52    10.3.76
13 Funke Renate          21.12.35   15.6.60           1000DM
14 Kirr Margot           30.1.62    20.3.80
15 Kraushaar Hans        22.7.43    18.5.80
16 Hirtmann Wilhelm       1.4.30    15.4.49           1000DM
17
18
```

WERT: WENN(ZS(-2)+DATWERT("1.1.45")<(Z1S2);"3 Tage";"")

Bitte eine Formel eingeben!
Z6S4   100% frei   Multiplan: URLAUB

Bild 6.9

Erklärung der Formel:
Wenn der Wert, der in Z6S2 steht + der DATWERT vom 1.1.45 (Alter 45 Jahre) kleiner ist, als das heutige Datum, so schreibe 3 Tage.

4. Bestätigen Sie die Eingabe mit der **Return**-Taste.
5. Kopieren Sie die Formel **Kopie_Nach_Unten**: *10* mal

Sie haben den zusätzlichen Urlaubsanspruch für alle Beschäftigten ermittelt.

Die Darstellung auf Ihrem Bildschirm sollte Bild 6.10 entsprechen.

```
-1           1            2         3        4            5
 1 Tagesdatum:        15.11.87            Stichtag:       1.1.62
 2
 3 Name               Geb.Datum Eintritt  Tage       Urlaubsgeld
 4 ----------------------------------------------------------------
 5
 6 Lehmann Kurt        13.7.25    1.5.47 3 Tage      1000DM
 7 Meier Fritz         23.8.53   15.3.78
 8 Kraus Else          12.11.38  25.9.55 3 Tage      1000DM
 9 Karl Hans           15.3.32    1.4.51 3 Tage      1000DM
10 Linder Grete        16.11.56  15.2.76
11 Schmitt Klaus       22.7.28    5.10.64 3 Tage
12 Böckmann Sebastian  17.4.52   10.3.76
13 Funke Renate        21.12.35  15.6.60 3 Tage      1000DM
14 Kirr Margot         30.1.62   20.3.80
15 Kraushaar Hans      22.7.43   18.5.80
16 Hirtmann Wilhelm     1.4.30   15.4.49 3 Tage      1000DM
17
18
```

KOPIE NACH_UNTEN Anzahl Kopien: 10   Beginn bei: Z6S4

Bitte eine Zahl eingeben!
Z6S4   WENN(ZS(-2)+DATWERT("1.1.45   100% frei   Multiplan: URLAUB

Bild 6.10

6.2 Iteration

In der folgenden Aufgabe werden Sie mit Hilfe des Befehls **Iteration** feststellen, wie groß eine Lohnerhöhung in DM-Beträgen gewesen ist. Bei der Möglichkeit, mit dem Befehl **Iteration** zu rechnen, handelt es sich kaufmännisch gesehen um die Berechnung des Prozentwertes vom vermehrten Grundwert (auf Hundert). In dem folgenden Beispiel ist als Grundlage nur der Wert , der sich nach der Lohnerhöhung ergibt, vorhanden. Weiterhin ist die prozentuale Lohnerhöhung in Höhe von 4% vorgegeben.

Die kaufmännische Formel hierfür ist:

$$\text{Gehaltserhöhung} = \frac{100\% \text{ (altes Gehalt)} * \text{x DM (neues Gehalt)}}{(\ 100\% + \text{Erhöhung \%}) \text{ (neues Gehalt)}}$$

Wichtig!

Wenn Sie einen gegebenen Wert (n) haben, und dieser sich wertmäßig aus dem gesuchten Wert und dem Prozentsatz ergibt, müssen Sie nach dem Befehl Iteration vorgehen. Sie rufen sonst eine Endlosschleife hervor. Es sind hier zwei verschiedene Formeln voneinander abhängig. Von den erforderlichen Angaben, die Sie für die Formel benötigen, haben Sie nur das neue Gehalt und die prozentuale Steigerung.

Gesucht wird:

1. Das neue Gehalt;

2. Die wertmäßige Steigerung.

6.2.1 Das Multiplan-Lernziel: Formatieren von Feldern

Aufgabe:
Geben Sie die Gehälter der Personen ein.

Ausführung:
1. Geben Sie Ihr Arbeitsblatt *Urlaub* ein.
2. Fahren Sie mit dem Cursor auf Feld Z3S6.
3. Geben Sie den Text in Z3S6:8 ein.
4. Verbreitern Sie die Spalte 6 mit dem Befehl **Format Breite_der 5palte:** *17*
5. Formatieren Sie den Bereich Z6:16S6 mit dem Befehl **Format Felder Formatcode:** *Währung.*
6. Bestätigen Sie die Eingabe mit der **Return-**Taste.

7. Wählen Sie den Befehl **Wert** an.
8. Tragen Sie die Werte in Z6:16S6 ein. vgl. Bild 6.11.
9. Setzen Sie den Cursor auf Feld Z4S6.
10. Geben Sie mit Hilfe des Befehls **Wert** die Formel Wiederholen("-";17) ein.
11. Kopieren Sie die Formel nach rechts, Anzahl 2.

Wenn Sie die Eingaben richtig vorgenommen haben erhalten sie folgenden Bildschirmausdruck.

```
┌─1     ┬┬   4    ┬┬   5    ┬┬      6       ┬┬   7    ┬┬   8    ┬┬
│   1 Stichtag:        1.1.62          9449
│   2
│   3 Tage         Urlaubsgeld    n. Tariferhöhung Erhöhung    v. Erhöhung
│   4 ----------------------------------------------------------------------
│   5
│   6 3 Tage       1000DM              2500,00 DM
│   7                                  3200,00 DM
│   8 3 Tage       1000DM              4200,00 DM
│   9 3 Tage       1000DM              2100,00 DM
│  10                                  3900,00 DM
│  11 3 Tage                           2450,00 DM
│  12                                  4870,00 DM
│  13 3 Tage       1000DM              3256,00 DM
│  14                                  2587,00 DM
│  15                                  3456,00 DM
│  16 3 Tage       1000DM              3248,00 DM
│  17
│  18
└───────┴┴────────┴┴─────────┴┴─────────────┴┴────────┴┴────────┴┴
BEFEHL: Text Ausschnitt Bewegen Druck Einfügen Format Gehezu Hilfe Kopie Löschen
  Name Ordnen Pfad Quitt Radieren Schutz übertragen Verändern Wert Xtern Zusätze
Wählen Sie bitte eine Option oder geben Sie deren Anfangsbuchstaben ein!
Z16S6      3248                       100% frei       Multiplan: URLAUB
```

Bild 6.11

6.2.2 Das Multiplan-Lernziel:
Berechnung des alten Gehalts

Aufgabe:
Geben Sie die Formel zur Berechnung des alten Gehalts ein.

Ausführung:
1. Setzen Sie den Cursor auf Feld Z6S7.
2. Formatieren Sie die Felder Z7:8S6:16. Wählen Sie den Befehl **Format Felder**. Fahren Sie mit dem Cursor den Bereich Z7:8S6:6 ab. Wählen Sie den Unterbefehl **Formatcode**: Setzen Sie den Cursor auf **Währung**.
3. Bestätigen Sie die Eingabe mit der **Return**-Taste.

158

Der ursprüngliche Verdienst errechnet sich aus der Formel **neuer Lohn -
Erhöhung**

4.   Setzen Sie den Cursor auf Feld Z6S8.
5.   Wählen Sie den Befehl **Wert** an.
6.   Geben Sie die Formel zur Berechnung des alten Lohnes ein:

ZS(-2)-ZS(-1)

```
 13 3 Tage      1000DM                  3256,00 DM
 14                                     2587,00 DM
 15                                     3456,00 DM
 16 3 Tage      1000DM                  3248,00 DM
 17
 18

WERT: ZS(-2)-ZS(-1)

Bitte eine Formel eingeben!
Z6S7                            100% frei      Multiplan: URLAUB
```

Bild 6.12

10.   Bestätigen Sie die Eingabe mit der **Return-Taste**.

Auf Ihrem Bildschirm befinden sich 10 Ausrufezeichen. Dies ist
eingetreten, da der Feldinhalt breiter war als in der Spaltenformatierung
vorgesehen.

11.   Erweitern Sie die Spalte 8 auf *12* Zeichen.
12.   Kopieren Sie die Formel aus dem Feld Z6S8 **Kopie_nach_Unten:**
       10 .
13.   Bestätigen Sie die Eingabe mit der **Return-Taste**.

Die Werte der Zeile 8 Spalte 6 sind übernommen worden, da die Bild 6. E
rhöhung in Spalte 7 noch nicht berechnet worden ist. Die Berechnung
wird zwar durchgeführt, aber mit einer Subtraktion von Null.
Wenn Sie die Eingaben richtig vorgenommen haben, erhalten Sie
folgendes Bild:

```
-1    ║    4    ║      5      ║        6        ║     7     ║      8      ║
  1 Stichtag:          1.1.62                9449
  2
  3 Tage       Urlaubsgeld   n. Tariferhöhung Erhöhung    v. Erhöhung
  4 -------------------------------------------------------------------
  5
  6 3 Tage     1000DM                  2500,00 DM             2500,00 DM
  7                                    3200,00 DM             3200,00 DM
  8 3 Tage     1000DM                  4200,00 DM             4200,00 DM
  9 3 Tage     1000DM                  2100,00 DM             2100,00 DM
 10                                    3900,00 DM             3900,00 DM
 11 3 Tage                             2450,00 DM             2450,00 DM
 12                                    4870,00 DM             4870,00 DM
 13 3 Tage     1000DM                  3256,00 DM             3256,00 DM
 14                                    2587,00 DM             2587,00 DM
 15                                    3456,00 DM             3456,00 DM
 16 3 Tage     1000DM                  3248,00 DM             3248,00 DM
 17
 18

KOPIE  NACH_UNTEN  Anzahl Kopien: 10     Beginn bei: Z6S8

Bitte eine Zahl eingeben!
Z6S8       ZS(-2)-ZS(-1)                 100% frei      Multiplan: URLAUB
```

Bild 6.13

6.2.3   Das Multiplan-Lernziel: Berechnung mit Iteration

Aufgabe:
Berechnen Sie die Lohnerhöhung.

Ausführung:
1. Fahren Sie mit dem Cursor auf Feld Z6S7.
2. Wählen Sie den Befehl **Wert** an.
3. Geben Sie die Formel zur Berechnung der Lohnerhöhung ein:

ZS(+1)*4%

```
 12                                    4870,00 DM             4870,00 DM
 13 3 Tage     1000DM                  3256,00 DM             3256,00 DM
 14                                    2587,00 DM             2587,00 DM
 15                                    3456,00 DM             3456,00 DM
 16 3 Tage     1000DM                  3248,00 DM             3248,00 DM
 17
 18

WERT:  ZS(+1)*4%

Bitte eine Formel eingeben!
Z6S7                                     100% frei      Multiplan: URLAUB
```

Bild 6.14

Sie benötigen zwei vonneinander abhängige Formeln:
Z8S8 ist abhängig von Z8S7 (ZS(-2)-ZS(-1) und Z8S7 ist abhängig von
Z8S7 (ZS(+1)*4%.

Auf Ihrem Bildschirm ist der Satz vorhanden:

Endlosschleife in der Formel Z6S7

```
 -1          4              5                 6              7              8
  1 Stichtag:            1.1.62                9449
  2
  3 Tage       Urlaubsgeld      n. Tariferhöhung Erhöhung     v. Erhöhung
  4 ------------------------------------------------------------------------
  5
  6 3 Tage     1000DM                 2500,00 DM  100,00 DM   2500,00 DM
  7                                   3200,00 DM               3200,00 DM
  8 3 Tage     1000DM                 4200,00 DM               4200,00 DM
  9 3 Tage     1000DM                 2100,00 DM               2100,00 DM
 10                                   3900,00 DM               3900,00 DM
 11 3 Tage                            2450,00 DM               2450,00 DM
 12                                   4870,00 DM               4870,00 DM
 13 3 Tage     1000DM                 3256,00 DM               3256,00 DM
 14                                   2587,00 DM               2587,00 DM
 15                                   3456,00 DM               3456,00 DM
 16 3 Tage     1000DM                 3248,00 DM               3248,00 DM
 17
 18

BEFEHL: Text Ausschnitt Bewegen Druck Einfügen Format Gehezu Hilfe Kopie Löschen
 Name Ordnen Pfad Quitt Radieren Schutz übertragen Verändern Wert Xtern Zusätzen
Endlosschleife in der Formel: : Z6S8
Z6S7       ZS(+1)*4%                      100% frei        Multiplan: URLAUB
```

Bild 6.15

4.   Geben Sie den Befehl **Zusätze** ein.
5.   Gehen Sie mit der **Tabulator**-Taste in den Bereich **Iteration**.
6.   Da Sie mit Hilfe der **Iteration** rechnen wollen, setzen Sie den
      Cursor auf *Ja*.

```
 12                                   4870,00 DM               4870,00 DM
 13 3 Tage     1000DM                 3256,00 DM               3256,00 DM
 14                                   2587,00 DM               2587,00 DM
 15                                   3456,00 DM               3456,00 DM
 16 3 Tage     1000DM                 3248,00 DM               3248,00 DM
 17
 18

ZUSÄTZE sofort rechnen:(Ja)Nein     Warnton aus: Ja Nein     Iteration:(Ja)Nein
Endekriterium in:                   Text-/Wert-Modus: Ja(Nein)        Merke: Ja(Nein)
Wählen Sie bitte eine Option oder geben Sie deren Anfangsbuchstaben ein!
Z6S7       ZS(+1)*4%                      100% frei        Multiplan: URLAUB
```

Bild 6.16

7.   Bestätigen Sie die Eingabe mit der **Return**-Taste.

Auf Ihrem Bildschirm erkennen Sie, daß sich der Wert verändert hat. Sie haben durch den Befehl **Iteration** den alten Lohn errechnet. Die Formel dafür lautet:

$$\frac{2500 * 100}{104}$$

8. Kopieren Sie mit Hilfe des Befehls **Kopie_nach_Unten**; **Anzahl Kopien:** *10*.
9. Bestätigen Sie die Eingabe mit der **Return**-Taste.
10. Speichern Sie Ihr Arbeitsblatt mit dem Befehl **Übertragen Speichern:** *Urlaub*.

Sie haben Ihr Arbeitsblatt Urlaub beendet.

Ihr Bildschirm entspricht bei richtigen Eingaben Bild 6.17.

```
-1    4          5              6          7            8
  1 Stichtag:        1.1.62           9449
  2
  3 Tage       Urlaubsgeld    n. Tariferhöhung Erhöhung      v. Erhöhung
  4 ---------------------------------------------------------------------
  5
  6 3 Tage     1000DM                  2500,00 DM    96,15 DM   2403,85 DM
  7                                    3200,00 DM   123,08 DM   3076,92 DM
  8 3 Tage     1000DM                  4200,00 DM   161,54 DM   4038,46 DM
  9 3 Tage     1000DM                  2100,00 DM    80,77 DM   2019,23 DM
 10                                    3900,00 DM   150,00 DM   3750,00 DM
 11 3 Tage                             2450,00 DM    94,23 DM   2355,77 DM
 12                                    4870,00 DM   187,31 DM   4682,69 DM
 13 3 Tage     1000DM                  3256,00 DM   125,23 DM   3130,77 DM
 14                                    2587,00 DM    99,50 DM   2487,50 DM
 15                                    3456,00 DM   132,92 DM   3323,08 DM
 16 3 Tage     1000DM                  3248,00 DM   124,92 DM   3123,08 DM
 17
 18

KOPIE NACH_UNTEN Anzahl Kopien: 10    Beginn bei: Z6S7

Bitte eine Zahl eingeben!
Z6S7        ZS(+1)*4%              100% frei     Multiplan: URLAUB
```

Bild 6.17

6.3   Pfad

Sie können in Ihrem Arbeitsblatt die Abhängigkeiten der einzelnen Zeilen und Spalten feststellen und ausdrucken lassen. Mit Hilfe des Befehls **Pfad** haben Sie die Möglichkeit, einzelne Abhängigkeiten innerhalb Ihres Arbeitsblattes festzustellen. Sie haben mit dem Multiplan-Programm die Möglichkeit, während der Arbeit einen DOS-Befehl aus dem Betriebssystem anzuwählen. Wenn Sie die Eingabe **Pfad Betriebssystem**

durchführen, können Sie aus dem Multiplan-Programm heraus einen
Befehl (z.B. dir) durchführen lassen (vgl. Bild 6.18). Sollten Sie mehrere
DOS-Befehle anwenden wollen, so müssen Sie aus Multiplan mit dem
Befehl **Pfad Betriebssystem Command** das Betriebssystem laden. Sie
können nun DOS-Befehle ausführen lassen. Während des gesamten
Arbeitsganges befindet sich Ihr gesamtes Multiplan-Programm im
Speicher. Wenn Sie wieder in das Multiplan-Programm zurückwollen,
geben Sie den Befehl Exit ein und drücken Sie eine beliebige Taste. Sie
können Ihr Arbeitsblatt weiter bearbeiten.

Wenn Sie die Eingaben richtig vorgenommen haben, sieht Ihr Bildschirm
wie folgt aus:

```
-1      4           5              6          7           8
  1 Stichtag:          1.1.62            9449
  2
  3 Tage       Urlaubsgeld     n. Tariferhöhung Erhöhung    v. Erhöhung
  4 ------------------------------------------------------------------------
  5
  6 3 Tage     1000DM                     2500,00 DM     96,15 DM   2403,85 DM
  7                                       3200,00 DM    123,08 DM   3076,92 DM
  8 3 Tage     1000DM                     4200,00 DM    161,54 DM   4038,46 DM
  9 3 Tage     1000DM                     2100,00 DM     80,77 DM   2019,23 DM
 10                                       3900,00 DM    150,00 DM   3750,00 DM
 11 3 Tage                                2450,00 DM     94,23 DM   2355,77 DM
 12                                       4870,00 DM    187,31 DM   4682,69 DM
 13 3 Tage     1000DM                     3256,00 DM    125,23 DM   3130,77 DM
 14                                       2587,00 DM     99,50 DM   2487,50 DM
 15                                       3456,00 DM    132,92 DM   3323,08 DM
 16 3 Tage     1000DM                     3248,00 DM    124,92 DM   3123,08 DM
 17
 18

PFAD BETRIEBSSYSTEM: dir

Bitte Text eingeben!
Z6S7         ZS(+1)*4%                     100% frei        Multiplan: URLAUB
```

Bild 6.18

6.3.1   Das Multiplan-Lernziel:
Überprüfung von Formeln

Aufgabe:
Stellen Sie fest, welche Abhängigkeiten das Feld Z6S5 innerhalb des
Arbeitsblattes hat.

Ausführung:
1.   Fahren Sie mit dem Cursor auf Feld Z6S5
2.   Wählen Sie den Befehl **Pfad**.
3.   Gehen Sie mit dem Cursor auf **Kontrolle**.

Sie wollen die Formeln kontrollieren.

4. Setzen Sie den Cursor auf **Formeln**.
5. Sie wollen die Formeln des Feldes Z6S5 wissen.
6. Bestätigen Sie die Eingabe mit der **Return**-Taste.

```
 12    10.3.76                                4870,00 DM    187,31 DM
 13    15.6.60 3 Tage      1000DM             3256,00 DM    125,23 DM
 14    20.3.80                                2587,00 DM     99,50 DM
 15    18.5.80                                3456,00 DM    132,92 DM
 16    15.4.49 3 Tage      1000DM             3248,00 DM    124,92 DM
 17
 18
```

```
PFAD KONTROLLE FORMELN Feld: Z6S5

Geben Sie bitte die Position eines Felds oder Tabellenbereichs ein!
Z6S5       WENN(ZS(-2)+9382<Z1S2;"1000    100% frei      Multiplan: URLAUB
```

Bild 6.19

Der Bildschirm zur Überprüfung Ihrer Formelbezüge des Feldes Z6S5
sollte Bild 6.20 entsprechen.

```
Formel in Z6S5:
WENN(ZS(-2)+9382<Z1S2;"1000DM";"")



Wert: "1000DM"                      Angezeigter Wert: 1000DM
Format: Stnd. Währung(2)
Felder mit dem Namen ZS(-2): Z6S3
```

```
Formel in Z6S3:
17288



Wert: 17288                         Angezeigter Wert: 17288
Format: Stnd. t.m.jj
```

```
PFAD KONTROLLE FORMELN Feld: Z6S5

Drücken Sie eine Richtungstaste oder UNTERBRECHEN!
Z6S5       WENN(ZS(-2)+9382<Z1S2;"1000    100% frei      Multiplan: URLAUB
```

Bild 6.20

Sie sehen auf Ihrem Bildschirm 2 Fenster. Das obere Fenster gibt an, welche Informationen in dem Feld Z6S5 vorhanden sind. Im unteren Fenster sehen Sie die Anzeige eines von Z6S5 abhängiges Feldes. Durch den Befehl **Pfad** können Sie die Zusammenhänge und die Verbindungen innerhalb Ihres Arbeitsblattes feststellen. In dem einzelnen Feld erkennen Sie, wie die Formatierung des Feldes erfolgt ist. Sie können mit den Cursorsteuer-Tasten den Cursor weiterbewegen und die einzelnen abhängigen Felder durchblättern. Setzen Sie den Cursor im ersten Fenster auf Z1S2. Sie können erkennen, daß sich die Eintragung des ersten Fensters nicht verändert hat.

Das zweite Fenster zeigt aber nun den Feldinhalt von Z1S2 an. Bei der Werteingabe handelt es sich um die serielle Zahl, die von dem entsprechendem Tagesdatum abhängig ist. Weiterhin befindet sich eine Umbersicht über die Formatierung des Feldes im zweiten Fenster. Sie kontrollieren die Formel in Z6S5.

Bei der Kontrolle dieser Formel haben Sie gleichzeitig die Kontrolle der Eingaben in Feld Z1S2; alle Bildschirmangaben sollten Bild 6.21 entsprechen.

```
Formel in Z6S5:
WENN(ZS(-2)+9382<Z1S2;"1000DM";"")



Wert: "1000DM"                    Angezeigter Wert: 1000DM
Format: Stnd. Währung(2)
Felder mit dem Namen Z1S2: Z1S2
```

```
Formel in Z1S2:
JETZT()



Wert: 32096,0395138889           Angezeigter Wert: 32096,04
Format: Stnd. t.m.jj
```

```
PFAD KONTROLLE FORMELN Feld: Z6S5

Drücken Sie eine Richtungstaste oder UNTERBRECHEN!
Z6S5        WENN(ZS(-2)+9382<Z1S2;"1000    100% frei    Multiplan: URLAUB
```

Bild 6.21

6.3.2   Das Multiplan-Lernziel:
Überprüfung von Bezügen

Aufgabe:
Überprüfen Sie, welche Felder einen Bezug zu Feld Z1S2 haben.

Ausführung:
1. Fahren Sie mit dem Cursor auf Feld Z1S2.
2. Wählen Sie den Befehl **Pfad**.
3. Gehen Sie mit dem Cursor in **Kontrolle**.

Sie wollen die Bezüge kontrollieren.

4. Setzen Sie den Cursor in **Kontrolle: Bezüge**.
5. Sie wollen die Bezüge des Feldes Z1S2 wissen.
6. Bestätigen Sie die Eingabe mit der **Return**-Taste (vgl. Bild 6.23)

Auch hier sind zwei Fenster auf dem Bildschirm vorhanden. Das obere Fenster beinhaltet die Felder des Arbeitsblattes, die von Z1S2 abhängig sind. Diese Abhängigkeit ergibt sich aus den verwendeten Formeln. Im zweiten Fenster erkennen Sie, welche Formel in dem Feld, auf den der Cursor steht, vorhanden ist. Weiterhin sehen Sie die Formatierung des Feldes. Auch hier können Sie mit den Cursorsteuer-Tasten die einzelnen Felder durchblättern.

Bei der richtigen Eingabe erhalten Sie Bild 6.22.

```
Felder mit der Verwendung Z1S2:
Z1S6      Z6S4      Z6S5      Z7S4      Z7S5      Z8S4      Z8S5
Z9S4      Z9S5      Z10S4     Z10S5     Z11S4     Z11S5     Z12S4
Z12S5     Z13S4     Z13S5     Z14S4     Z14S5     Z15S4     Z15S5
Z16S4     Z16S5


Wert: 32096,0395138889            Angezeigter Wert: 32096,04
Format: Stnd. t.m.jj


Formel in Z1S6:
ZS(-4)-ZS(-1)



Wert: 9449,03951388889            Angezeigter Wert: 9449
Format: Stnd. Ganz(0)

PFAD KONTROLLE BEZüGE Feld: Z1S2

Drücken Sie eine Richtungstaste oder UNTERBRECHEN!
Z1S2       JETZT()                      100% frei       Multiplan: URLAUB
```

Bild 6.22

7. Setzen Sie den Cursor im ersten Feld auf Z6S4.

Das erste Fenster bleibt unverändert. Im zweiten Fenster sehen Sie die
Formel des Feldes Z6S4, aus dem der Cursor in erstem Fenster steht (vgl.
Bild 6.23).

```
Felder mit der Verwendung Z1S2:
Z1S6      Z6S4      Z6S5      Z7S4      Z7S5      Z8S4      Z8S5
Z9S4      Z9S5      Z10S4     Z10S5     Z11S4     Z11S5     Z12S4
Z12S5     Z13S4     Z13S5     Z14S4     Z14S5     Z15S4     Z15S5
Z16S4     Z16S5


Wert: 32096,0395138889            Angezeigter Wert: 32096,04
Format: Stnd. t.m.jj
```

```
Formel in Z6S4:
WENN(ZS(-2)+DATWERT("1.1.45")<(Z1S2);"3 Tage";"")



Wert: "3 Tage"                    Angezeigter Wert: 3 Tage
Format: Stnd. Stnd(0)
```

```
PFAD KONTROLLE BEZÜGE Feld: Z1S2

Drücken Sie eine Richtungstaste oder UNTERBRECHEN!
Z1S2        JETZT()                      100% frei      Multiplan: URLAUB
```

Bild 6.23

Der Befehl **Pfad Ausgabe Drucker Querverweis**

Mit dem Befehl **Querverweis** können Sie alle Felder ausdrucken lassen, die
auf ein anderes Feld verweisen. Sie können die Beziehungen aller Felder
miteinander in Ihrem Arbeitsblatt erkennen. Bei dem Ausdruck des
Querverweises bestehen verschiedene Möglichkeiten.
Mit dem Befehl **Beziehungen** drucken Sie eine Liste von Feldern aus, die
mit dem zu überprüfenden Feld in einer Beziehung durch eine Formel
stehen. Wenn Sie bei **Wert** *Ja* eingeben, wird der Wert des Feldes ausgedruckt. Bei der Eingabe **Format** können Sie erkennen, welches Format das
Feld hat. Sie bestimmen die Ebenen mit der Anzahl der Einrückungen,
die innerhalb der Ausgabe vorgenommen werden sollen.

Wenn Sie die Eingaben richtig vorgenommen haben, sieht Ihr Bildschirm
wie folgt aus:

```
-1        4            5              6              7          8
 1 Stichtag:         1.1.62              9449
 2
 3 Tage        Urlaubsgeld      n. Tariferhöhung Erhöhung    v. Erhöhung
 4 ---------------------------------------------------------------------
 5
 6 3 Tage      1000DM                2500,00 DM     96,15 DM  2403,85 DM
 7                                   3200,00 DM    123,08 DM  3076,92 DM
 8 3 Tage      1000DM                4200,00 DM    161,54 DM  4038,46 DM
 9 3 Tage      1000DM                2100,00 DM     80,77 DM  2019,23 DM
10                                   3900,00 DM    150,00 DM  3750,00 DM
11 3 Tage                            2450,00 DM     94,23 DM  2355,77 DM
12                                   4870,00 DM    187,31 DM  4682,69 DM
13 3 Tage      1000DM                3256,00 DM    125,23 DM  3130,77 DM
14                                   2587,00 DM     99,50 DM  2487,50 DM
15                                   3456,00 DM    132,92 DM  3323,08 DM
16 3 Tage      1000DM                3248,00 DM    124,92 DM  3123,08 DM
17
18

PFAD AUSGABE DRUCKER: Querverweis Namen überblick

Wählen Sie bitte eine Option oder geben Sie deren Anfangsbuchstaben ein!
Z6S7        ZS(+1)*4%                      100% frei       Multiplan: URLAUB
```

Bild 6.24

6.3.3 Das Multiplan-Lernziel: Drucken von Querverweisen

Aufgabe:
Drucken Sie die Querverweise des Arbeitsblattes *Urlaub*.

Ausführung:
1. Laden Sie Ihr Arbeitsblatt *urlaub*.
2. Wählen Sie den Befehl **Pfad** an.
3. Wählen Sie das Untermenü **Ausgabe**.
4. Bewegen Sie den Cursor bis daß Sie **Drucker** erreicht haben.
5. Gehen Sie mit dem Cursor bis **Überblick**.
6. Wählen Sie den Befehl **Aufzählen**.


```
12                                   4870,00 DM    187,31 DM  4682,69 DM
13 3 Tage      1000DM                3256,00 DM    125,23 DM  3130,77 DM
14                                   2587,00 DM     99,50 DM  2487,50 DM
15                                   3456,00 DM    132,92 DM  3323,08 DM
16 3 Tage      1000DM                3248,00 DM    124,92 DM  3123,08 DM
17
18

PFAD AUSGABE DRUCKER ÜBERBLICK: Aufzählen Gesamt

Wählen Sie bitte eine Option oder geben Sie deren Anfangsbuchstaben ein!
Z6S7        ZS(+1)*4%                      100% frei       Multiplan: URLAUB
```

Bild 6.25

Der Drucker druckt einen Überblick aller offenen Felder Ihres
Arbeitsblattes. Es handelt sich dabei um Felder, in denen schon
Eintragungen (z.B: Formeln, Namen oder Werte) vorgenommen, die
jedoch nicht innerhalb des Arbeitsblattes benötigt worden sind. Dies
geschieht häufig bei der Bereichsmarkierung, in der einige Felder
unbenutzt bleiben.

Sie können mit Hilfe des nachfolgenden Befehls einen Überblick der
Felder ausdrucken lassen.

1.   Wählen Sie den Befehl **Pfad Ausgabe Drucker Überblick Gesamt.**
2.   Speichern Sie Ihr Arbeitsblatt Urlaub.

Den Ausdruck des Druckers sehen Sie in Bild 6.26.

```
O Felder haben einen Wert vonNULL!.
O Felder haben einen Wert vonDIV/0!.
Ó Felder haben einen Wert vonWERT!.
O Felder haben einen Wert vonPOS!.
O Felder haben einen Wert vonNAME?.
O Felder haben einen Wert vonZAHL!.
O Felder haben einen Wert vonNV!.
O Formeln beziehen sich auf leere Felder.
2 Formatierte Felder ohne Inhalt.
O Überschneidende Bereichsnamen.
O Teilweise geschützte Namensbereiche.
11 Felder enthalten eine Endlosschleife.
```

Bild 6.26

6.4   Der Makrobefehl

Sie werden bei der Bearbeitung des Multiplan-Programms festgestellt
haben, daß Sie häufig die selben Tasten bzw. die selbe Tastenfolge
verwenden. Mit dem Makrobefehl haben Sie die Möglichkeit, eine
bestimmte Tastenfolge, die oft benutzt wird, festzulegen. Diese
Tastenfolge können Sie unter einem Makro-Befehl abzuspeichern. Es
handelt sich hier um eine Kurzform der Tasteneingabe bei der
Verwendung dieser vorher festgelegten Befehlsfolge. Durch den
Makrobefehl können Sie auf die einzelnen Tastenfolgen zurückgreifen.
Bei der nächsten Übung werden Sie einige Aufgaben zum Erstellen des
Makrobefehls durchführen. Sie lernen, wie ein Makrobefehl
unterschiedlich durchgeführt werden kann.

6.4.2 Das Multiplan-Lernziel:
Setzen eines Makrobefehls

Aufgabe:
Setzen Sie einen Makrobefehl in Z21S1.

Ausführung:
1. Löschen Sie Ihren Bildschirm.
2. Laden Sie Ihr Arbeitsblatt *Wareneingang* von Ihrer Diskette.
3. Fahren Sie mit dem Cursor auf Feld Z21S3.

In Feld Z21S2 schreiben Sie Ihren Makrobefehl.

4. Wählen Sie den Befehl **Text** an.
5. Geben Sie den nachstehenden Text ein:

ffZ10:18S7'tbs'tbw'tb0'rt

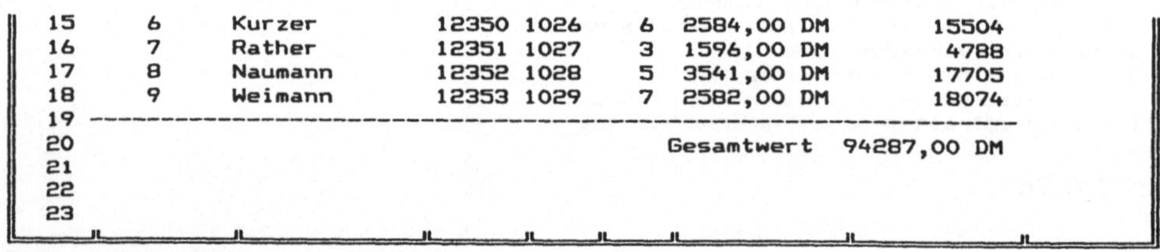

```
  15      6      Kurzer         12350 1026     6   2584,00 DM        15504
  16      7      Rather         12351 1027     3   1596,00 DM         4788
  17      8      Naumann        12352 1028     5   3541,00 DM        17705
  18      9      Weimann        12353 1029     7   2582,00 DM        18074
  19   ----------------------------------------------------------------------
  20                                               Gesamtwert   94287,00 DM
  21
  22
  23

TEXT: ffZ10:18S7'tbs'tbw'tb0'rt

Bitte Text eingeben!
Z21S2                            100% frei       Multiplan: WARENEINGANG
```

Bild 6.27

6. Bestätigen Sie die Eingabe mit der **Return**-Taste.

Sie haben durch die Kürzel folgende Tastenkombination eingegeben:

**Format, Felder, Bereich:Z10:18S7, Tab, Standard, Tab,
Währung, Tab, Dez-Stellen, Return.**

Bei der richtigen Eingabe erhalten Sie folgenden Bildschirmausdruck:

```
 -1        1            2          3     4     5          6              7
   6 Wareneingang
   7                         Rechn. Art.
   8 Lfd.Nr.   Lieferant     Nr.    Nr.   Menge   Preis       netto
   9 --------------------------------------------------------------------
  10    1      Riefenbruch   12345  1021   10   1354,00 DM       13540
  11    2      Meierling     12346  1022   25    213,00 DM        5325
  12    3      Weber         12347  1023    5   1245,00 DM        6225
  13    4      Otter         12348  1024    4   2341,00 DM        9364
  14    5      Niemann       12349  1025    3   1254,00 DM        3762
  15    6      Kurzer        12350  1026    6   2584,00 DM       15504
  16    7      Rather        12351  1027    3   1596,00 DM        4788
  17    8      Naumann       12352  1028    5   3541,00 DM       17705
  18    9      Weimann       12353  1029    7   2582,00 DM       18074
  19 --------------------------------------------------------------------
  20                                          Gesamtwert  94287,00 DM
  21            ffZ10:18S7'tb
  22
  23
BEFEHL: Text Ausschnitt Bewegen Druck Einfügen Format Gehezu Hilfe Kopie Löschen
 Name Ordnen Pfad Quitt Radieren Schutz Übertragen Verändern Wert Xtern Zusätze
Wählen Sie bitte eine Option oder geben Sie deren Anfangsbuchstaben ein!
Z21S2      "ffZ10:18S7'tbs'tbw'tbO'rt"    100% frei      Multiplan: WARENEINGANG
```

Bild 6.28

6.4.3   Das Multiplan-Lernziel:
Name des Makros setzen

Aufgabe:
Geben Sie dem Makro einen Namen.

Ausführung:
1. Wählen Sie den Befehl **Name** an.
2. Vergeben Sie den **Namen:** *fest.*
3. Bestätigen Sie die Bereichsangabe Z21S3.
4. Setzen Sie den Cursor auf **Makro:** *Ja*
5. Vergeben Sie den Tastenschlüsssel *fe.*

```
  17    8      Naumann       12352  1028    5   3541,00 DM       17705
  18    9      Weimann       12353  1029    7   2582,00 DM       18074
  19 --------------------------------------------------------------------
  20                                          Gesamtwert  94287,00 DM
  21            ffZ10:18S7'tb
  22
  23
NAME: Namen eingeben: fest                   Bereich: Z21S2
                 Makro:(Ja)Nein     Tastenschlüssel: fe
Geben Sie bitte einen Tastenschlüssel ein!
Z21S2      "ffZ10:18S7'tbs'tbw'tbO'rt"    100% frei      Multiplan: WARENEINGANG
```

Bild 6.29

6.   Bestätigen Sie die Eingabe mit der **Return**-Taste.

Sie können mit Hilfe des Tastenschlüssels den Makrobefehl abrufen.
Es bestehen zwei verschiedene Möglichkeiten, ein Makro aufzurufen:

> 1 **ALT** *fe*
> 2. **Gehezu Makro***: fest*

Wenn Sie den Makrobefehl starten (vgl. Bild 6.30), sehen Sie, wie sich die
Daten im Bereich Z10:18S7 verändert haben.

Sie erhalten folgenden Bildschirmausdruck.

```
-1        1         2        3      4     5        6            7
   6 Wareneingang
   7                     Rechn. Art.                  Rechn.btr.
   8 Lfd.Nr.   Lieferant  Nr.    Nr.  Menge   Preis    netto
   9 ------------------------------------------------------------------
  10    1      Riefenbruch 12345 1021   10  1354,00 DM       13540
  11    2      Meierling   12346 1022   25   213,00 DM        5325
  12    3      Weber       12347 1023    5  1245,00 DM        6225
  13    4      Otter       12348 1024    4  2341,00 DM        9364
  14    5      Niemann     12349 1025    3  1254,00 DM        3762
  15    6      Kurzer      12350 1026    6  2584,00 DM       15504
  16    7      Rather      12351 1027    3  1596,00 DM        4788
  17    8      Naumann     12352 1028    5  3541,00 DM       17705
  18    9      Weimann     12353 1029    7  2582,00 DM       18074
  19 ------------------------------------------------------------------
  20                                        Gesamtwert  94287,00 DM
  21          ffZ10:18S7'tb
  22
  23

GEHEZU Makro: fest

Geben Sie bitte die Position eines Felds oder Tabellenbereichs ein!
Z21S2      "ffZ10:18S7'tbs'tbw'tbO'rt"    100% frei      Multiplan: WARENEINGANG
```

Bild 6.30

6.4.4   Das Multiplan-Lernziel:
Erstellen eines interaktiven Makrobefehls

Aufgabe:
Setzen Sie einen interaktiven Makrobefehl.

Ausführung:
1.   Löschen Sie den vorher eingegebenen Makrobefehl.
2.   Wählen Sie den Befehl **Namen**.
3.   Schreiben Sie den Namen des Makrobefehls: *fest*.

172

4. Löschen Sie die Bereichsangabe.
5. Bestätigen Sie mit der **Return**-Taste.
6. Fahren Sie mit dem Cursor auf Feld Z21S2.
7. Geben Sie nachstehenden Text ein:

ffZ10:18S7'tbs'tbw'tb'?'rt.

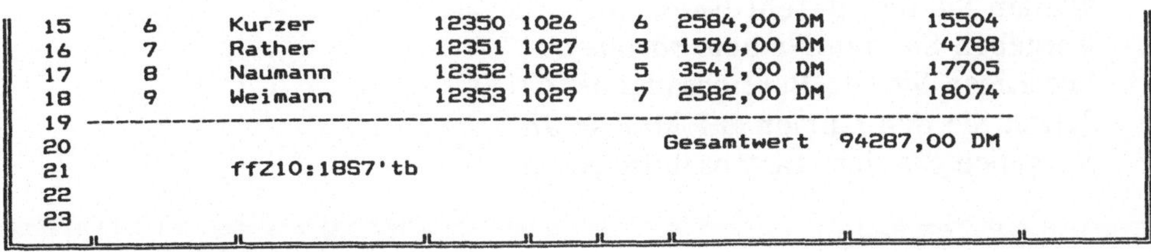

Bild 6.31

8. Bestätigen Sie die Eingabe mit der **Return**-Taste.

Durch Ihre Eingabe haben Sie festgelegt, daß der Bereich der Dezimalstellen individuell eingestellt werden kann. Sind die Dezimalstellen eingegeben, so bestätigen Sie die Eingabe mit der **Return**-Taste.

Sie erhalten den in Bild 6.32 wiedergegebenen Bildschirmausdruck.

```
 -1 ||     1     ||      2     ||    3   ||  4  || 5  ||      6      ||      7       ||
  6 Wareneingang
  7                              Rechn. Art.
  8 Lfd.Nr.   Lieferant          Nr.    Nr.   Menge     Preis        Rechn.btr.
                                                                     netto
  9 --------------------------------------------------------------------------------
 10    1      Riefenbruch        12345  1021    10     1354,00 DM           13540
 11    2      Meierling          12346  1022    25      213,00 DM            5325
 12    3      Weber              12347  1023     5     1245,00 DM            6225
 13    4      Otter              12348  1024     4     2341,00 DM            9364
 14    5      Niemann            12349  1025     3     1254,00 DM            3762
 15    6      Kurzer             12350  1026     6     2584,00 DM           15504
 16    7      Rather             12351  1027     3     1596,00 DM            4788
 17    8      Naumann            12352  1028     5     3541,00 DM           17705
 18    9      Weimann            12353  1029     7     2582,00 DM           18074
 19 --------------------------------------------------------------------------------
 20                                                     Gesamtwert  94287,00 DM
 21 Makro 1
 22
 23

FORMAT Felder: Z10:18S7              Ausrichtung:(Stnd)Mitte Norm Links Rechts -
  Formatcode: Stnd Zusammen E_Form Fest Norm Ganz(Währung)* % -  Dez_Stellen: 0
Bitte eine Zahl eingeben!
Z21S2                              100% frei       Multiplan: WARENEIN
```

Bild 6.32

6.4.5 Das Multiplan-Lernziel:
Neuer Name des Makros

Aufgabe:
Geben Sie dem Makrobefehl einen Namen.

Ausführung:
1. Wählen Sie den Befehl **Name** an.
2. Vergeben Sie den **Namen:** *variabel.*
3. Bestätigen Sie die Bereichsangabe Z21S1.
4. Setzen Sie den Cursor **auf Makro:** *Ja.*
5. Vergeben Sie den Tastenschlüsssel *va.*

```
-1      1          2         3     4    5       6            7
  6 Wareneingang
  7                        Rechn. Art.                    Rechn.btr.
  8 Lfd.Nr.   Lieferant    Nr.    Nr.  Menge   Preis       netto
  9 --------------------------------------------------------------------
 10    1      Riefenbruch  12345 1021   10   1354,00 DM        13540
 11    2      Meierling    12346 1022   25    213,00 DM         5325
 12    3      Weber        12347 1023    5   1245,00 DM         6225
 13    4      Otter        12348 1024    4   2341,00 DM         9364
 14    5      Niemann      12349 1025    3   1254,00 DM         3762
 15    6      Kurzer       12350 1026    6   2584,00 DM        15504
 16    7      Rather       12351 1027    3   1596,00 DM         4788
 17    8      Naumann      12352 1028    5   3541,00 DM        17705
 18    9      Weimann      12353 1029    7   2582,00 DM        18074
 19 --------------------------------------------------------------------
 20                                         Gesamtwert  94287,00 DM
 21           ffZ10:18S7'tb
 22
 23
NAME: Namen eingeben: variabel              Bereich: Z21S2
               Makro:(Ja)Nein         Tastenschlüssel: va
Geben Sie bitte einen Tastenschlüssel ein!
Z21S2      "ffZ10:18S7'tbs'tbw'tb'?'r"      100% frei      Multiplan: WARENEINGANG
```

Bild 6.33

6. Bestätigen Sie die Eingabe mit der **Return**-Taste.
7. Setzen Sie den Cursor auf Feld Z21S1 und schreiben Sie den **Text:**
Makro 1.

Sollten Sie zwei Makros erstellen, die sich nur durch eine Eingabe
unterscheidet, z.B. Dez-Stellen:0 oder 2, so besteht die Möglichkeit, statt
eines neuen Makrobefehls ein Makro mit den Zeichen in dem
Makrobefehl '? zu erstellen. Das Fragezeichen wird als Platzhalter benutzt.
Wenn Ihr Makrobefehl an der Stelle angekommen ist, wo sich das
Fragezeichen befindet, so können Sie direkt nach der Aufforderung die
erforderliche Eingabe vornehmen. Mit Bestätigung der Return-Taste wird
der Makrobefehl fortgeführt.

Sie erhalten dann Bild 6.34

174

```
-1        1          2         3    4    5         6              7
  6 Wareneingang
  7                            Rechn. Art.                   Rechn.btr.
  8 Lfd.Nr.   Lieferant        Nr.    Nr.   Menge   Preis     netto
  9 --------------------------------------------------------------------
 10    1      Riefenbruch      12345 1021    10   1354,00 DM       13540
 11    2      Meierling        12346 1022    25    213,00 DM        5325
 12    3      Weber            12347 1023     5   1245,00 DM        6225
 13    4      Otter            12348 1024     4   2341,00 DM        9364
 14    5      Niemann          12349 1025     3   1254,00 DM        3762
 15    6      Kurzer           12350 1026     6   2584,00 DM       15504
 16    7      Rather           12351 1027     3   1596,00 DM        4788
 17    8      Naumann          12352 1028     5   3541,00 DM       17705
 18    9      Weimann          12353 1029     7   2582,00 DM       18074
 19 --------------------------------------------------------------------
 20                                         Gesamtwert   94287,00 DM
 21            ffZ10:18S7'tb
 22
 23

BEFEHL: Text Ausschnitt Bewegen Druck Einfügen Format Gehezu Hilfe Kopie Löschen
 Name Ordnen Pfad Quitt Radieren Schutz übertragen Verändern Wert Xtern Zusätze
Wählen Sie bitte eine Option oder geben Sie deren Anfangsbuchstaben ein!
Z21S2      "ffZ10:18S7'tbs'tbw'tb'?'r"     100% frei      Multiplan: WARENEIN
```

Bild 6.34

6.4.6   Das Multiplan-Lernziel:
Makros mit Makrorecorder

Aufgabe:
Setzen Sie Makros mit Hilfe des Makrorecorders.

Ausführung:
1. Löschen Sie den Makronamen variabel.
2. Wählen Sie den Befehl **Name** und löschen Sie die Bereichsangabe.
3. Fahren Sie mit dem Cursor auf Feld Z21S2.
4. Gehen Sie zum Befehl **Name**.
5. Geben Sie den Namen *Record* ein.

Wenn Sie mit dem Makrorecorder arbeiten, müssen Sie unter dem Befehl Namen dort den Begriff *Record* setzen. Erst durch diese eingasbe besteht die Möglichkeit, einen Makrorecorderbefehl durchzuführen. Sollten Sie dies nicht durchführen, so nimmt das Programm den Makrorecorderbefehl nicht an.

6. Geben Sie bei **Bereich:** *Z21S3* ein.

```
║ 16      7      Rather        12351 1027      3   1596,00 DM       4788 DM
║ 17      8      Naumann       12352 1028      5   3541,00 DM      17705 DM
║ 18      9      Weimann       12353 1029      7   2582,00 DM      18074 DM
║ 19    ----------------------------------------------------------------------
║ 20                                              Gesamtwert   94287,00 DM
║ 21 Makro 1
║ 22
║ 23

NAME: Namen eingeben: record                     Bereich: Z21S2
               Makro: Ja Nein        Tastenschlüssel:
Wählen Sie bitte eine Option oder geben Sie deren Anfangsbuchstaben ein!
Z21S2                                  100% frei       Multiplan: WARENEINGANG
```

Bild 6.35

7. Bestätigen Sie **Makro**: *Ja*.
8. Bestätigen Sie die Eingabe mit der **Return**-Taste.
9. Um den Makrorecorder einzuschalten, müssen Sie die Tastenkombination *Shift F7* betätigen.

Sie erhalten Bild 6.36, wenn Sie die Eingaben richtig vorgenommen haben.

```
-1      1         2         3      4     5        6            7
   6 Wareneingang
   7                      Rechn. Art.
   8 Lfd.Nr.   Lieferant   Nr.    Nr.  Menge    Preis       netto
   9 ----------------------------------------------------------------------
  10    1      Riefenbruch 12345 1021   10   1354,00 DM     13540 DM
  11    2      Meierling   12346 1022   25    213,00 DM      5325 DM
  12    3      Weber       12347 1023    5   1245,00 DM      6225 DM
  13    4      Otter       12348 1024    4   2341,00 DM      9364 DM
  14    5      Niemann     12349 1025    3   1254,00 DM      3762 DM
  15    6      Kurzer      12350 1026    6   2584,00 DM     15504 DM
  16    7      Rather      12351 1027    3   1596,00 DM      4788 DM
  17    8      Naumann     12352 1028    5   3541,00 DM     17705 DM
  18    9      Weimann     12353 1029    7   2582,00 DM     18074 DM
  19 ----------------------------------------------------------------------
  20                                        Gesamtwert   94287,00 DM
  21 Makro 1
  22
  23

BEFEHL: Text Ausschnitt Bewegen Druck Einfügen Format Gehezu Hilfe Kopie Löschen
   Name Ordnen Pfad Quitt Radieren Schutz übertragen Verändern Wert Xtern Zusätze
Wählen Sie bitte eine Option oder geben Sie deren Anfangsbuchstaben ein!
Z21S2        "                   "   100% frei   MR Multiplan: WARENEINGANG
```

Bild 6.36

6.4.7 Das Multiplan-Lernziel:
Setzen von Makros

Aufgabe:
Setzen Sie mit Hilfe des Makrorecorders ein Makro auf Ihr Arbeitsblatt.

Ausführung:
1. Wenn Sie *Shift F7* gedrückt haben und der Makrorecorder gestartet ist, gehen Sie in den Bereich **Format Felder** und geben Sie die Bereichsangabe Z10:18S7 ein.
2. Setzen Sie den Cursor auf **Ausrichtung:** *Standard.*
3. Gehen Sie in den **Formatcode:** *Währung.*
4. Geben Sie bei **Dez-Stellen:** *2* ein (vgl. Bild 6.37)..
5. Bestätigen Sie die Eingabe mit der **Return**-Taste.
6. Löschen Sie den Makrorecorder. Drücken Sie die Tastenkombination *Shift F7.*

Sie sehen, daß in Z21S2 das Makro eingetragen worden ist.

7. Wählen Sie den Befehl **Name** an.
8. Geben Sie den **Namen:** *Chef* ein.
9. Bestätigen Sie die Bereichsangabe Z21S2.
10. Geben Sie bei **Makro:** *Ja* ein.
11. Wählen Sie bei **Tastenschlüssel:** *ch.*

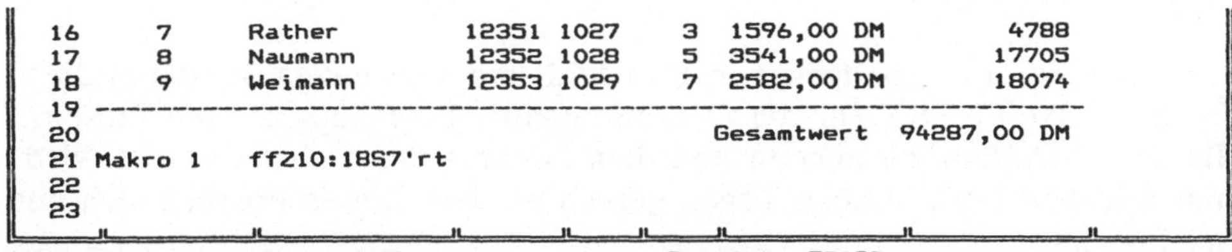

Bild 6.37

12. Bestätigen Sie die Eingabe mit der **Return**-Taste.

Sie haben nun mit Hilfe des Makrorecorders ein Makro erstellt. Die maximale Länge des Makros beträgt 64 Zeichen.

Wenn Sie die Eingaben richtig vorgenommen haben, zeigt Ihr Bildschirm den in Bild 6.38 gezeigten Ausdruck.

```
 -1      1           2        3    4    5       6            7
   6 Wareneingang
   7                         Rechn. Art.                Rechn.btr.
   8 Lfd.Nr.    Lieferant    Nr.    Nr.   Menge    Preis    netto
   9 ---------------------------------------------------------------
  10     1      Riefenbruch  12345 1021    10   1354,00 DM     13540
  11     2      Meierling    12346 1022    25    213,00 DM      5325
  12     3      Weber        12347 1023     5   1245,00 DM      6225
  13     4      Otter        12348 1024     4   2341,00 DM      9364
  14     5      Niemann      12349 1025     3   1254,00 DM      3762
  15     6      Kurzer       12350 1026     6   2584,00 DM     15504
  16     7      Rather       12351 1027     3   1596,00 DM      4788
  17     8      Naumann      12352 1028     5   3541,00 DM     17705
  18     9      Weimann      12353 1029     7   2582,00 DM     18074
  19 ---------------------------------------------------------------
  20                                         Gesamtwert  94287,00 DM
  21 Makro 1    ffZ10:18S7'rt
  22
  23
BEFEHL: Text Ausschnitt Bewegen Druck Einfügen Format Gehezu Hilfe Kopie Löschen
 Name Ordnen Pfad Quitt Radieren Schutz Übertragen Verändern Wert Xtern Zusätze
Wählen Sie bitte eine Option oder geben Sie deren Anfangsbuchstaben ein!
Z21S2      "ffZ10:18S7'rt'qu"            100% frei     Multiplan: WARENEINGANG
```

Bild 6.38

6.5   Übung IV

Erstellen Sie das Arbeitsblatt in Bild 6.22 und verwenden Sie dabei die Funktion DATWERT für die Datumseingabe. Errechnen Sie die Zinsen, die zwischen dem Zinstermin und dem Stichtag angefallen sind. Es wird hier mit dem tatsächlichen Tagen gerechnet. Die Zinsen ergeben sich aus der Formel:

$$\text{Zinsen} = \frac{\text{Kapital} * \text{Tage} * \text{Zinssatz}}{100 * 360}$$

Bei richtiger Eingabe erhalten Sie Bild 6.39 :

```
 -1  ║      1         ║        2        ║         3        ║       4       ║        5        ║
  1  Provisionsabrechnung           Stichtag          15.8.87
  2
  3  Name                   Auszahlung   Zinstermin      Zinstage            Zinsen
  4  ─────────────────────────────────────────────────────────────────────────────────────
  5  Meier                 4700,00 DM    14.3.87              154          80,42 DM
  6  Kunz                  3600,00 DM    23.5.87               84          33,60 DM
  7  Schulte              35000,00 DM    14.2.87              182         707,78 DM
  8  Marker               21590,00 DM    12.4.87              125         299,86 DM
  9  Weindl               32600,00 DM    27.2.87              169         612,16 DM
 10
 11  Summe                97490,00 DM                                    1733,82 DM
 12
 13
 14
 15
 16
 17
 18

BEFEHL: Text Ausschnitt Bewegen Druck Einfügen Format Gehezu Hilfe Kopie Löschen
 Name Ordnen Pfad Quitt Radieren Schutz Übertragen Verändern Wert Xtern Zusätze
Wählen Sie bitte eine Option oder geben Sie deren Anfangsbuchstaben ein!
Z5S4       Z1S4-ZS(-1)                   100% frei      Multiplan: ZINSTERM
```

Bild 6.39

7 Anwendung der Befehle Bewegen, Ordnen, Einfügen und Löschen

Die angelegte Ausgangsdatei wird dazu dienen, die Befehle **Bewegen, Ordnen, Einfügen** und **Löschen** eingehend zu üben.

7.1 Sortieren des Arbeitsblattes

Auf dem folgenden Arbeitsblatt legen Sie sich eine Ausgangsdatei oder Musterdatei an, die als Maske verwendet wird und immer wieder in Ihrer ursprünglichen Form in den Arbeitsspeicher geladen werden kann.

7.1.1 Das Multiplan-Lernziel:
Anlegen einer Datei und Bewegen von Spalten

Aufgabe:
Legen Sie eine Datei (vgl. Bild 7.1) mit dem Namen *Muster* an.

```
 -1        1          2          3          4          5          6          7
 1
 2 Anzahl     Art.Nr.     Kunde
 3 ------------------------------------------
 4        25       4518 Meier
 5        12       4544 Schmidt
 6        78       4516 Weber
 7       195       4517 Lose
 8        23       4511 Mittner
 9        66       4533 Teigner
10        14       4576 Wohlers
11         1       4545 Bittner
12        78       4551 Zwiesel
13         6       4553 Klose
14        26       4512 Weinert
15
16
17
18

BEFEHL: Text Ausschnitt Bewegen Druck Einfügen Format Gehezu Hilfe Kopie Löschen
 Name Ordnen Pfad Quitt Radieren Schutz Übertragen Verändern Wert Xtern Zusätze
Wählen Sie bitte eine Option oder geben Sie deren Anfangsbuchstaben ein!
Z2S1       "Anzahl"                  100% frei       Multiplan: MUSTER
```

Bild 7.1

Ausführung:
1. Speichern Sie die Datei unter dem Namen *Muster* ab.
2. Positionieren Sie den Cursor auf Feld Z2S1.
3. Wählen Sie den Befehl **Bewegen** aus.
4. Drücken Sie die **Taste** *S* für **Spalte**.

Sie wollen die Eintragungen der Spalte 1 hinter die der Spalte 3 bringen.

5. Nehmen Sie im Unterbefehlsmenü die in Bild 7.2 dargestellten Eintragungen vor.

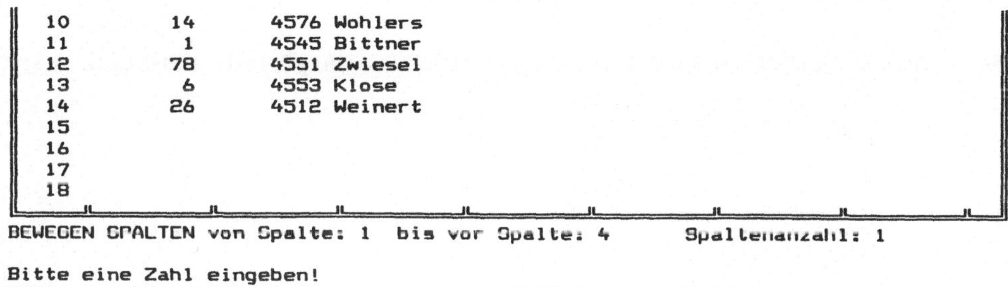

Bild 7.2

6. Bestätigen Sie die Eingabe mit der **Return-Taste**. Sie erhalten dann Bild 7.3.

```
-1          1          2          3        4       5      6       7
 1
 2 Art.Nr.    Kunde      Anzahl
 3 ----------------------------------------
 4     4518 Meier          25
 5     4544 Schmidt        12
 6     4516 Weber          78
 7     4517 Lose          195
 8     4511 Mittner        23
 9     4533 Teigner        66
10     4576 Wohlers        14
11     4545 Bittner         1
12     4551 Zwiesel        78
13     4553 Klose           6
14     4512 Weinert        26
15
16
17
18
BEFEHL: Text Ausschnitt Bewegen Druck Einfügen Format Gehezu Hilfe Kopie Löschen
 Name Ordnen Pfad Quitt Radieren Schutz Übertragen Verändern Wert Xtern Zusätze
Wählen Sie bitte eine Option oder geben Sie deren Anfangsbuchstaben ein!
Z2S1       "Art.Nr."                   100% frei      Multiplan: MUSTER
```

Bild 7.3

7.1.2 Das Multiplan-Lernziel:
Bewegen einer Zeile

Aufgabe:
Ein Datensatz soll an eine andere Stelle in der Datei gebracht werden.

Ausführung:
1. Positionieren Sie den Cursor auf Feld Z7S1.
Sie möchten, daß der Kunde Lose an erster Stelle der Datei steht.
2. Wählen Sie den Befehl **Bewegen** aus.
3. Drücken Sie die Taste **Z** für Zeile.

4. Ihre Eingaben sollten dann wie in Bild 7.4 dargestellt aussehen.

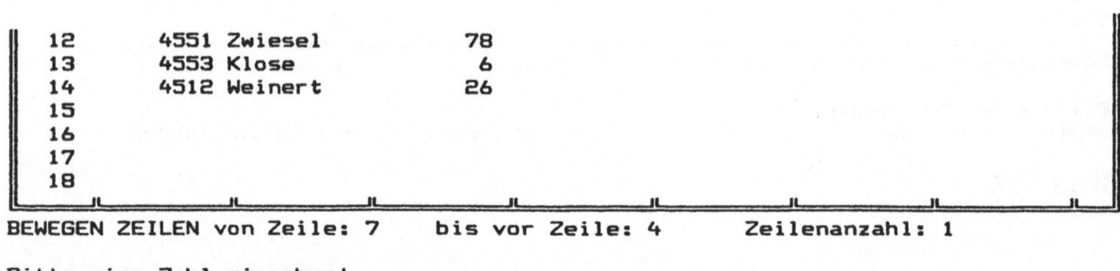

Bild 7.4

Es wurde nun der Zeileninhalt von Z7 komplett in Z4 übertragen. Die
nachfolgenden Zeilen haben sich nun um eine Zeile nach unten
verschoben. Sie können mit diesem Befehl sämtliche Zeilen oder Spalten
an eine andere Stelle in Ihrem Arbeitsblatt setzen (vgl. Bild 7.5).

```
 -1      1        2          3        4         5          6         7
  1
  2 Art.Nr.   Kunde      Anzahl
  3 ---------------------------------
  4      4517 Lose          195
  5      4518 Meier          25
  6      4544 Schmidt        12
  7      4516 Weber          78
  8      4511 Mittner        23
  9      4533 Teigner        66
 10      4576 Wohlers        14
 11      4545 Bittner         1
 12      4551 Zwiesel        78
 13      4553 Klose           6
 14      4512 Weinert        26
 15
 16
 17
 18

BEFEHL: Text Ausschnitt Bewegen Druck Einfügen Format Gehezu Hilfe Kopie Löschen
 Name Ordnen Pfad Quitt Radieren Schutz übertragen Verändern Wert Xtern Zusätze
Wählen Sie bitte eine Option oder geben Sie deren Anfangsbuchstaben ein!
Z2S2       "Kunde"                        100% frei       Multiplan: MUSTER
```

Bild 7.5

7.1.3   Das Multiplan-Lernziel: Ordnen von Zahlenwerten

Aufgabe:

Die *Artikelnummern* der Spalte 2 sollen in aufsteigender Reihenfolge sortiert werden.

Ausführung:

1. Positionieren Sie den Cursor auf Feld Z4S2 (vgl. Bild. 7.5).
2. Wählen Sie den Befehl **Ordnen** aus, und machen Sie folgende Eingaben (vgl. Bild 7.6).

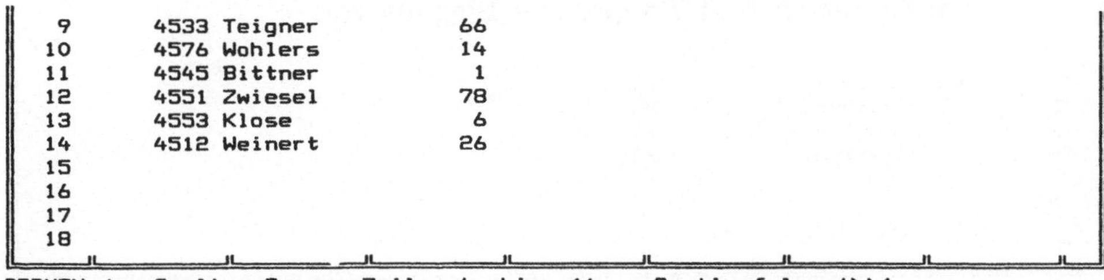

```
  9      4533 Teigner        66
 10      4576 Wohlers        14
 11      4545 Bittner         1
 12      4551 Zwiesel        78
 13      4553 Klose           6
 14      4512 Weinert        26
 15
 16
 17
 18

ORDNEN der Spalte: 2  von Zeile: 4  bis: 14      Sortierfolge:(>)<

Bitte eine Zahl eingeben!
Z2S2       "Kunde"                        100% frei       Multiplan: MUSTER
```

Bild 7.6

3. Nachdem Sie die Eingaben mit der **Return**-Taste bestätigt haben,
    sollte Ihr Bildschirm Bild 7.7 entsprechen.

```
-1      1       2       3       4       5       6       7
 1
 2 Art.Nr.   Kunde      Anzahl
 3 --------------------------------
 4      4545 Bittner          1
 5      4553 Klose            6
 6      4517 Lose           195
 7      4518 Meier           25
 8      4511 Mittner         23
 9      4544 Schmidt         12
10      4533 Teigner         66
11      4516 Weber           78
12      4512 Weinert         26
13      4576 Wohlers         14
14      4551 Zwiesel         78
15
16
17
18

BEFEHL: Text Ausschnitt Bewegen Druck Einfügen Format Gehezu Hilfe Kopie Löschen
 Name Ordnen Pfad Quitt Radieren Schutz Übertragen Verändern Wert Xtern Zusätze
Wählen Sie bitte eine Option oder geben Sie deren Anfangsbuchstaben ein!
Z3S1       "----------"                  100% frei      Multiplan: MUSTER
```

Bild 7.7

7.1.4   Das Multiplan-Lernziel:
Ordnen von Texten

Aufgabe:
Sie können nicht nur Zahlenwerte in auf- oder absteigender Reihenfolge
ordnen, sondern auch Texteingaben (hier Kundennamen) in alphabetischer
Reihenfolge (ebenfalls auf- oder absteigend) sortieren.

Ausführung:
1. Positionieren Sie den Cursor auf Feld Z4S3.
2. Wählen Sie den Befehl **Ordnen** aus.
3. Nehmen Sie die in Bild 7.8 gezeigte Eingabe vor:

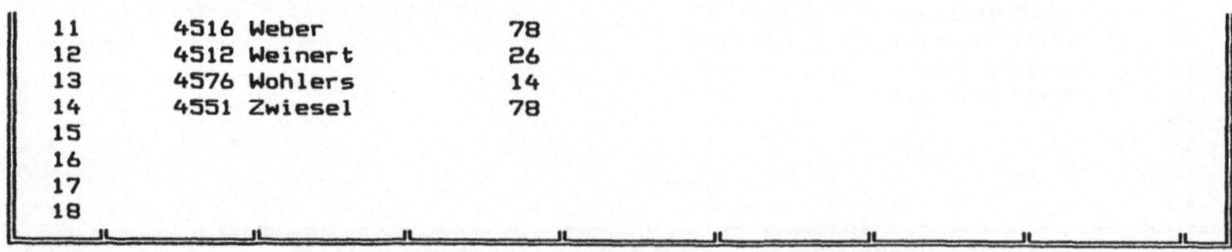

```
11      4516 Weber           78
12      4512 Weinert         26
13      4576 Wohlers         14
14      4551 Zwiesel         78
15
16
17
18

ORDNEN der Spalte: 3  von Zeile: 4  bis: 14    Sortierfolge:(>)<

Bitte eine Zahl eingeben!
Z2S3       "Anzahl"              100% frei    Multiplan: MUSTER
```

Bild 7.8

184

Anmerkung zum Ordnen von Texten
Wenn Sie Texte oder Zahlen in auf- oder absteigender Reihenfolge
sortieren, müssen Sie eine bestimmte Spalte als Sortierkriterium
auswählen. Das Ordnen selbst erfolgt zeilenweise, so, daß sich alle
Eintragungen in der Spalte rechts und links der zu ordnenden Spalte in
entsprechender Reihenfolge mitbewegen.

Wenn Sie die Eingaben richtig vorgenommen haben, erhalten Sie den
Bildschirmausdruck Bild 7.9.

```
 -1      1        2        3       4        5        6        7
  1
  2 Art.Nr.   Kunde     Anzahl
  3 ------------------------------
  4      4545 Bittner        1
  5      4553 Klose          6
  6      4544 Schmidt       12
  7      4576 Wohlers       14
  8      4511 Mittner       23
  9      4518 Meier         25
 10      4512 Weinert       26
 11      4533 Teigner       66
 12      4516 Weber         78
 13      4551 Zwiesel       78
 14      4517 Lose         195
 15
 16
 17
 18
BEFEHL: Text Ausschnitt Bewegen Druck Einfügen Format Gehezu Hilfe Kopie Löschen
  Name Ordnen Pfad Quitt Radieren Schutz übertragen Verändern Wert Xtern Zusätze
Wählen Sie bitte eine Option oder geben Sie deren Anfangsbuchstaben ein!
Z2S3        "Anzahl"                    100% frei      Multiplan: MUSTER
```

Bild 7.9

7.1.5   Das Multiplan-Lernziel:
Einfügen von Zeilen in ein bestehendes Arbeitsblatt

Aufgabe:
Sie sollen zwischen den Kundennamen *Bittner* und *Klose* noch eine Zeile
einfügen.

Ausführung:
1. Positionieren Sie den Cursor auf Feld Z5S3.
2. Wählen Sie den Befehl **Einfügen** aus.
3. Geben Sie ein **Z** für Zeile ein.
4. Nehmen Sie die Eintragung aus Bild 7.11 vor:

```
 10        4512 Weinert              26
 11        4533 Teigner              66
 12        4516 Weber                78
 13        4551 Zwiesel              78
 14        4517 Lose                195
 15
 16
 17
 18
```

EINFÜGEN ZEILE Zeilenanzahl: 1   vor Zeile: 5
              von Spalte: 1   bis Spalte: 255
Bitte eine Zahl eingeben!
Z5S3   6   100% frei   Multiplan: MUSTER

Bild 7.10

Ihr Bildschirm sollte den Bildschirmausdruck von Bild 7.11 haben.

```
-1    1        2        3        4        5        6        7
 1
 2 Art.Nr.   Kunde    Anzahl
 3 ------------------------------------
 4      4545 Bittner               1
 5
 6      4553 Klose                 6
 7      4544 Schmidt              12
 8      4576 Wohlers              14
 9      4511 Mittner              23
10      4518 Meier                25
11      4512 Weinert              26
12      4533 Teigner              66
13      4516 Weber                78
14      4551 Zwiesel              78
15      4517 Lose                195
16
17
18
```

BEFEHL: Text Ausschnitt Bewegen Druck Einfügen Format Gehezu Hilfe Kopie Löschen
 Name Ordnen Pfad Quitt Radieren Schutz Übertragen Verändern Wert Xtern Zusätze
Wählen Sie bitte eine Option oder geben Sie deren Anfangsbuchstaben ein!
Z5S3   100% frei   Multiplan: MUSTER

Bild 7.11

7.1.6   Das Multiplan-Lernziel:
Einfügen von Spalten

Aufgabe:
Vor Spalte 3 wird eine Spalte eingefügt. Belassen Sie bitte die Datei
Muster im Arbeitsspeicher.

Ausführung:

1. Positionieren Sie den Cursor auf Feld Z5S3.
2. Wählen Sie den Befehl **Einfügen** aus.
3. Betätigen Sie die Taste S für **Spalte**.
4. Geben Sie die Daten, die in Bild 7.12 abgebildet sind, ein.

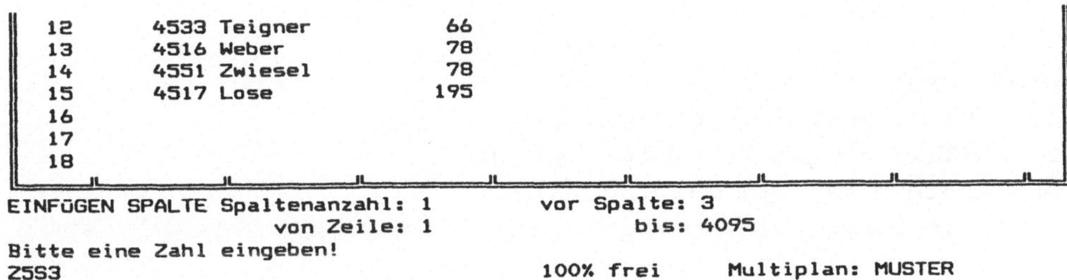

Bild 7.12

5. Bestätigen Sie die Eingabe mit der **Return**-Taste.

Ihr Bildschirmausdruck sollte Bild 7.13 entsprechen.

```
-1        1        2        3        4        5        6        7
 1
 2 Art.Nr.    Kunde              Anzahl
 3 ----------------------        ----------
 4      4545 Bittner                   1
 5
 6      4553 Klose                     6
 7      4544 Schmidt                  12
 8      4576 Wohlers                  14
 9      4511 Mittner                  23
10      4518 Meier                    25
11      4512 Weinert                  26
12      4533 Teigner                  66
13      4516 Weber                    78
14      4551 Zwiesel                  78
15      4517 Lose                    195
16
17
18
BEFEHL: Text Ausschnitt Bewegen Druck Einfügen Format Gehezu Hilfe Kopie Löschen
 Name Ordnen Pfad Quitt Radieren Schutz Übertragen Verändern Wert Xtern Zusätze
Wählen Sie bitte eine Option oder geben Sie deren Anfangsbuchstaben ein!
Z5S3                              100% frei     Multiplan: MUSTER
```

Bild 7.13

7.1.7 Das Multiplan-Lernziel:
Löschen von Zeilen

Aufgabe:
Durch das Einfügen von Zeile 5 und Spalte 3 hätten Sie jetzt die
Möglichkeit, dort Eintragungen vorzunehmen(z.B. die fehlenden Artikel
in Spalte 3).

Ausführung:
1. Positionieren Sie den Cursor auf Feld Z5S3.
2. Wählen Sie den Befehl **Löschen** aus.
3. Löschen Sie Zeile 5 (vgl. Bild 7.14).

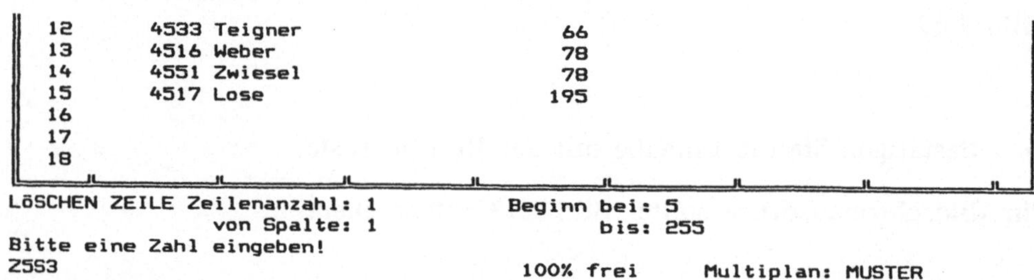

Bild 7.14

4. Bestätigen Sie die Eingabe mit der **Return**-Taste.
5. Damit haben Sie die eingefügte Zeile wieder gelöscht.
6. Sie haben den Datensatz *Bittner* gelöscht, alle anderen Datensätze sind
   um eine Zeile aufgerückt (Bild 7.15).

```
┌─────────────────────────────────────────────────────────────────────────┐
│ -1      1          2          3          4         5         6         7  │
│  1                                                                        │
│  2 Art.Nr.    Kunde                  Anzahl                               │
│  3 --------------------------        ----------                          │
│  4      4545 Bittner                     1                                │
│  5      4553 Klose                       6                                │
│  6      4544 Schmidt                    12                                │
│  7      4576 Wohlers                    14                                │
│  8      4511 Mittner                    23                                │
│  9      4518 Meier                      25                                │
│ 10      4512 Weinert                    26                                │
│ 11      4533 Teigner                    66                                │
│ 12      4516 Weber                      78                                │
│ 13      4551 Zwiesel                    78                                │
│ 14      4517 Lose                      195                                │
│ 15                                                                        │
│ 16                                                                        │
│ 17                                                                        │
│ 18                                                                        │
└─────────────────────────────────────────────────────────────────────────┘
BEFEHL: Text Ausschnitt Bewegen Druck Einfügen Format Gehezu Hilfe Kopie Löschen
 Name Ordnen Pfad Quitt Radieren Schutz Übertragen Verändern Wert Xtern Zusätze
Wählen Sie bitte eine Option oder geben Sie deren Anfangsbuchstaben ein!
Z5S3                                      100% frei      Multiplan: MUSTER
```

Bild 7.15

7.1.8   Das Multiplan-Lernziel:
Löschen von Spalten

Aufgabe:
Eine vorher eingefügte Spalte soll wieder gelöscht werden.

Ausführung:
1. Positionieren Sie den Cursor auf Feld Z5S3.
2. Wählen Sie den Befehl **Löschen Spalte** aus und geben Sie die Daten
    von Bild 7.16 ein.

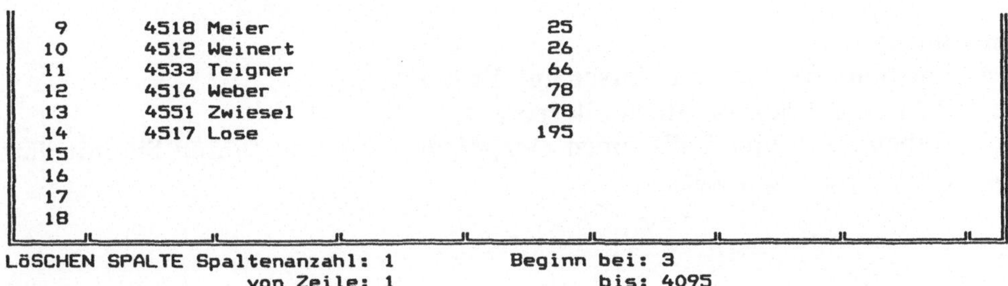
```
‖   9      4518 Meier                      25                                ‖
‖  10      4512 Weinert                    26                                ‖
‖  11      4533 Teigner                    66                                ‖
‖  12      4516 Weber                      78                                ‖
‖  13      4551 Zwiesel                    78                                ‖
‖  14      4517 Lose                      195                                ‖
‖  15                                                                        ‖
‖  16                                                                        ‖
‖  17                                                                        ‖
‖  18                                                                        ‖
LöSCHEN SPALTE Spaltenanzahl: 1          Beginn bei: 3
               von Zeile: 1                     bis: 4095
Bitte eine Zahl eingeben!
Z5S3                                      100% frei    Multiplan: MUSTER
```

Bild 7.16

3. Bestätigen Sie die Eingabe mit der **Return**-Taste.
4. Sie haben die eingefügte Spalte wieder gelöscht (vgl. Bild 7.17).

Sie erhalten den Bildschirmausdruck von Bild 7.17.

```
-1        1          2          3           4        5        6        7
  1
  2 Art.Nr.   Kunde      Anzahl
  3 ---------------------------------
  4      4545 Bittner          1
  5      4553 Klose            6
  6      4544 Schmidt         12
  7      4576 Wohlers         14
  8      4511 Mittner         23
  9      4518 Meier           25
 10      4512 Weinert         26
 11      4533 Teigner         66
 12      4516 Weber           78
 13      4551 Zwiesel         78
 14      4517 Lose           195
 15
 16
 17
 18
BEFEHL: Text Ausschnitt Bewegen Druck Einfügen Format Gehezu Hilfe Kopie Löschen
 Name Ordnen Pfad Quitt Radieren Schutz Übertragen Verändern Wert Xtern Zusätze
Wählen Sie bitte eine Option oder geben Sie deren Anfangsbuchstaben ein!
Z5S3       6                              100% frei       Multiplan: MUSTER
```

Bild 7.17

7.1.9   Das Multiplan-Lernziel:
Radieren oder Löschen

Aufgabe:
Es sollen Bereiche aus dem Arbeitsblatt radiert und gelöscht werden.

Ausführung:
1. Positionieren Sie den Cursor auf Feld Z4S1.
2. Wählen Sie den Befehl **Radieren** aus.
3. Geben Sie hinter Z4S1 einen *Doppelpunkt* ein und fahren Sie mit dem Cursor auf Feld Z8S1.

```
 11      4533 Teigner           66
 12      4516 Weber             78
 13      4551 Zwiesel           78
 14      4517 Lose             195
 15
 16
 17
 18
```

RADIEREN Felder: Z4S1:Z8S1

Geben Sie bitte die Position eines Felds oder Tabellenbereichs ein!
Z8S1   4511   100% frei   Multiplan: MUSTER

Bild 7.18

4.   Bestätigen Sie die Eingabe mit der **Return**-Taste.

Wie Sie sehen, bleibt die Struktur der Zeilen und Spalten erhalten.

6.   Positionieren Sie den Cursor auf Feld Z10S1.
7.   Wählen Sie die Befehlsfolge **Löschen Zeile** aus und löschen Zeile *10*.
8.   Bestätigen Sie mit der **Return**-Taste.

Anmerkung zum **Radieren** und **Löschen**:
Beim Radieren bleibt die Spalten- und Zeilenaufteilung des Arbeitsblattes erhalten. Beim Löschen rücken die Zeilen und Spalten auf, und es ergibt sich eine veränderte Aufteilung des Arbeitsblattes.

```
-1       1         2         3         4         5         6         7
 1
 2 Art.Nr.   Kunde     Anzahl
 3 ------------------------------
 4           Bittner        1
 5           Klose          6
 6           Schmidt       12
 7           Wohlers       14
 8           Mittner       23
 9      4518 Meier         25
10      4533 Teigner       66
11      4516 Weber         78
12      4551 Zwiesel       78
13      4517 Lose         195
14
15
16
17
18
```

BEFEHL: Text Ausschnitt Bewegen Druck Einfügen Format Gehezu Hilfe Kopie Löschen
  Name Ordnen Pfad Quitt Radieren Schutz Übertragen Verändern Wert Xtern Zusätze
Wählen Sie bitte eine Option oder geben Sie deren Anfangsbuchstaben ein!
Z10S1   4533   100% frei   Multiplan: MUSTER

Bild 7.19

7.2 Nun haben Sie es geschafft

Wenn Sie sich die Befehlszeile Ihres Multiplan-Programms ansehen,
werden Sie feststellen, daß Sie mit Hilfe des Buches sämtliche Multiplan-
Befehle ansatzweise kennengelernt haben. Natürlich kann man nicht
voraussetzen, daß Sie alle diese Befehle auswendig können und die
einzelnen Funktionsweisen auch vollständig beherrschen. Wenn Sie einmal
nicht mehr weiterwissen, steht Ihnen deshalb eine umfangreiche
Vorgangsliste der einzelnen Befehle zur Verfügung. Die Vorgangsliste
besteht aus den Befehlen in alphabetischer Reihenfolge mit einer Vielzahl
von Fragen, die üblicherweise beim anfänglichen Arbeiten mit Multiplan
gestellt werden. Es steht Ihnen ferner ein Sachwortverzeichnis zur
Verfügung, und Sie können zwischendurch, wenn Sie schon etwas
vertrauter mit dem System sind, auch den elektronischen Ratgeber von
Multiplan über den Befehl **Hilfe** erreichen.

8 Multiplan mit der Mouse und Softwarepaketen

Es soll hier nur eine kurze Einführung in die wichtigsten Handhabungen der MOUSE in Verbindung mit Multiplan gegeben werden. Um die MOUSE starten zu können, müssen Sie die MOUSE-Software laden.

1. Legen Sie die DOS-Systemdiskette in Laufwerk A: ein.
2. Starten Sie das Betriebssystem.
3. Geben Sie nach Aufforderung Datum und Zeit ein.
4. Schreiben Sie *Mouse*.
5. Bestätigen Sie die Eingabe mit der **Return**-Taste.
6. Sie erhalten die Information:

INSTALLING MOUSE DRIVER VERSION

Sollte diese Information nicht auf Ihrem Bildschirm erscheinen, so lesen Sie bitte in Ihrem Mouse-Handbuch nach.

7. Legen Sie Ihre Multiplan-Diskette in das Laufwerk .
8. Starten Sie Multiplan mit der **Return**-Taste.

Nach dem Start erscheint auf Ihrem Bildschirm die Mouseanzeige in der Mitte Ihres Bildschirms.

8.1   Bildlauf mit der Mouse

Verwenden Sie bei Multiplan die Cursortasten, um zu den einzelnen Feldern Ihres Arbeitsblattes zu gelangen. Bei den *waagerechten* und den *senkrechten* Bilddurchläufen müssen Sie die linke Mouse-Taste drücken, wenn der Bildschirmlauf nach links und die rechte Mouse-Taste, wenn der Bildschirm nach rechts gerollt werden soll. Wenn Sie mit der Mouse am Bildschirmrand entlanglaufen, können Sie durch Ihr Arbeitsblatt "wandern". Eine Dauerfunktion des Bildlaufes erreichen Sie, indem Sie den Mouse-Zeiger über den Bildschirm ziehen. Halten Sie eine der beiden Tasten gedrückt, bis Sie den Bildschirmrand erreicht haben. Sie können nun eine Dauerfunktion des Bildlaufs vornehmen. Wenn Sie stoppen wollen, so lassen Sie die Mouse-Taste los.

8.2 Bestimmen eines Bereiches mit der Mouse

Die Bestimmung, wie groß ein Bereich sein soll, können Sie mit der Mouse durchführen.

1. Setzen Sie die Mouse in die linke obere Ecke des Bereichs, der bestimmt werden soll
2. Drücken Sie eine der Mouse-Tasten.
3. Halten Sie die   Mouse gedrückt.
4. Ziehen Sie die Mouse diagonal nach rechts, um den Bereich zu bestimmen.
5. Wenn Sie den Bereich festgelegt haben, können Sie die Mouse-Taste wieder loslassen.

8.3 Datenübertragung zwischen Microsoft-Softwarepaketen

Für den Benutzer ist es häufig wichtig, Dateien zwischen Software-Paketen ohne große Schwierigkeiten auszutauschen. Da Sie aus dem Multiplan-Programm Ihre Tabellen als ASCII-Dateien übertragen können, besteht die Möglichkeit, Dateien in Anwendung anderer Softwareprogramme zu übertragen.
In den drei folgenden Unterkapiteln wird die Verbindung zwischen Multiplan mit Word und Chart erklärt.

8.3.1   Die Verbindung zwischen Multiplan und Word

Es ist möglich, Dateien, die in Multiplan erstellt worden sind, in Word aufzurufen und zu bearbeiten. So können Sie z.B. Masken für Rechnungsformulare in Word erstellen, Textstellen hervorheben (z.B. durch Fettdruck), oder nur bestimmte Teile einer Multiplan-Datei in Word übernehmen. Allerdings kann nicht irgendeine Multiplan-Datei in Word übernommen werden; es ist eine besondere Art der Abspeicherung in Multiplan erforderlich. In Multiplan gehen Sie folgendermaßen vor:

1. Ein Multiplan-Arbeitsblatt wird erstellt, und im Befehl **Druck Randbegrenzung** wird die Druckbreite auf 230 gestellt.
2. Die Befehlsfolge **Druck Option Format:** wird angewählt.
3. Das Format **Symbolisch** wird ausgewählt.
4. Bestätigen Sie die Eingabe mit der **Return**-Taste.
5. Danach wird die Befehlsfolge **Druck: Platte/Diskette** angewählt.
6. In das Unterbefehlsmenü **Druck: Ausgabe auf Platte/Diskette:** wird der Dateiname angewählt, den Sie für das entsprechende Arbeitsblatt verwenden.

Sie haben Ihre Multiplan-Datei als ASCII-Datei abgespeichert. Es handelt sich dabei um eine andere Art der Abspeicherung. Eine Multiplan-Datei, die wie oben beschreiben abgespeichert wurde, kann später nur in Word geladen werden, nicht mehr in Multiplan. Sollten Sie die angefertigte Datei in Multiplan weiter verwenden, müssen Sie diese einmal **Normal** und einmal **Symbolisch** unter zwei verschiedenen Namen abspeichern.

8.3.2   Die Verbindung zwischen Multiplan und Chart

Es ist möglich, Dateien aus einer Multiplan-Datei in eine Chart-Datei zu übernehmen. Sollten in Multiplan errechneten Werte mit Hilfe des Anwenderprogramms Chart als Diagramm dargestellt werden, müssen diese Dateien nicht noch einmal eingegeben zu werden, sondern Sie können durch eine **Xterne Kopie** nach Chart übernommen werden. Sie brauchen in Ihrer Multiplan-Datei die entsprechenden Bereiche, in denen die Zahlenwerte stehen, die Sie übernehmen wollen, lediglich mit Namen zu versehen. Sie gehen also genauso vor, als würden Sie eine **Xterne Kopie** in Multiplan vorbereiten. In dem Anwenderprogramm Chart können Sie die vergebenen Namen dann an entsprechender Stelle aufrufen.

1.   Laden Sie Ihr Chart-Programm
2.   Legen Sie die Diskette mit Ihren Multiplan-Arbeitsblättern in das Laufwerk A ein.
3.   Wählen Sie den Befehl **Xtern Kopie** an.
4.   Machen Sie folgende Eingaben:

Kopieren aus Datei: *Etat*, **Tab-Taste**
Größenordnung: *durchschnitt*
Tab-Taste
Verknüpfen: *Ja*
5.   Wählen Sie den Befehl **Werteingabe** an.

Sie sehen, daß die Daten aus dem Multiplan-Arbeitsblatt Etat im Bereich Durchschnitt in Chart übernommen worden sind.

Anhang A: Lösung zu Kapitel 2, Übung 1:

1. Positionieren Sie den Cursor auf Feld Z7S1.
2. Geben Sie den Text *Effektiver Jahreszins* ein.
3. Verbreitern Sie mit dem Befehl **Format Breite_der_Spalten** *22* die Spalte 1.
4. Positionieren Sie den Cursor auf Feld Z9S1, und geben Sie 10 mal *Bindestrich* (-) ein.
5. Kopieren Sie den Bindestrich mit dem Befehl **Kopie Rechts Anzahl der Kopien:** *5*.
6. Korrigieren Sie den Strich in Zeile 9.
7. Geben Sie die Texte in Spalte 1 ein (vgl. Bild 2.64).
8. Geben Sie die Zahl *80000* in Feld Z10S3 ein.
9. Formatieren Sie den Wert mit:
   Format Felder Formatcode: Fest Dez-Stellen: *2*.
10. Geben Sie die Zahl *98* in Feld Z11S2 ein.
11. Geben Sie die Zahl *12* in Feld Z12S2 ein.
12. Geben Sie in Feld Z13S2 die Zahl *7* ein.
13. Geben Sie in Feld Z14S2 die Zahl *380* ein, und formatiern Sie das Feld als **Fest** mit **Dez-Stellen:** *2*.
14. Positionieren Sie den Cursor auf Feld Z15S2.
15. Wählen Sie den Befehl **Wert** an.
16. Fahren Sie mit dem Cursor auf die "80000", und geben Sie das *Multiplikationszeichen* (*) ein, geben Sie das Zeichen für *Klammer auf* ein, schreiben Sie die Zahl *100*, geben Sie das *Minuszeichen* (-) ein, fahren Sie mit dem Cursor auf die 98, und machen Sie die *Klammer* zu, geben Sie ein *Prozentzeichen* (%) ein. Bestätigen Sie die Eingabe mit der **Return-Taste**.
17. Positionieren Sie den Cursor auf Feld Z17S2, multiplizieren Sie die Felder mit dem Inhalt "80000" und "98" miteinander, und geben Sie ein *Prozentzeichen* dahinter ein.
18. Formatieren Sie die Felder Z17:22S2 als **Fest** mit 2 **Dez-Stellen**.
19. Positionieren Sie den Cursor auf Feld Z18S2, fahren Sie mit dem Cursor auf die Zahl "80000", drücken Sie das *Multiplikationszeichen*, fahren Sie mit dem Cursor auf die Zahl 12 und schreiben Sie ein *Prozentzeichen* dahinter. Bestätigen Sie die Eingabe mit der **Return**-Taste.
20. Positionieren Sie den Cursor auf Feld Z19S2, fahren Sie mit dem Cursor das auf Feld mit dem Inhalt "380", geben Sie das *Divisionszeichen* (/) ein. Positionieren Sie den Cursor auf dem Feld mit dem Inhalt *7*. Bestätigen Sie die Eingabe mit der **Return-Taste**.

21. Positionieren Sie den Cursor auf Feld Z20S2. Fahren Sie mit dem Cursor auf das Feld mit dem Inhalt "1600", geben Sie das *Divisionszeichen* ein. Fahren Sie mit dem Cursor auf das Feld mit dem Inhalt 7. Bestätigen Sie die Eingabe mit der **Return**-Taste.
22. Positionieren Sie den Cursor auf Feld Z21S2, und addieren Sie die Werte Zins pro Jahr, Gebühren pro Jahr und Disagio pro Jahr.
23. Positionieren Sie den Cursor auf Feld Z22S2.
24. Fahren Sie mit dem Cursor auf den Wert "9822,86", geben Sie das *Multiplikationszeichen* * ein, schreiben Sie die Zahl *100*, geben Sie das *Divisionszeichen* (/) ein und fahren Sie mit dem Cursor auf das Feld mit dem Wert "78400". Bestätigen Sie die Eingabe mit der **Return**-Taste.
25. Geben Sie die Texte in Spalte 3 ein (vgl. Bild 1).

Lösung zu Kapitel 4, Übung II Wareneingang:

1. Positionieren Sie den Cursor auf Feld *Z6S1*.
2. Wählen Sie den Befehl **Text** an, und geben Sie das Wort *Wareneingang* ein.
3. Wählen Sie den Bereich **Format Felder** aus, und geben Sie die Bereichsangabe ein: Z6S1:3. Wählen Sie den Befehl **Formatcode Zusammen.**
4. Geben Sie die Texte in Z6:8S1:7 aus Bild 4.43 ein.
5. Positionieren Sie den Cursor auf Feld Z9S1, und geben Sie mit Hilfe des Befehls **Text** *10* mal *Bindestrich* ein.
6. Kopieren Sie die Unterstreichung bis in Zeile 7. Wählen Sie den Befehl **Kopie Rechts Anzahl_der_Kopien:** 6.
7. Verändern Sie die Spalte 1 auf *4* Zeichen. Wählen Sie den Befehl **Format Breite_der_Spalten**, und geben Sie bei **Standard:** *4* ein.
8. Positionieren Sie den Cursor auf Feld Z10S2, und verändern Sie die **Breite_der_Spalten** auf *12* Zeichen.
9. Korrigieren Sie die Unterstreichung in Z9S2.
10. Verändern Sie die Breite der Spalte 3 auf *6* Zeichen.
11. Verändern Sie die Breite der Spalte 4 auf *5* Zeichen.
12. Verändern Sie die Breite der Spalte 5 auf *6* Zeichen.
13. Verändern Sie die Breite der Spalte 6 auf *12* Zeichen und korrigieren Sie die Unterstreichung.
14. Verändern Sie die Breite der Spalte 7 auf *12* Zeichen und korrigieren Sie die Unterstreichung.
15. Geben Sie die Texte und Zahlenwerte in Z10:18S1:6 ein (vgl Bild 4.43).
16. Formatieren Sie die Felder Z10:18S1:6 als *DM*-Beträge.
17. Wählen Sie den Befehl **Format Felder**.

18. Geben Sie die entsprechende Bereichsangabe ein und wählen Sie den Befehl **Formatcode DM** aus.
19. Positionieren Sie den Cursor auf Feld Z10S7.
20. Wählen Sie den Befehl **Wert** an. Fahren Sie mit dem Cursor auf Feld Z10S5.
21. Geben Sie das *Multiplikationszeichen* ein und fahren Sie mit dem Cursor auf Feld Z10S6. Bestätigen Sie die Eingabe mit der **Return-Taste**.
22. **Kopieren** Sie die eingegebene Formel bis in Zeile 18 nach unten. Wählen Sie den Befehl **Kopie nach Unten** und geben Sie bei **Anzahl:** *8* ein.
23. Formatieren Sie die Felder Z10:18S7 als DM Beträge.
24. Wählen Sie den Befehl **Format Felder** aus.
25. Geben Sie die Bereichsangabe ein, und wählen Sie den **Formatcode:** *DM* aus.
26. Positionieren Sie den Cursor auf Feld Z19S1, und geben Sie mit Hilfe des Befehls **Text** den *Bindestrich* ein.
27. Kopieren Sie die Unterstreichung bis in Spalte 7. Wählen Sie den Befehl **Kopie Rechts Anzahl der Kopien:** *6*.
28. Vervollständigen Sie die Unterstreichung in Zeile 19.
29. Positionieren Sie den Cursor auf Feld Z20S6, und geben Sie mit dem Befehl **Text** das Wort *Gesamtwert* ein.
30. Positionieren Sie den Cursor auf Feld Z20S7.
31. Wählen Sie den Befehl **Wert** an, und geben Sie die folgende Formel ein:
    SUMME(Z10:18S7)
32. Formatieren Sie den Wert als DM Betrag.
33. Positionieren Sie den Cursor auf Feld Z10S3, und vergeben Sie für den Bereich Z10:18S3 den Namen kopie.
34. Wählen Sie den Befehl **Name** an, geben Sie das Wort *kopie* ein.
35. Bestimmen Sie die Bereichsangabe und geben Sie diese ein.
36. Bestätigen Sie die Eingabe mit der **Return-Taste**.

Lösung zu Kapitel 4, Übung II Optimale Bestellung: (Fortsetzung von Wareneingang)

Löschen Sie den Bildschirm

1. Positionieren Sie den Cursor auf Feld Z8S1.
2. Wählen Sie den Befehl **Text** an, und geben Sie *Optimale Bestellung* ein.
3. Wählen Sie den Befehl **Format Felder** an, geben Sie in der **Bereichsangabe** *Z8S1:4* an und den **Formatcode: zusammen**.

4. Geben Sie sämtliche Texte in Z9:11S1:15 ein, und positionieren Sie den Cursor auf Feld Z8S14 (vgl. Bild 4.44).

5. Wählen Sie den Befehl **Format Felder** an, vergeben Sie für dieses Feld den **Formatcode: %** . Geben Sie dann in dieses Feld die Zahl *0,12* ein.

6. Geben Sie die Unterstreichung in Spalte 1 ein, und kopieren Sie die Unterstreichung bis in Zeile *15* mit dem Befehl **Kopie Rechts Anzahl_der_Kopien:** *14*.

7. Verändern Sie die Breite der Spalten 1 bis 15 folgendermaßen:

8. Positionieren Sie den Cursor auf Feld Z13S1, geben Sie den Befehl **Format Breite_der_Spalten:** *4* ein. Verbreitern Sie die folgenden Spalten:

    Spalte 2 hat eine Breite von *6*.
    Spalte 3 hat eine Breite von *5*.
    Spalte 4 hat eine Breite von *5*.
    Spalte 5 bis 6 haben eine Breite von *12*.
    Spalte 7 bis 9 haben eine Breite von *10*.
    Spalte 10 bis 12 haben eine Breite von *8*.
    Spalte 13 bis 15 haben eine Breite von *12*.

Positionieren Sie den Cursor auf Feld Z13S2.

9. Geben Sie den Befehl **Xtern Kopie von Tabelle: Wareneingang Bereichsname:** *kopie* **nach: Z13S2 verbunden: Ja**. Bestätigen Sie die Eingabe mit der **Return-Taste**.

10. Positionieren Sie den Cursor auf Feld Z13S1, und geben Sie die laufende Nummer ein.

11. Positionieren Sie den Cursor auf Feld Z13S7, und geben Sie die Zahl *30* ein.

12. Kopieren Sie die Zahl "30" mit dem Befehl **Kopie_Nach_Unten Anzahl_der_Kopien:** *8*.

13. Gehen Sie in den Befehl **Format Felder**, und drücken Sie für die Bereichsangabe *Doppelpunkt*, fahren Sie mit dem Cursor auf Zeile 21 nach unten, und wählen Sie den **Formatcode: DM** aus. Verfahren Sie mit der Spalte 8 genauso, nur geben Sie statt der Zahl "30" die Zahl *10* an.

14. Positionieren Sie den Cursor auf Feld Z13S9.

15. Wählen Sie den Befehl **Wert** an. Fahren Sie mit dem Cursor auf Feld Z13S7, drücken Sie das *Pluszeichen*. Fahren Sie mit dem Cursor auf Feld Z13S8. Bestätigen Sie die Eingabe mit der **Return-Taste**.

16. Positionieren Sie den Cursor auf Feld Z13S10.

17. Wählen Sie den Befehl **Wert** an. Fahren Sie mit dem Cursor um 6 Spalten nach links auf das Feld Z13S4. Bestätigen Sie die Eingabe mit der **Return-Taste**.

18. Die Werte in Spalte 11 sind einzugeben.(vgl. Bild 4.44)

19. Positionieren Sie den Cursor auf Feld Z13S12. Wählen Sie den Befehl **Wert** an. Geben Sie die Formel *ZS(-2)-ZS(-1)* ein. Bestätigen Sie die Eingabe mit der **Return-Taste**.

20. Positionieren Sie den Cursor auf Feld Z13S13. Wählen Sie den Befehl **Wert** an. Geben Sie die Formel *ZS(-1)*ZS(-8)* ein. Bestätigen Sie die Eingabe mit der **Return**-Taste.
21. Positionieren Sie den Cursor auf Feld Z13S14. Wählen Sie den Befehl **Wert** an. Geben Sie die Formel *ZS(-1)*%* ein.
22. Positionieren Sie den Cursor auf Feld Z13S15, und geben Sie die Formel *ZS(-1)+ZS(-6)* ein.
23. Fahren Sie mit dem Cursor auf Feld Z13S9, und kopiern Sie die Formel bis in Zeile 21 nach unten. Wählen Sie den Befehl **Kopie Nach Unten Anzahl der Kopien:** *8* aus. Bestätigen Sie die Eingabe mit der **Return**-Taste.
32. Verfahren Sie mit den Formeln in
    Z13S10
    Z13S12
    Z13S13
    Z13S14
    Z13S15
    genauso.
33. Fahren Sie mit dem Cursor auf Feld Z13S9. Formatieren Sie den Bereich als DM-Werte.
34. D.h.: Wählen Sie den Befehl **Formatcode:** *DM* aus. Bestätigen Sie die Eingabe mit der **Return**-Taste.
35. Wählen Sie den Befehl **Formatcode:** *DM* aus. Bestätigen Sie die Eingabe mit der **Return**-Taste.
36. Verfahren Sie mit den Spalten 13, 14 und 15 ebenso.

Lösung zu Übung III:

1. Geben Sie die Texte in Felder Z1:6S1:7 ein.
2. Das Feld Z4S7 enthält eine **Wert**-Eingabe.
3. Kopieren Sie die Unterstreichung nach der Eingabe der Bindestriche um *4* Felder nach rechts.
4. Geben Sie die Zahlen in Z9:13S6 ein.
5. Formatieren Sie nun die Felder Z9:13S7 mit dem Befehl **Format Felder Formatcode: %** **Dez-Stellen:** *1*.
6. Geben Sie die entsprechenden Prozentsätze ein. Achten Sie dabei auf die Eingabe *0,02*, um eine Anzeige von 2,0 % zu erreichen, da der Wert automatisch bei der Prozentformatierung mit 100 multipliziert wird..
7. Vergeben Sie den **Namen:** *tabelle* für den Bereich Z9:13S6:7.
8. Positionieren Sie den Cursor auf Feld Z8S2, und geben Sie die folgende Formel ein:

SUCHEN(ZS(-1);tabelle)

9. Kopieren Sie die Formel mit Hilfe der Befehlsfolge **Kopie Nach Unten Anzahl der Kopien:** *4* bis in Z8S1.
10. Schreiben Sie die Zahl *100* in Feld Z8S1.
11. Vergeben Sie folgende Namen:

Namen: Bereichsangabe:
anzahl   Z8:13S1
stückpreis Z4S7
prozent   Z8:13S2.

12. Positionieren Sie den Cursor auf Feld Z8S3, und geben Sie folgende Formel ein:

anzahl*stückpreis*prozent

13. Kopieren Sie die Formel bis in Zeile 13 nach unten.
14. Positionieren Sie den Cursor auf Feld Z8S4 und geben Sie folgende Formel ein:

anzahl*stückpreis-ZS(-1)

15. Kopieren Sie die Formel mit dem Befehl **Kopie Rechts Anzahl Kopien:** *5* bis in Zeile 13 nach unten.
16. Positionieren Sie den Cursor auf Feld Z8S5, und geben Sie die folgende Formel ein:

ZS(-1)/ZS(-4).

17. Kopieren Sie die Formel bis in Zeile 13 nach unten.
18. Kopieren Sie die Unterstreichung aus Feld Z14S1 um 4 Felder nach rechts.
19. Positionieren Sie den Cursor auf Feld Z8S2. Wählen Sie den Befehl **Schutz Felder:** *Z8:13S2* **Status: (Geschützt)** aus.
20. Schützen Sie die Formeln in den Spalten 3,4 und 5 mit den jeweiligen Bereichsangaben.

Lösung zur Zusatzübung:

Spalte2 = WENN(ZS(-1)>0;SUCHEN(ZS(-1);tabelle);"")
Spalte3 = WENN(ZS(-2)>0;anzahl*stückpreis*prozent;"")
Spalte4 = WENN(ZS(-3)>0;anzahl*stückpreis-ZS(-1))
Spalte5 = WENN(ZS(-4)>0;ZS(-1)/ZS(-4);"")

Lösung zu Übung IV:

1. Geben Sie den Text in Z1S1 ein.
2. Formatieren Sie den Text mit dem Befehl **Format Felder:** *Z1S1:2*
   Formatcode zusammen.
3. Fahren Sie mit dem Cursor auf Feld Z3S1.
4. Geben Sie die Texte im Bereich Z3:9S1 ein.
5. Positionieren Sie den Cursor auf Feld Z1S3.
6. Verbreitern Sie die Spalte 2 mit dem Befehl **Format
   Breite_der_Spalten:** *18*
7. Positionieren Sie den Cursor auf Feld Z3S3.
8. Verbreitern Sie die Spalte 3 mit dem Befehl **Format Breite_der
   Spalten** *15*
9. Kopieren Sie den Strich von Z4S1 mit dem Befehl **Kopie Rechts
   Anzahl der Kopien:** *5.*
10. Bestätigen Sie die Eingabe mit der **Return**-Taste.
11. Erweitern Sie in Spalte 2 und 3 den Strich.
12. Geben Sie die Texte in Z3S2:5 ein.
13. Geben Sie den Text in Z1S3 ein.
14. Sie müssen das Tagesdatum mit dem Befehl **Format Zeit/Datum
    Bereich Felder** eingeben.
14. Setzen Sie den Cursor in Format.
15. Benutzen Sie die **Cursorsteuertaste nach oben** und bestätigen Sie die
    Eingabe *t.m.jj.*
16. Bestätigen Sie die Eingabe mit der **Return**-Taste.
17. Wählen Sie den Befehl **Wert** an.
18. Geben Sie **JETZT()** ein.
19. Bestätigen Sie die Eingabe mit der **Return**-Taste.
20. Geben Sie mit dem Befehl **Text** das Datum *15.8.87* ein.
21. Bestätigen Sie die Eingabe mit der **Return**-Taste.
22. Geben Sie die Zahlen in Z5:9S2 ein.
23. Formatieren Sie die Felder Z5:9S2 als DM-Beträge mit dem Befehl
    Format Felder Bereichsangabe *Z5:9S2* **Formatcode: Währung.**
24. Bestätigen Sie die Eingabe mit der **Return**-Taste.
25. Fahren Sie mit dem Cursor auf Feld Z5S3.
26. Formatieren Sie die Felder Z5:9S3 als **Format Zeit/Datum.**
27. Gehen Sie in den Bereich **Felder Format.**
28. Bestätigen Sie die Eingabe mit der **Return**-Taste das **Format:** *t.m.jj.*
29. Geben Sie die Texte in Z5:9S3 ein.
30. Fahren Sie mit dem Cursor auf Feld Z5S4.
31. Wählen Sie den Befehl **Wert** an.
32. Geben sie die nachstehende Formel ein:

Z1S4-ZS(-1)

33. Bestätigen Sie die Eingabe mit der **Return**-Taste.
34. Kopieren Sie die Formel NACH UNTEN: **Anzahl:** *4*.
35. Fahren Sie mit dem Cursor auf Feld Z5S5.
36. Wählen Sie den Befehl **Wert** an.
37. Geben Sie die nachstehende Formel ein.

ZS((ZS(-3)*ZS(-1)*4%)/360)

38. Kopieren Sie die Formel **Kopie Nach Unten Anzahl der Kopien:** *4*
39. Bestätigen Sie die Eingabe mit der **Return**-Taste.
40. Formatieren Sie den Bereich Z5S5 mit Hilfe des Befehls **Format Felder Bereich** Z5:9S5 **Formatcode:** *Währung*.
41. Bestätigen Sie die Eingabe mit der **Return**-Taste.
42. Geben Sie den Text in Z11S1 ein.
43. Berechnen Sie mit Hilfe der nachstehenden Formel den Auszahlungbetrag.
44. Wählen Sie den Befehl **Wert** an.

SUMME(Z(-6)S:Z(-2)S)

45. Bestätigen Sie die Eingabe mit der **Return**-Taste.
46. Formatieren Sie das Feld Z11S2 mit Hilfe des Befehls **Format Felder Formatcode: Währung**.
47. Bestätigen Sie die Eingabe mit der **Return**-Taste.
48. Fahren Sie mit dem Cursor auf Feld Z11S5.
49. Wählen Sie den Befehl **Wert** an.
50. Geben Sie die nachstehende Formel ein:

SUMME(Z(-6)S:Z(-2)S)

51. Bestätigen Sie die Eingabe mit der **Return**-Taste.
52. Formatieren Sie das Feld Z11S5 mit dem Befehl **Format Felder Formatcode: Währung**.
53. Sie sehen 10 Ausrufezeichen. Verbreitern Sie die Spalte 5 mit dem Befehl **Format Breite_der_Spalten:** *14*.
54. Formatieren Sie Z3:11S2 und Z3:11S5 als **Format Felder Bereich Formatcode: Währung**.

Anhang B: Vorgangsliste

Vorgang	Befehlsfolge
Arbeitsblätter verbinden	
- Arbeitsblätter verbinden?	Xtern Kopie von Tabelle Bereichsname:(name)nach: (Cursorposition) verbunden: Ja/Nein
Ausschnitt	
- waagerechten Ausschnitt einrichten?	Ausschnitt Teilen Waagerecht bei Zeile:X verbunden: Ja/Nein
- senkrechten Ausschnitt einrichten?	Ausschnitt Teilen Senkrecht bei Spalte:X verbunden: Ja/Nein
- Rahmen um den Ausschnitt?	Ausschnitt Umrahmen ändern in Ausschnitt Nummer:X
- den Ausschnitt löschen?	Ausschnitt Löschen Ausschnitt Nummer:X
Bewegen	
- Zeile an andere Stelle	Bewegen Zeilen von Zeile:X bis vor Spalte Y bringen Zeilenzahl Z

- Spalte löschen?
andere Stelle
bringen?

Bewegen Spalten
von Spalte: X
bis vor Spalte: Y
Spaltenzahl:Z

Bildschirm löschen

- Bildschirm freimachen?

Übertragen
Bildschirm
Löschen:
zur Bestätigung
"J" eingeben

Datei löschen

- eine Datei von der Diskette
löschen?

Übertragen
Dateilöschen
Dateiname:

- einer Datei einen anderen
Name geben?

Übertragen
Umbenennen
Dateiname: (neuer
Name)

Drucken

- bestimmten Bereich drucken?

Druck Optionen:
Bereich: Angabe

- Formeln ausdrucken

Druck Optionen:
Formeln: Ja/Nein

- Zeilen- oder Spaltennummern
mit ausdrucken?

Druck Optionen
Zeilen/Spalten-
nummern: Ja/Nein

- Satzspiegel ändern?

Druck
Randbegrenzungen:
Links: X Oben: X
Druckbreite: X
Drucklänge: X
Seitenlänge: X

Einfügen

- eine Zeile vergessen?

Einfügen Zeile
Zeilenzahl: X vor
Zeile: X
von Spalte: X bis
Spalte: Y

Formate

- Prozentwerte eingeben?

Format Felder
Bereich:
Formatcode: %

- Zahl mit Kommastellen?

Format Felder:
Bereich:
Formatcode: Fest
Dez-Stellen: X

Gehezu

-zu einem vergebenen
  Namen springen?

Gehezu Name: (Name
eingeben)

- an eine bestimmte Stelle
  im Arbeitsblatt springen?

Gehezu Zeile: X Spalte: X

- an eine bestimmte Stelle
  im Ausschnitt springen?

Gehezu Ausschnitt
Nummer: X
Zeile: X Spalte X

Kopie

- Texte, Werte oder Formeln
  kopieren?

Kopie Rechts
Anzahl Kopien: X
Beginn bei:
(Cursorposition)
Kopie_nach_Unten
Anzahl der
Kopien: X
Kopie von Feld:X
in Feld:Y

- Felder beim Kopieren
  überspringen

Laden

- Daten in den Arbeitsspeicher
  laden?

Übertragen Laden
Dateiname:

Laufwerk

- das entsprechende Laufwerk vor
  dem Speichern ansprechen?

Übertragen
Option Format:
Laufwerk/Inhaltsver-
zeichnis

Löschen

- überflüssige Zeilen
  herausnehmen?

Löschen Zeile
Zeilenzahl: X
Beginn bei: X
von Spalte: X bis Spalte:

Y

- überflüssige Spalten
  herausnehmen?

Löschen Spalte
Spaltenzahl: X
Beginn bei: X
von Zeile: X bis Zeile: Y

Makro

- Vergabe von Namen
- suchen
- Recorder bestimmen

Name: X Bereich:
X Makro: Ja/Nein
Gehezu: Makro
Name: Record
Bereich: X

Namen

- einen Namen für einen
  bestimmten Bereich vergeben?

Namen: Namen
eingeben: (name)
Bereichsname:
(Bereich)

Ordnen

- Texte oder Zahlenwerte
  sortieren?

Ordnen der Spalte X
von Zeile: X bis
Zeile: Y
Sortierfolge:(__)

Pfad

- Direkt ins Betriebssystem

- Kontrolle der Formeln

- Kontrolle der Bezüge

- Pfadausgabe

Pfad
Betriebssystem
Kontrolle Formeln
Feld:
Kontrolle Bezüge
Feld:
Drucker Name
(alle)

Radieren

- falsche Eingabe?
(Bereich)

Radieren Felder:

Schutz

- ein Feld gegen Überschreiben
schützen?

Schutz Felder: XY
Status:Gesch.

- Formeln schützen?

Schutz Formeln:
Ja/ Nein

Spalten

- Spalte zu schmal?

Format
Breite_der_Spalten

- Spalte zu breit?

Format
Breite_der_Spalten

- eine Spalte zuviel?

Löschen: Zeile
Spalte

- eine Spalte zuwenig?

Einfügen: Zeile
Spalte

- überflüssige Eingaben?

Radieren Felder:
(Bereich)

Speichern

- Dateien speichern

Übertragen
Speichern
Dateiname:

Texte

- Wort zu lang?

Format Felder:
(Bereich)
Formatcode:
(Zusamm)
Radieren Felder:
(Bereich)

- falsche Eingabe?

Zahlen

- normale Eingabe?
- Kommastellen eingeben?

Wert
Format Felder:
Bereich
Formatcode: (Fest)
Dez-Stellen:X

Zeichen löschen

- ein Zeichen falsch eingegeben?

Leertaste
Zeichen nach
rechts
Rücktaste Zeichen
nach links

Zeilen

- eine Zeile zuviel?

Löschen: Zeile
Spalte
Einfügen: Zeile
Spalte

- eine Zeile zuwenig?

Zusätze

- sofort rechnen?

Zusätze Rechnen:
Ja/Nein
Zusätze Warnton:
Ja/Nein
Zusätze Text/Wert:
Ja/Nein

- Warnton an?

- automatisch Text/Wertmodus?

- Cursorverlauf automatisch? Zusätze Merke:

Ja/Nein

Sachwortverzeichnis

210

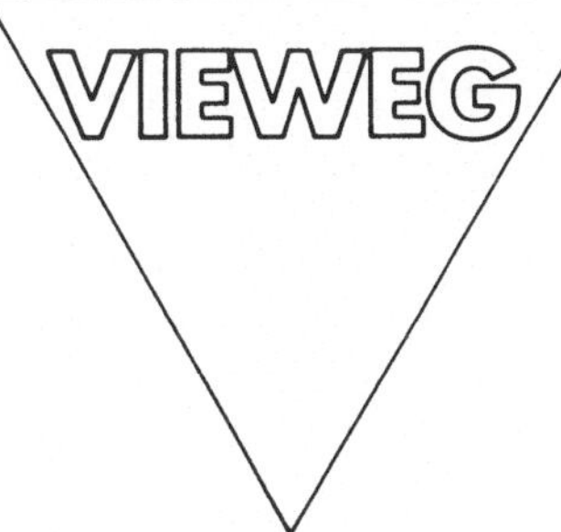

Ekbert Hering

Unternehmensanalyse mit Javelin

Eine Einführung mit Fallbeispielen.
1987. XII, 404 S. 16,2 x 22,9 cm. (Software Trainer Grundstufe.) Kart.
Inhalt: Einführung in Javelin – Arbeiten mit Menüs und Parametern – Die Javelin-Sichten – Gewinn- und Verlustrechnung mit dem Arbeitsblatt – Kennziffernanalyse mit Bauplänen – Übernahme von Dateien aus Lotus 1-2-3 – Zeitreihen mit kalendarischen Funktionen und Periodenumwandlungsfunktionen – Prognosenrechnung mit statistischen Funktionen – Investitionsrechnung mit Finanzfunktionen – Kalkulation unter Verwendung von Makros.
Dieses Buch ermöglicht einen raschen Einstieg in das Softwarepaket Javelin von Ashton-Tate, das zur Software des Jahres 1986 gewählt wurde. Anhand von praxisnahen Beispielen werden die einzelnen Einsatzmöglichkeiten aufgezeigt, besonders der große Vorteil einer zentralen Datenbank. Dem Anwender wird der große Bedienungskomfort und die Leistungsfähigkeit von Javelin sofort klar. Das Buch ist für alle Anwender im betriebswirtschaftlichen Bereich geeignet, vor allem in Finanzkalkulation, Kostenplanung und Controlling. Wer mit den bereits ausgearbeiteten Modellen sofort arbeiten will, der wird zur Diskette greifen.

Die Software zum Buch:
5 1/4"-Diskette für IBM PC und Kompatible unter MS-DOS mit Javelin.

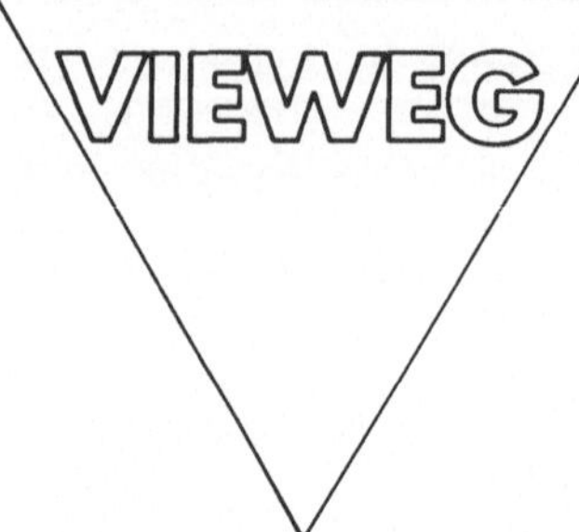

Ernst Biegert, Andreas Dripke und Angelika Schätzel

Microsoft Word griffbereit

1988. VIII, 44 S. 10,7 x 27,8 cm. Kart.
Das Buch enthält kurze Beschreibungen der Word-Befehle in alphabetischer
Reihenfolge. Jede Erläuterung besteht aus einer vollständigen Einbindung in das
Menüumfeld, der Beschreibung der Menüebenen und den möglichen Eingabeparametern. Ein kleines Beispiel rundet die Einträge ab. Das Buch ist eine zuverlässige
Arbeitshilfe auf jedem Schreibtisch. Nach „dBASE III Plus griffbereit" und „MS-DOS
griffbereit" liegt die Fortsetzung der erfolgreichen Publikationen der Reihe „. . . griffbereit" bei Vieweg vor.

Ernst Biegert, Andreas Dripke und Angelika Schätzel

Microsoft Multiplan griffbereit

1988. Ca. 64 S. 10,7 x 27,8 cm. Kart.
Mit „Microsoft Multiplan griffbereit" liegt eine Beschreibung aller Multiplan-Befehle
vor. Jeder Eintrag ist kurz und prägnant, er gibt Auskunft über den Befehl, die Menüebene und die Parameter eines Befehls. Beispiele runden die Darstellung ab. Das
Multiplan-Buch ist ein unverzichtbarer Wegbegleiter im alltäglichen Einsatz für den
Profi im Umgang mit dem Tabellenkalkulationsprogramm.
Nach den Griffbereit-Bestsellern zu MS-DOS, dBASE III Plus und Word nun die Fortsetzung mit Multiplan.

Zur Reihe „griffbereit":

Die Bücher der Reihe „griffbereit" geben prägnante Beschreibungen der jeweiligen
Befehle in alphabetischer Reihenfolge. Zusammen mit einem Schlüsselverzeichnis,
das dem Benutzer den Weg vom konkreten Problem zum entsprechenden Befehl
weist, stellt jeder Band eine sinnvolle Programmierhilfe dar.

Bereits erschienen sind „griffbereits" zu: MS-DOS – dBASE III Plus – Microsoft Word –
Microsoft Multiplan.
In Vorbereitung sind: Turbo Pascal – Framework II.